HULIANWANG JINRONG ZHONG DE
FEIFA JIZI DIANXING ANLI JIEXI

互联网金融中的非法集资
典型案例解析

罗煜　宋科　邱志刚 ◎ 等著

中国金融出版社

责任编辑：贾　真
责任校对：潘　洁
责任印制：张也男

图书在版编目（CIP）数据

互联网金融中的非法集资典型案例解析/罗煜等著. —北京：中国金融出版
社，2019.1

ISBN 978-7-5049-9901-6

Ⅰ.①互…　Ⅱ.①罗…　Ⅲ.①金融诈骗罪—案例—中国　Ⅳ.①D924.335

中国版本图书馆CIP数据核字（2018）第283507号

互联网金融中的非法集资典型案例解析

Hulianwang Jinrong zhong de Feifa Jizi Dianxing Anli Jiexi

出版
发行　　中国金融出版社

社址　北京市丰台区益泽路2号
市场开发部　　（010）63266347，63805472，63439533（传真）
网 上 书 店　http://www.chinafph.com
　　　　　　（010）63286832，63365686（传真）
读者服务部　　（010）66070833，62568380
邮编　100071
经销　新华书店
印刷　北京市松源印刷有限公司
尺寸　169毫米×239毫米
印张　16.5
字数　248千
版次　2019年1月第1版
印次　2019年8月第2次印刷
定价　45.00元
ISBN 978-7-5049-9901-6
如出现印装错误本社负责调换　联系电话（010）63263947

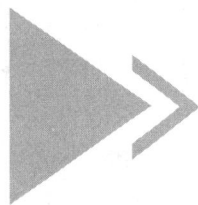

推荐序

　　近年来，互联网技术与金融业的碰撞融合，使这一领域演变出一系列全新的形态。第三方支付的攻城略地、网贷平台的爆发增长、虚拟货币的火热交易，仿佛在预示着互联网金融无限美好的前景。然而，历史上无数次危机警示着我们，繁荣的表象下很可能隐藏着巨大的风险。互联网金融的创新速度之快，一时间超出了监管跟进的速度，也超越了广大民众的辨别能力。

　　自互联网金融这一新生事物产生以来，非法集资的问题逐渐受到人们的重视。传统的非法集资活动具有明显的区域特征，但互联网的出现打破了这一约束，其传播速度快，不受时间、空间限制的特点被一些不法分子利用，反而成为金融犯罪的温床。打着互联网金融的幌子进行非法集资的恶性犯罪行为层出不穷，且涉及面广、涉案金额大、影响恶劣，不仅破坏了金融秩序的稳定，更对监管的公信力提出了挑战。因此，打击互联网金融非法集资金融犯罪刻不容缓，我国必须尽快确定互联网金融各项业务合法与非法、合规与违规的边界，尤其要守好不发生系统性金融风险的底线。一方面，有利于互联网金融行业自身的去伪存真、健康发展；另一方面，对于维护我国经济金融安全乃至社会稳定也具有重要意义。

　　互联网金融成为"中国特色"不是偶然，而是与我国现阶段经济社会发展背景相适应。从供给端来看，互联网技术的迅猛发展，特别是大数据、云计算的应用和智能终端的普及，为互联网金融快速发展奠定了基础；从需求端来看，我国正处于经济转型的关键时期，中小企业贷款难问题依然突出。在这种背景下，互联网金融在很大程度上弥补了传统金融的不足，满足了不同层次的市场参与者的需求，同时降低了融资成本、提高了资源配置效率、激发了市场活力。在社会各界的支持和鼓励下，互联网金融行业自问世以来一路高歌猛进，经历了高速发展的黄金时期。

虽然互联网金融的发展离不开创新，但它的本质依然是金融，必须遵循一定的经济学规律。同时，我国的信用体系、监管制度、法律体系还不够成熟，投资者的风险防范意识较弱，这些不仅为犯罪行为埋下了隐患，也催生了大量的金融泡沫，市场一度鱼龙混杂。从互联网金融行业走过的历程可以发现，大多数问题平台最终都会走向灭亡。2015年9月，泛亚日金宝出现兑付危机，涉及资金430多亿元，涉及人数逾百万人，首次给投资者敲响了警钟。2015年12月，以e租宝为代表的P2P平台风险爆发，标志着互联网金融进入风险暴露阶段。它的典型性在于集中了许多风险点，包括虚构融资项目、虚假担保、建立资产池、庞氏骗局等，这些问题也成为后续治理和整顿的重点。两年后，随着北京市第一中级人民法院对e租宝案作出依法判决，将此案定性为"集资诈骗、非法吸收公众存款"案并对涉案人员作出处罚，这一事件终于尘埃落定，但它的后续影响还远远没有结束。作为互联网金融诈骗的典型案例之一，它值得我们反复琢磨和思考。事实上，后来其他互联网金融领域衍生的集资诈骗案如钱宝网、善心汇、中晋系等，都逃不开e租宝的影子，它们大多以构建虚假交易开始，以庞氏骗局而终。

互联网金融对经济的推动作用毋庸置疑，但关键在于，如何防范利用互联网金融非法集资的风险，让其更好地服务于实体经济，防止它沦为少数人谋取利益的工具。中国人民大学财政金融学院副教授、中国普惠金融研究院研究员罗煜博士等撰写本书，汇编了近年来互联网金融非法集资的典型案件，希望通过揭露这些案件的过程，挖掘其发生的深层次原因，使读者能够从中获取经验教训，避免类似事件的再次发生，对于互联网金融的监管者而言，这项工作也是大有裨益的。

中国人民大学中国普惠金融研究院理事会联席主席兼院长　贝多广

2018年10月15日

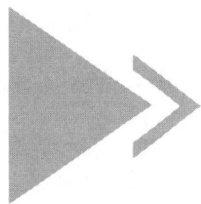

前 言

近年来，互联网金融的兴起为社会发展带来了积极效应。互联网金融公司具备技术优势，注重客户体验，提供的产品和服务使用起来更加便利。例如，第三方支付深深地嵌入了百姓日常生活的各方面，实现了充分的场景化，客户体验大大提升，在某些时候显示出银行都不能比拟的优势。得益于大数据技术和互联网的规模经济效应，互联网金融降低了金融服务的成本，将传统金融服务延伸到了长尾市场。过去金融机构对"中小微弱"借款人征信上存在困难、审查审批环节复杂贷款成本较高，很多银行几乎放弃了这个市场，但大数据技术帮助了一些非金融机构做成了这件事，这些机构完全可以依赖自己的商业生态系统收集借款人信用数据，自建评级模型，通过计算机程序审贷，提供了低成本、高效率的小额贷款服务。因此，客观上互联网金融的兴起有利于实现普惠金融。

但是互联网金融的兴起带来的都是美好的事物吗？事实上，科学技术本身是中性的，是服务于人的。科技与金融结合，利用得好，则能造福人类；利用得不好，则会适得其反，特别是当先进的技术被别有用心的坏人利用的时候，其破坏性将是巨大的。例如，区块链技术，如果做成好的产品，数字货币或票据可以提高支付的安全性；如果没有用到好处，就会成为黑市中流通的虚拟货币和非法集资的工具。

在互联网金融蓬勃兴起的这几年中，我们见证了大量风险事件，其中相当一部分与非法集资有关。传统非法集资的内核嫁接上互联网金融的"翅膀"，便衍生出了一系列新的骗术，危害着金融秩序和社会稳定。鉴于此，我们创作了本书，对互联网金融中的非法集资问题进行系统的研究，并剖析十大典型案例，希望为读者辨明互联网金融非法集资骗术提供帮助，并对监管层有所借鉴。

本书共分为三个部分。第一篇为非法集资与互联网金融，系统地梳理了二者的定义、发展历程及其关系，总结出"互联网+非法集资"的五大特点和三大原因。第二篇为解密互联网金融非法集资手段，由十个案例组成，分别代表了近年来非法集资犯罪的典型形式，具有一定的典型性和借鉴意义。每一案例的分析均遵循一定的框架，同时也各具特色：首先，由于互联网金融形式多样，每一案例分别对案件所涉及领域的基本概念作了解释和说明，以便读者对这些概念有清晰的认识。其次，介绍了案件的背景、发展过程和最新情况，力求还原事件的全貌；接下来对案例进行了具体分析，包括发生原因、利益链条、潜在风险的深度剖析，并结合相关法律法规和监管条例，分析了案件的处理结果及其合理性等。第三篇为互联网金融背景下非法集资治理，是在前文的基础上，总结了不同领域的国外监管经验、国内治理措施。最后，针对尚未触及的监管空白，我们从宏观角度提出对市场环境、基础设施、法律法规的建议，针对各个领域的具体问题，也提出了一系列具体整改建议，以期为政策制定提供一定的思路和借鉴。

本书的基本结论如下：

第一，非法集资与互联网的关系越来越密切。互联网金融背景下非法集资的主要表现为违规数量和金额的增加、受害群体范围和规模的扩大、作案手段的多样化、表现形式的增加。主要涉及十个方面：P2P融资平台、互联网金融交易平台、代币发行融资、会员制庞氏骗局、网络传销、众筹、社交平台理财、互联网资产管理平台、消费返利平台、网络私募基金。

第二，国内外尚未建立起一套完美的互联网金融治理方案。从欧美国家的经验来看，对P2P的监管较为成熟，美国对P2P平台的管理更加严格，未出现平台"跑路"的现象，小型P2P平台被淘汰，形成寡头垄断的市场形态，但存在多级监管过于烦琐等问题。英国对P2P的监管相对宽松且依靠行业协会自律，鼓励P2P产品创新，市场竞争更充分。两国针对P2P网络借贷均有强调市场准入和信息披露相关规定，以保护信息和交易安全和投资者合法权益。

第三，自2015年以来，我国监管部门出台了一系列政策规范引导互联网金融行业的发展，目前已经取得了一定的成效。互联网金融在法律层面的规制逐渐完善，确立了各个业态的监管职责分工，落实了监管责任，明确了业务边界，确定了"依法监管、适度监管、分类监管、协同监管、创新监管"的原则。互联网金融逐渐步入法治化轨道，告别了野蛮生长。但是，我国互联网金融的法律规制体系仍存在缺陷。一是监管存在真空区，缺乏针对互联网交易平台、互联网非法资产管理平台、消费返利平台、会员制庞氏骗局等领域的治理措施；二是传统分业经营、分业监管理念指导下设立的监管体制在层出不穷的互联网金融犯罪面前常常显得力不从心，未来监管格局还有待完善；三是目前我国对互联网金融的规制缺乏前瞻性，出现问题才治理，但信息技术更新和产品创新的速度又十分迅速，规制态度必须加以改变，从而达到"以不变应万变""未雨绸缪"的效果。

第四，面对互联网金融趋势下的非法集资，我们应站在防范系统性金融风险的高度，健全金融监管体系，完善相关规章制度，利用新的手段和技术监控与防范非法集资活动带来的风险。从宏观层面，我们提出加强市场准入的监管、完善互联网金融相关法律法规、建立统一的互联网金融信用体系、强化互联网金融行业的自我约束、加强投资者教育五点措施；同时，我们也提出了针对P2P网络借贷平台、网络传销、非法众筹三个问题突出领域的具体建议。

总之，从粗放式到严监管的政策转变，对于互联网金融来说既是挑战也是机遇。相信，随着监管制度的不断完善、互联网金融行业的自律加强、投资者鉴别能力的提升，非法集资问题将得到有效控制，问题平台得到进一步清理，让互联网金融回归服务实体的本源，从而真正惠及广大群众，成为我国经济金融改革的重要推动力。

本书由中国人民大学财政金融学院罗煜副教授、宋科副教授和汉青经济与金融高级研究院邱志刚副教授带领《互联网金融》课程全体同学共同完成。中国人民大学财政金融学院自2015年起为金融专业硕士开设《互联网金融》课程，迄今已培养了一批互联网金融方向的专业硕士学生。本书是教学和科研相结合的成果体现，每个鲜活案例的撰写都离不开学生的智慧与努力。

本书各章节分工如下：

第一篇

罗　煜　王览锦　宁　静　张婧荣　郭　昊　刘　辉

第二篇

第一章：肖子琛　黄钰文　李梦琪　倪杨卫　李熠炜　张雨芯

第二章：任幸子　曾繁济　秦　源　时浩凯　蔡航宇　吕心宁

第三章：戴昕芝　郑晓婷　郭纤尘　柏景耀　郭灿垚　李　婷

第四章：梁曼恬　肖子琛　屈泽群

第五章：赵梦娇　罗翊心　汪　玲　陈蕙瑾　秦艺轩

第六章：李　琛　曾　静　胡芳铭　董子源　郑子辰　马心斓

第七章：王　浩　顾　芮　刘思宇　张桂宁　孙统闽

第八章：祝菁宇　陈　川　王　博　王　君　刘　青

第九章：焦雅苏　袁路斯　黄绪闻　钟俊虹　刘昊凝　朱倩芸

第十章：王　悦　朱　赫　何佳欢　李秋蔚

第三篇

罗　煜　宋　科　邱志刚　屈泽群

全书由罗煜策划和统稿，屈泽群、梁曼恬、肖子琛、陈思远四位同学在汇编过程中作出了重要贡献。罗煜感谢中国人民大学2018年度"中央高校建设世界一流大学（学科）和特色发展引导专项资金"支持；邱志刚感谢中国人民大学科学研究基金（中央高校基本科研业务费专项资金）项目"金融创新的理论与应用研究——以资产证券化和互联网金融为例"（15XNL015）资助。感谢中国金融出版社编辑同志在文字校对、文稿润色、编辑出版等方面的支持。书中有部分内容参考了有关单位与个人的研究成果，已在参考文献中逐一列出，在此一并致谢。

　　由于互联网金融具有发展速度快、涵盖范围广等特点，本书仅选择部分典型案例，对这一领域的非法集资案件进行梳理。受作者水平所限，书中难免有错误和不足之处，恳请广大读者批评指正。

罗煜

2018年10月1日

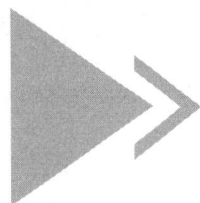

目　录

第一篇　非法集资与互联网金融 ·········· 1

　　第一章　非法集资的界定 ·········· 3

　　　　一、非法集资的概念 ·········· 3

　　　　二、非法集资的特点与分类 ·········· 9

　　第二章　互联网金融的兴起与发展 ·········· 13

　　　　一、互联网金融的概念 ·········· 13

　　　　二、互联网金融模式的分类 ·········· 15

　　第三章　非法集资与互联网金融的关系 ·········· 21

　　　　一、"互联网+"非法集资 ·········· 21

　　　　二、互联网金融非法集资的典型案例 ·········· 24

　　　　三、非法集资态势变化的原因 ·········· 29

第二篇　解密互联网金融非法集资手段 ·········· 31

　　第一章　P2P融资平台与非法集资 ·········· 33

　　　　一、P2P融资平台概述 ·········· 33

　　　　二、e租宝案例剖析 ·········· 40

第二章　互联网金融交易平台与非法集资 ……………… 51

一、互联网金融交易平台概述 …………………… 51

二、泛亚有色金属交易所非法集资案例剖析 ……… 52

三、沃尔克公司的案例分析 ……………………… 60

四、互联网交易平台非法集资问题的反思 ……… 62

第三章　代币发行融资与非法集资 ……………………… 63

一、代币发行融资概述 …………………………… 63

二、ICO深度解析 ………………………………… 67

三、我国虚拟货币交易平台现状 ………………… 72

四、虚拟货币交易问题平台案例分析 …………… 75

第四章　会员制庞氏骗局与非法集资 …………………… 93

一、会员制庞氏骗局的操作原理 ………………… 93

二、钱宝网案例分析 ……………………………… 96

三、钱宝网案例的启示 …………………………… 102

第五章　网络传销与非法集资 …………………………… 106

一、传销的发展历史 ……………………………… 106

二、网络传销的特点和分类 ……………………… 110

三、善心汇案例分析 ……………………………… 114

四、MMM非法资金互助平台 …………………… 119

五、合法网络互助平台运作与收关 ……………… 122

六、金融网络传销为何屡打不绝 ………………… 127

第六章　众筹与非法集资 ………………………………… 131

一、众筹概述 ……………………………………… 131

二、众筹与非法集资的界限区分 ………………… 134

三、众筹名义下的非法集资案例 ………………… 138

第七章　社交平台理财与非法集资 ················151

一、社交平台与微信群集资概述 ················151

二、微信群非法集资案例 ················155

三、微信投资理财群的非法集资认定 ················162

四、微信群中非法集资的防控措施 ················164

第八章　互联网非法资产管理平台与非法集资 ················166

一、互联网资产管理行业现状 ················166

二、互联网资产管理平台的非法集资类型 ················173

三、互联网非法资产管理平台案例——中晋系 ················177

四、互联网资产管理平台存在非法集资漏洞的原因 ················184

第九章　消费返利平台与非法集资 ················187

一、消费返利概述 ················187

二、消费返利平台非法集资现状 ················188

三、互联网时代的非法消费返利平台快速发展的原因 ················189

四、万家购物案例分析 ················191

第十章　网络私募基金与非法集资 ················201

一、网络私募基金概述 ················201

二、网络私募基金非法集资典型案例 ················205

三、网络私募基金未来发展 ················210

第三篇　互联网金融背景下非法集资治理 ················213

第一章　国外互联网金融非法集资的治理经验 ················215

一、P2P网络借贷平台的监管经验 ················215

二、众筹的监管经验 ················219

三、互联网理财的监管经验 ···220

四、虚拟货币的监管经验 ···220

第二章　国内互联网金融非法集资治理措施 ··················224

一、P2P的国内治理 ···225

二、ICO的国内治理 ···228

三、网络传销的国内治理 ···230

四、众筹的国内治理 ···231

五、微信理财的国内治理 ···232

六、网络私募基金的国内治理 ···232

七、国内治理措施总结 ···232

第三章　互联网金融背景下非法集资的治理建议 ··········234

一、总体建议 ···234

二、具体建议 ···238

参考文献 ···242

图目录

图1-2-1　2017年中国第三方互联网支付交易规模结构 ……………… 16

图1-2-2　2013—2017年第三方互联网支付交易规模 ……………… 17

图1-2-3　2010—2017年我国P2P网贷市场成交量统计 …………… 18

图1-2-4　历年众筹行业成功筹资金额 …………………………… 18

图1-3-1　全国法院审结案件数量 ………………………………… 21

图1-3-2　非法集资发生数量及金额 ……………………………… 22

图1-3-3　非法集资案件分布 ……………………………………… 22

图2-1-1　2017年网贷行业月成交额 ……………………………… 36

图2-1-2　2016—2017年新增平台、新增问题平台数及新增问题平台
　　　　　增长率 ……………………………………………… 37

图2-1-3　2016—2017年累计平台、累计问题平台总数及淘汰率 …… 37

图2-1-4　全国问题平台原因占比 ………………………………… 38

图2-1-5　e租宝运营模式示意 …………………………………… 41

图2-2-1　泛亚日金宝运作模式 …………………………………… 54

图2-2-2　泛亚事件过程 …………………………………………… 56

图2-2-3　沃尔克公司外汇平台运作模式 ………………………… 61

图2-3-1　疯狂的比特币 …………………………………………… 64

图2-3-2　ICO …………………………………………………… 66

图2-3-3　ICO融资金额与参与人次时间走势 …………………… 70

图2-3-4　2013—2017年2月超10万美元ICO的回报率分布 ……… 71

图2-3-5　"比特币中国"平台比特币收盘价 ……………………… 74

图2-3-6　"比特币中国"平台比特币日成交量 …………………… 74

图2-4-1　庞氏骗局金字塔结构 …………………………………… 94

图2-4-2　钱宝网早期业务模式 …………………………………… 98

图2-4-3　钱宝网QBII业务 ……………………………………… 99

图2-5-1　MMM平台网站首页 …………………………………… 120

图2-5-2　网络互助平台的运营方式 ……………………………… 125

图2-5-3　市场尚未成熟，投资渠道狭窄 ………………………… 129

图2-5-4　线上、线下联动，参与者高智化 ……………………… 130

图2-6-1 理财型房地产众筹运行模式 ……………………………… 146

图2-6-2 建房型房地产众筹运行模式 ……………………………… 147

图2-7-1 微信月活跃用户数量 ……………………………………… 151

图2-7-2 微信用户2015年、2016年日均使用时长 ………………… 152

图2-7-3 LCF罗斯柴尔德家族官网微信号截图 …………………… 157

图2-7-4 骗局示意 …………………………………………………… 158

图2-7-5 微信诈骗细节 ……………………………………………… 161

图2-8-1 被动型智能投资 …………………………………………… 168

图2-8-2 量化投资模式 ……………………………………………… 170

图2-8-3 2013—2020年中国网络资管规模 ……………………… 171

图2-8-4 非法集资类型 ……………………………………………… 174

图2-8-5 中晋合伙人制度的运作方式 ……………………………… 179

图2-8-6 中晋系募集资金用途 ……………………………………… 183

图2-9-1 许诺消费者返利流程 ……………………………………… 192

图2-9-2 许诺加盟商返利流程 ……………………………………… 193

图2-9-3 万家购物衍生发展层级 …………………………………… 194

图2-9-4 全国社会消费品零售总额与万家购物应实现最小营业额
　　　　 对比 …………………………………………………… 195

图2-9-5 万家购物诱惑力标语 ……………………………………… 199

表目录

表1–1–1　非法集资的法律解释 ⋯⋯⋯⋯⋯⋯⋯⋯⋯⋯⋯ 5

表1–3–1　各类非法集资典型案例 ⋯⋯⋯⋯⋯⋯⋯⋯⋯⋯ 28

表2–1–1　P2P平台运营模式 ⋯⋯⋯⋯⋯⋯⋯⋯⋯⋯⋯⋯ 34

表2–1–2　e租宝核心产品概览 ⋯⋯⋯⋯⋯⋯⋯⋯⋯⋯⋯ 41

表2–3–1　国内虚拟货币交易平台情况 ⋯⋯⋯⋯⋯⋯⋯⋯ 72

表2–4–1　钱宝网基本情况 ⋯⋯⋯⋯⋯⋯⋯⋯⋯⋯⋯⋯ 96

表2–5–1　传销的发展历史 ⋯⋯⋯⋯⋯⋯⋯⋯⋯⋯⋯⋯ 109

表2–5–2　善心汇投资收益模式 ⋯⋯⋯⋯⋯⋯⋯⋯⋯⋯ 117

表2–5–3　主要网络互助平台简介 ⋯⋯⋯⋯⋯⋯⋯⋯⋯ 123

表2–5–4　网络传销与网络互助平台的共同点和不同点 ⋯⋯ 126

表2–6–1　国外学者对众筹的概念界定 ⋯⋯⋯⋯⋯⋯⋯ 131

表2–6–2　2016年四种众筹模式全年众筹情况 ⋯⋯⋯⋯ 132

表2–6–3　国外代表性众筹平台简介 ⋯⋯⋯⋯⋯⋯⋯⋯ 133

表2–6–4　国内代表性众筹事件 ⋯⋯⋯⋯⋯⋯⋯⋯⋯⋯ 134

表2–8–1　O2O服务模式 ⋯⋯⋯⋯⋯⋯⋯⋯⋯⋯⋯⋯⋯ 169

表2–8–2　账户智能管理模式 ⋯⋯⋯⋯⋯⋯⋯⋯⋯⋯⋯ 169

表2–8–3　资产管理平台、金融交易所及资产管理产品情况 ⋯⋯ 175

表2–8–4　中晋系旗下公司情况 ⋯⋯⋯⋯⋯⋯⋯⋯⋯⋯ 180

表3–1–1　美国P2P平台监管部门及分工 ⋯⋯⋯⋯⋯⋯ 216

表3–1–2　英国P2P网贷平台监管部门及分工 ⋯⋯⋯⋯ 217

表3–1–3　英国FCA监管职能 ⋯⋯⋯⋯⋯⋯⋯⋯⋯⋯⋯ 218

第一篇
非法集资与互联网金融

第一章 非法集资的界定

一、非法集资的概念

（一）非法集资的定义与法律解释

非法集资这个词汇对于人们来说并不陌生，近年来非法集资更是借助互联网实现了新的发展。但是，我国法律条文中目前并不存在非法集资罪，司法实践中对非法集资的处理大多采用非法吸收公众存款罪和集资诈骗罪。对于非法集资的界定，学术理论层面也存在不同的观点。因此，有必要对与非法集资相关的法律条文进行梳理，得出一个相对全面、准确的定义。

1978年，我国开始实行改革开放，中国经济进入了快速发展的阶段，人民生活日渐富裕，但与此同时，非法集资活动的规模也逐渐扩大，非法集资这一概念也进入了我国的立法规范文件。

1986年，国务院颁布《中华人民共和国银行管理暂行条例》，其中明确规定"非法集资属于地下金融范畴"。20世纪90年代，出现了诸如长城机电等影响较大的非法融资案，为了加强对非法集资案件的打击，立法机关在1995年陆续出台了一系列的刑事法规。1995年2月28日通过并施行的《全国人民代表大会常务委员会关于惩治违反公司法的犯罪的决定》规定了欺诈发行股票、债券罪和擅自发行股票、公司、企业债券罪；1995年月，全国人大常委会通过了《中华人民共和国商业银行法》，首次提出非法吸收公众存款的概念；1995年6月，全国人大常委会通过了《关于惩治破坏金融秩序犯罪的决定》，正式确立了非法吸收公众存款罪和集资诈

3

罪两个罪名。

1996年12月，最高人民法院发布《关于审理诈骗案件具体应用法律若干问题的解释》，这是首次对非法集资作出定义的法规性文件。根据该解释，非法集资是指法人、其他组织或个人未经有权机关批准，向社会公众募集资金的行为。

1998年4月，国务院颁布了《非法金融机构和非法金融业务活动取缔办法》，第四条规定非法吸收公众存款和非法集资都属于非法金融业务活动的范畴。1998年7月，中国人民银行发布了《整顿乱集资乱批设金融机构和乱办金融业务实施方案》，提出了与非法集资异曲同工的乱集资的概念：凡未经依法批准，以任何名义向社会不特定对象进行的集资活动，均为乱集资。

1999年，中国人民银行下发《关于取缔非法金融机构和非法金融业务活动中有关问题的通知》，对非法集资作出了比较详细的定义，根据该通知，非法集资被定义为"单位或个人未依照法定程序经有关部门批准，以发行股票、债券、彩票、投资基金证券或其他债权凭证的方式向社会公众筹集资金，并承诺在一定期限内以货币、实物及其他方式向出资人还本付息或给予回报的行为"。1999年，《关于进一步打击非法集资等活动的通知》初次对非法集资的分类进行了系统的归纳，此次分类中的最大特点是传销被明确纳入了非法集资的分类范畴："利用传销或秘密串联的形式非法集资"。通知还明确提出了利用果园或庄园开发的形式、用现代电子网络技术构造的"虚拟"产品、电子黄金投资等多种新颖的非法集资形式。

2001年1月4日开始实施的《关于审理非法集资刑事案件具体应用法律若干问题的解释》，规定"非法集资指违反国家金融管理法律规定，向社会公众（包括单位和个人）吸收资金的行为"。非法集资类犯罪主要包括非法或变相吸收公众存款罪，集资诈骗罪，擅自发行股票、公司、企业债券罪，非法经营（擅自发行基金）罪四个罪名。

2017年8月24日，国务院法制办公室就《处置非法集资条例（征求意见稿）》公开征求意见，其第二条规定非法集资"是指未经依法许可或者违反国家有关规定，向不特定对象或者超过规定人数的特定对象筹集资金，并承诺还本付息或者给付回报的行为"。

表1-1-1　　　　　　　　　　　　非法集资的法律解释

时间	法律法规	具体解释内容
1996年12月	《关于审理诈骗案件具体应用法律若干问题的解释》	首次正式界定了非法集资的概念：非法集资是指法人、其他组织或个人未经有权机关批准，向社会公众募集资金的行为
1998年4月	《非法金融机构和非法金融业务活动取缔办法》	非法吸收公众存款和非法集资都属于非法金融业务活动的范畴
1998年7月	《整顿乱集资乱批设金融机构和乱办金融业务实施方案》	提出了乱集资的概念：凡未经依法批准，以任何名义向社会不特定对象进行的集资活动，均为乱集资
1999年	《关于取缔非法金融机构和非法金融业务活动中有关问题的通知》	非法集资被定义为单位或个人未依照法定程序经有关部门批准，以发行股票、债券、彩票、投资基金证券或其他债权凭证的方式向社会公众筹集资金，并承诺在一定期限内以货币、实物及其他方式向出资人还本付息或给予回报的行为
2010年12月13日	《关于审理非法集资刑事案件具体应用法律若干问题的解释》	非法集资是指违反国家金融管理法律规定，向社会公众（包括单位和个人）吸收资金的行为
2017年8月24日	《处置非法集资条例（征求意见稿）》	非法集资是指未经依法许可或者违反国家有关规定，向不特定对象或者超过规定人数的特定对象筹集资金，并承诺还本付息或者给付回报的行为

综上可知，我国立法上对于非法集资的概念有广义和狭义之分。广义的非法集资是指一切未经有关机关批准向社会公众募集资金的行为，即包括非法吸收公众存款，集资诈骗，擅自发行股票、公司、企业债券，非法经营等一系列不法的集资行为。而狭义的非法集资出现在1998年的《非法金融机构和非法金融业务活动取缔办法》和《整顿乱集资乱批设金融机构和乱办金融业务实施方案》中，指的是除了非法（变相）吸收公众存款外的其他非法集资活动。

本书采用广义的非法集资概念，即一切未经有权机关批准向社会公众募集资金的行为，不仅包括违反行政法规的集资行为，也包括非法吸收公众存款和集资诈骗等违反刑事法律构成犯罪的集资行为。

（二）非法集资的立法演变

目前，并没有单独的非法集资罪，根据现行《刑法》和相关司法解释以及实践做法，《刑法》中涉及非法集资的罪名主要包括以下几种：非法吸收公众存款罪；集资诈骗罪；欺诈发行股票、债券罪；擅自发行股票、公司、企业债券罪；擅自设立金融机构罪；组织、领导传销活动；非法经营罪。同时，根据《最高人民法院关于审理非法集资刑事案件具体应用法律若干问题的解释》，明知他人从事欺诈发行股票、债券，非法吸收公众存款，擅自发行股票、债券，集资诈骗或者组织、领导传销活动等集资犯罪活动，为其提供广告等宣传的，以相关犯罪的共犯论处。

纵观整个立法变迁过程，非法集资大致经历了从经济性行政法规，到附属、单行刑法，再到刑法典明文规定及出台司法解释规范适用等阶段。[①]

1. 经济性行政法规和文件

我国对非法集资进行刑事规制的历程开始于20世纪90年代，最初的立法活动表现为颁布经济性行政法规。1992年国务院发布的《储蓄管理条例》，明确规定实施非法吸收公众存款的应当追究刑事责任；1993年国务院发布的《关于坚决制止乱集资和加强债券发行管理工作的通知》，规定任何地区、部门、企事业单位和个人，一律不准在国务院有关规定之外以各种名义乱集资；1993年8月，作为我国较早使用非法集资概念的规范性文件，国务院批转的《中国人民银行关于集中信贷资金保证当前经济发展重点需要意见的通知》指出"要坚决制止和纠正违章拆借、非法集资"；9月，国务院又发布《关于清理有偿集资活动坚决制止乱集资问题的通知》，规定除股份公司股票、企业债券、短期融资券或金融债券外，禁止其余有偿集资活动。

2. 附属、单行刑法

上述行政法规和文件颁行不久，不少内容就经过全国人大及其常委会的认可而上升为法律。1995年，全国人大及其常委会先后颁布《中国人民

---

① 徐昕，黄艳好，王万琼.非法集资类犯罪的立法反思与对策 [J]. 学术界，2015（3）：45-62.

银行法》《商业银行法》《担保法》《票据法》《保险法》，以及全国人大常委会出台《关于惩治违反公司法的犯罪的决定》《关于惩治破坏金融秩序犯罪的决定》。上述"五法二决定"基本确立了中国的金融法律规范体系。其中，单行刑法《关于惩治违反公司法的犯罪的决定》正式确立了非法吸收公众存款罪和集资诈骗罪，其第七条规定，非法吸收公众存款或者变相吸收公众存款，扰乱金融秩序的，最高处十年有期徒刑；第八条规定，以非法占有为目的，使用诈骗方法非法集资的，最高可处死刑。

3. 刑法及司法解释

1997年修订的《刑法》增设了破坏金融管理秩序罪和金融诈骗罪两节，主要吸收了前述两"决定"的内容。自此，非法集资类犯罪纳入了刑法体系，一系列规制非法集资的立法文件陆续出台。1998年国务院发布的《非法金融机构和非法金融业务活动取缔办法》，将"未经中国人民银行批准"沿用为成立非法吸收公众存款犯罪的构成要件，并明确解释了该罪所具有的"不特定性"和"承诺回报"两项特征。2010年11月，最高人民法院出台《关于审理非法集资刑事案件具体应用法律若干问题的解释》，在界定非法集资行为的同时，细化了非法集资的四个特征要件，列举了构成非法吸收公众存款罪的具体行为方式，明确了集资诈骗罪中"非法占有目的"要件的认定，规定了有关罪名定罪和量刑的标准，同时还规定了不列入犯罪和免予刑事处罚、不作为犯罪处理的豁免规则。2014年3月，最高人民法院、最高人民检察院、公安部联合出台《关于办理非法集资刑事案件适用法律若干问题的意见》，就关于行政认定、向社会公开宣传、社会公众等认定问题，以及共同犯罪、涉案财物的追缴和处置、证据收集、涉及民事案件、跨区域案件等处理问题作出了详细解释。该意见是对原司法解释和相关法律法规的进一步细化，在犯罪认定上呈现了一定程度的扩张，更进一步体现从严打击非法集资活动的趋势。

通过这些立法变迁，我们看到的不仅是从经济性法规到附属、单行刑法再到刑法典的立法路径，更是国家对非法集资活动持续加大管制、不断从严打击的过程。

（三）非法集资的形态演进

20世纪至今，非法集资的形态不断演进，其表现形式逐步从资源开发、种植、养殖等实体经济形态，演变为结合传统金融产品与业态。近年来，在"互联网+"的大背景下，衍生出了借助于P2P融资平台、互联网交易平台、代币发行等概念的诸多新形态。

1. 依托于实体经济的非法集资

非法集资的早期形态往往离不开实体经济形态，这个时期的非法集资打着种植、养殖、项目开发、庄园开发、生态环保投资等名义。社会实践中，公司将产品销售给社会投资者，社会投资者再将产品委托给公司经营或保管。如果投资者按期支付保管费用则是合法的，如果公司承诺未来将会有高额回报则涉嫌非法集资。例如，号称利国又利民的"万里大造林"案件。万里大造林有限公司打着"造林"的旗号，同时以高额回报作为宣传点，引诱数万名群众投资它们的杨树林，参与到所谓的"造林"活动中来，最终通过转让林地林权43万余亩，涉案金额达13亿元。

2. 依托于传统金融业态的非法集资

与传统金融业态相结合的非法集资多以发行或变相发行股票、债券、彩票、投资基金等权利凭证或者以期货交易、典当为名。非法发行股票，是指未经证券监管部门批准而擅自公开、变相公开发行股票的行为。变相公开发行股票是指未经依法报证监会核准，采用广告、公告、电话、信函等公开方式或变相公开方式向社会公众发行股票，以及公司股东自行或委托他人以公开方式向社会公众转让股票的行为。一些公司、企业或者个人出于非法占有的目的，在发行股票、债券的过程中采取欺骗手段，骗取投资者的信任，在资金到手后，则大肆挥霍或席卷而逃。根据2008年1月2日最高人民法院、最高人民检察院、公安部、中国证券监督管理委员会联合下发的《关于整治非法证券活动有关问题的通知》规定，非上市公司、公司股东违反规定，擅自向社会公众转让股票，应当追究其擅自发行股票的责任，属于非法集资。

3. 依托于互联网的非法集资

随着互联网的日益普及，网络越来越多地走进了人们的生活，很多不法分子则利用互联网进行非法集资活动。互联网非法集资衍生出了以P2P融资平台、互联网金融交易平台、代币发行等为名义的诸多形态。依托于互联网的非法集资相较于前两种传统的非法集资形态，更"先进"、危害更大，也更难监管。

二、非法集资的特点与分类

（一）非法集资的特点

非法集资是我国经济金融领域长期存在的痼疾。从非法集资的现状来看，可概括出如下三个方面的特点。

1. 涉案金额大、损失严重

非法集资案件涉案金额从几十万元到几百亿元不等。据公安部不完全统计，2016年我国非法集资共立案1万余起，涉案金额近1400亿元，非法集资案件平均案值达1365万元，亿元以上案件超过百起。例如，泛亚事件案涉案金额约430亿元，涉及22万余人；亚欧币案涉案金额40亿余元，涉及约34万人。这些非法集资案件带给群众的财产损失巨大，一方面是由于犯罪分子以高额回报为诱饵，引诱了诸多的参与者，前期的涉案金额巨大；另一方面是由于后期追回款项的难度很大，非法集资所得大部分金额都被犯罪分子用来补亏、转移、挥霍，警方介入调查之后，也难以追回这些款项。

2. 受害人数众多，易引发群体性事件

非法集资案件受害人数从几百人到数百万人不等，往往遍及各个职业，且年龄上以中老年人为主。例如，中逢昊基金非法集资案件涉及200余人；钱宝网涉及数百万名投资者。这些非法集资案件涉及受害人数众多，很多投资者被高额收益冲昏了头脑，将大量资金投入到非法集资活动中去，并且往往会鼓动周围的朋友和亲人一起参与。很多投资者的经济承受能力和心理承受能力都比较弱，一旦非法集资活动崩盘，将面对巨额的损失，这些投资者的情绪很不稳定，容易诱发群体事件。

3. 涉及地域广、风险集聚

非法集资案件涉及的地域从一个县、几个市到全国各个省不等，近年来非法集资涉案区域越来越广，并且西部地区的非法集资活动越来越多。例如，e租宝非法集资案，涉案范围达31个省（自治区、直辖市），其中有90万多人涉入骗局；善心汇集资诈骗案，涉及全国31个省（自治区、直辖市），约有500万人次参与。2016年，发案数量前十位省份合计新发案件3562起、涉案金额1887亿元，分别占全国新发案件总数、总金额的69%、75%[①]。

（二）非法集资的分类

《关于审理非法集资刑事案件具体应用法律若干问题的解释》列举了实践中非法集资的11种行为方式，具体包括：不具有房产销售的真实内容或者不以房产销售为主要目的，以返本销售、售后包租、约定回购、销售房产份额等方式非法吸收资金的；以转让林权并代为管护等方式非法吸收资金的；以代种植（养殖）、租种植（养殖）、联合种植（养殖）等方式非法吸收资金的；不具有销售商品、提供服务的真实内容或者不以销售商品、提供服务为主要目的，以商品回购、寄存代售等方式非法吸收资金的；不具有发行股票、债券的真实内容，以虚假转让股权、发售虚构债券等方式非法吸收资金的；不具有募集基金的真实内容，以假借境外基金、发售虚构基金等方式非法吸收资金的；不具有销售保险的真实内容，以假冒保险公司、伪造保险单据等方式非法吸收资金的；以投资入股的方式非法吸收资金的；以委托理财的方式非法吸收资金的；利用民间"会""社"等组织非法吸收资金的；其他非法吸收资金的行为。上述11种形式可以概括为以下三类非法集资行为类型。

1. 投资经营型

无论是以房地产销售，还是租种作物和林木等，都是通过在集资者和

---

① 资料来源：搜狐新闻.非法集资大排查来袭，5月份启动专项排查 [EB/OL]. [2017-04-26]. http://www.sohu.com/a/136566506_542347.

投资者之间设立一种生产销售关系，从形式上转移所有权再通过建立租用关系保证投资者的未来收益。例如，部分房地产楼盘所推出的酒店式公寓项目，就被指出有可能涉及非法集资。因为一些楼盘在出售时并不具有房地产预售许可，而所签订的合同也并不是房地产买卖合同而是投资合同。实践中，似乎这种形式接近于融资租赁关系，即投资者为了享受出租某物的回报而购买该物进行出租。但与融资租赁关系不同的是，融资租赁关系中承租人是融资租赁关系成立的基础，并且承租人和租赁物的出售人不是同一个人。

在辽宁东华集团的蚂蚁养殖案件中，集资者先宣传养蚂蚁能赚钱，再与蚁农签订预期收购协议并承诺到期按约定价格收购蚂蚁，但需养殖户交纳1万元的押金。此类案件的行为核心，是通过集资者和投资者之间签订从事某项经营事务的合同，但需要交纳一定数额的资金，资金名目多样，可以是押金、保证金或者启动资金等。而有些案件中集资者确实从事该项经营，被认定为非法吸收公众存款的行为，而未进行经营的则多被定为集资诈骗行为。事实上并不是所有采取先出售再租用或管理的形式，都能直接被认定为非法集资，而应当视具体情况认定模式是否合法而定。

2. 欺诈出售金融产品类

无论是通过虚假表述为投资者提供债券、基金和保险，还是宣传可进行投资理财，都是实践中以合法形式进行投资宣传再进行非法集资的典型方式。对于司法解释中所列举的具体行为方式中，以投资为名骗取资金的行为，经常出现在具有非法占有目的的集资诈骗案件中。一般这种形式的非法集资行为多表现为通过从业便利，将虚假的投资保险等金融产品的项目书或投资合同向投资者进行宣传，将所得资金打入私人账户。实践中还存在很多具有从业资格的相关从业人员违法欺诈销售金融产品帮助吸收资金的情况，如存在证券或银行业务员诱导和欺骗投资者，投资与业务员所属机构无关的投资项目，从中赚取融资提成。在宣传中谎称或误导所销售的金融产品是业务员所属公司代售的、存在担保关系承诺无风险等，导致投资者误认为投资安全性较高，最终遭受损失。

3. 民间组织集资类

实践中存在着一些以各种名义成立的"会"用来募资，诸如"同乡互助会""经济互助会"等。这些组织一般结构松散，通常没有固定的组织管理形式，大多是提供一个相互交流互助的平台。这类案件主要是通过承诺，对加入的会员以支付高息为诱饵，吸引会员加入交纳会费，再用所收取会费支付已加入会员的利息。还有一些形式则是收取会费，为他人集资提供场地并接受投资者。综上所述，当前《刑法》对非法集资行为的认定标准和列举的行为类型都是针对传统金融行业中的非法集资行为建立的，采取以非法吸收公众存款罪为核心的规制模式，也是符合行政法规对非法吸收公众存款行为的解释。这种看似合理的规制方式却受到了来自互联网金融发展以及金融监管部门所倡导的金融创新要求的挑战。

第二章　互联网金融的兴起与发展

一、互联网金融的概念

（一）互联网金融的定义

互联网金融这一概念是中国人创造的，尽管其英文翻译为"Internet Finance"，但已有的国外文献中并不能查到准确的对应物。互联网金融是在中国特殊的金融发展背景下诞生的事物，2013年之后几乎成为家喻户晓的新生金融业态。

《互联网金融模式研究》（谢平，2012）中对于互联网金融进行定义，即"由于互联网所产生的影响，由原有的商业银行为代表的传统金融中介演变为无中介过程中所产生的金融交易以及行为"。根据谢平所提出的关于互联网金融的概念，它是一个具有强烈前沿性的概念，从理论方面来理解互联网金融需要具有足够的想象能力。中国人民银行在《中国金融稳定报告（2014）》中对其进行了相关概念的界定："互联网金融是互联网和金融业的相互融合所产生的，通过互联网技术以及移动通信等成为包含资金流通、金融中介功能独有的金融模式。"

随着互联网金融的发展，它与国际通用的金融科技（Fintech）等概念逐渐融合。金融科技是指技术带来的金融创新，它能创造新的业务模式、应用、流程或产品，从而对金融市场、金融机构或金融服务的提供方式产生重大影响。不过二者仍有一定区别。互联网金融是一种场景化的金融服务提供方式，注重提供合适的产品和服务去满足用户的需求，并不完全追求技术的创新，而更在意有多少人在使用这种产品，强调其普及性，看重商业价值。 Fintech一般情况下，没有场景化作为依托，是相对早期的技术创新，相对而言并没有普及性，多数情况下是非金融机构在做，是互联网金融的初级阶段。

（二）互联网金融的特点

1. 平台经济

互联网经济的核心特征之一是平台经济。互联网金融是互联网技术与金融的相互融合，因此互联网金融也包含着互联网经济的一些特征。阿里巴巴、腾讯、百度、苏宁、天猫、京东、淘宝等一系列互联网公司的成功都和其自身巨大的平台优势密切相关。互联网金融企业通过自身具备平台与消费者密切联系，为客户们提供多元化服务，进而提高自身企业在行业中的竞争力。只有平台成功，打造平台经济，自身的互联网金融业务才能够有更好的发展。这不仅与传统金融业业务开展的渠道不同，更是互联网金融在运作时利用成熟的互联网技术，运用数据库使得其在信息透明度、成本、操作便捷度等方面都有着传统金融所无法比拟的优势。

2. 客户企业黏性大

相比传统金融来说，互联网金融在平台中实现了物流、信息流、资金流的高度结合，具有庞大的客户基础。传统的金融开展相关业务主要是以资金流为主，信息流较少，少有物流的参与。而互联网金融业务在平台发展的基础上，信息流比较丰富，而且在物流的存在下，涉及的行业及范围有了更大的拓宽，并增加了网络对客户的黏性。而且现阶段的平台在以信息流的支撑的基础上不断增强其物流，平台这一本质自身就满足了人们社交、信息交流的需求，这也是互联网时代下的产物。通过平台，企业可以与客户保持密切交流并及时得到反馈意见。因此，开展互联网金融的企业就能够更容易得到更多的客户，并依托着互联网增加客户对其产生的黏性。

3. 具有较高的普惠性

互联网金融另一个特点是具有较高的普惠性，传统经济都是以企业自身为基础进行单方面的扩张，成长性相比来说较为稳定；而互联网金融具有平台这一本质，可以以客户为基础进行多方面同时扩张，成长速度十分迅速。由于互联网技术不断提升，信息能够通过网络渠道得到大面积普及。互联网金融模式体现出了明显优于传统金融模式的个性化优势。在产品的设计方面，更加人性化，更加重视用户体验。许多互联网金融企业已经开始为客户提供整合储蓄、支付、理财等多种金融服务。而且，所有的业务都能够在网络上得到实现。互联网金融的出现在很大程度上解决了传统金融的高门槛的弊病，传统金融的业务普遍具有很高的门槛，在银行一些中小企业很难得到融资，相关个人业务所要求的数额也较为庞大，而互联网金融的出现使金融这一行业更加普惠化，通过不同的途径、模式使得更多的人能够享受到金融相关业务的开展。

4. 交易成本低廉

不仅如此，互联网金融在成本方面尤其是经营成本和交易成本在一定范围内得到了控制。依托各自的互联网平台所开展的金融业务只需运用一定规模数量的服务器就可以为所有的网络用户提供服务，而不需要像传统金融机构一样设立线下网点进行服务，这样就在一定的程度上节省了大量的线下网点的经营成本。此外，实体经济融资渠道分为间接融资和直接融资两种方式，因此，在融资过程中所产生的注册费、手续费等各种税费就会增加融资成本。传统金融在信息处理方面相比互联网金融十分不便捷，在收集、分析、处理交易各类数据信息的时候会产生人工成本和信息成本。而上述问题都可以在互联网技术方面得到改善，进而降低经营成本。

5. 效率高

互联网金融由于具有互联网这一方便渠道，消费者可以在办理相关业务时更加便捷、迅速，金融体系的效率会有很大的提高。随着互联网技术的发展，移动设备越来越多，在日常生活中也得到了普及，消费者可以在任何地方通过移动数据、移动设备来办理相关金融业务。

二、互联网金融模式的分类

相比传统的金融行业，互联网金融业态具有两个特点：一是它作为一种技术、工具来推动现有金融业态的发展，是传统金融业务与互联网的嫁接和化学反应，如互联网对银行、证券、基金、保险业务的改造；二是随着互联网技术进步和理念创新又的确诞生了一些新的金融业态，如第三方支付、数字货币等。本书基于对互联网金融非法集资研究的需要，对互联网金融的主要模式作如下分类。

（一）第三方支付

第三方平台支付在互联网金融的模式中是较早呈现的一种，是指拥有一定程度的资本和信用保证的非银行机构，采用以互联网为代表的技术，与各大银行建立合作协议，使用户应用电子支付的方式代替原有的银行支付手段。从现在的发展情况来看，第三方平台支付这一模式早已不只是拘泥于互联网支付这一领域，已经逐渐发展成为线上、线下种类繁多的混合性支付平台。第三方平台就是以平台为核心使得用户、商家、银行产生联系，保证了相互的信用要求，进一步使各方能够实现资金交易等。

2017年，我国第三方互联网支付交易规模结构、2013—2017年第三方互联网支付交易规模如图1-2-1、图1-2-2所示。

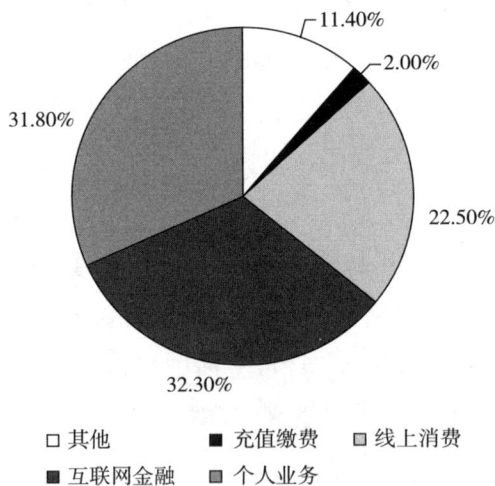

资料来源：艾瑞咨询，http://report.iresearch.cn/report_pdf.aspx?id=3035。

图1-2-1　2017年中国第三方互联网支付交易规模结构

目前可以根据第三方支付显示情况将模式分为两大类。

（1）独立的第三方支付模式是其自身平台独立在电子商务之外，没有担保义务，只是为消费者供应支付手段以及为支付系统处理相关的问题，其中以快钱、易宝支付、汇付天下三类为典型代表。

（2）依靠着自身电商网站所供应担保的第三方支付模式。这种模式下的贷款由自身平台监管并由其通知卖方货款接受、发货等，买方通过电商平台进行购买后，运用第三方支付平台所注册的账户进行付款，确认获得商品后，告知平台将相应款项给卖家。

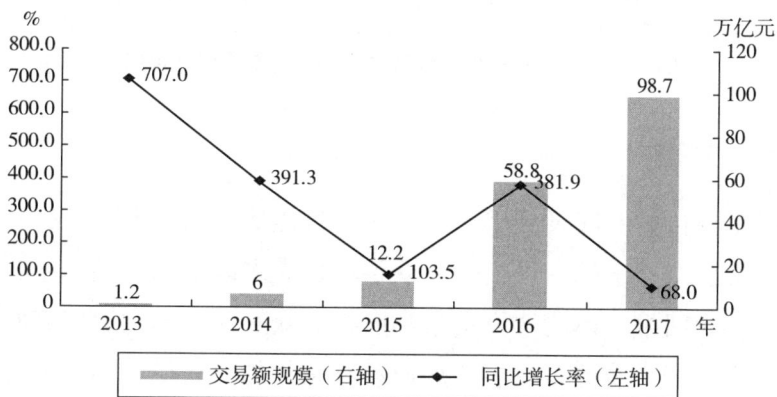

图1-2-2　2013—2017年第三方互联网支付交易规模

（二）P2P网贷

所谓P2P，是Peer-to-Peer的缩写，即"点对点"的意思。P2P网贷模式的意思是使借款人与投资人联系在一起的中间人，利用自身平台完成借贷方的资金匹配，具有借贷需求的人可以通过网站查找具有借钱能力并愿意借出的人，通过平台提供服务进行审核，帮助贷款人与其他贷款人共同承担一笔借款来降低风险，也帮助借款人筛选有利条件，满足双方需求。

根据不同的分类标准，P2P有不同的种类。按照不同的借贷过程，有纯平台模式和债权转让模式两种；根据有无担保可分为有担保模式和无担保模式。

2009—2017年我国P2P网贷市场成交量统计详见图1-2-3。

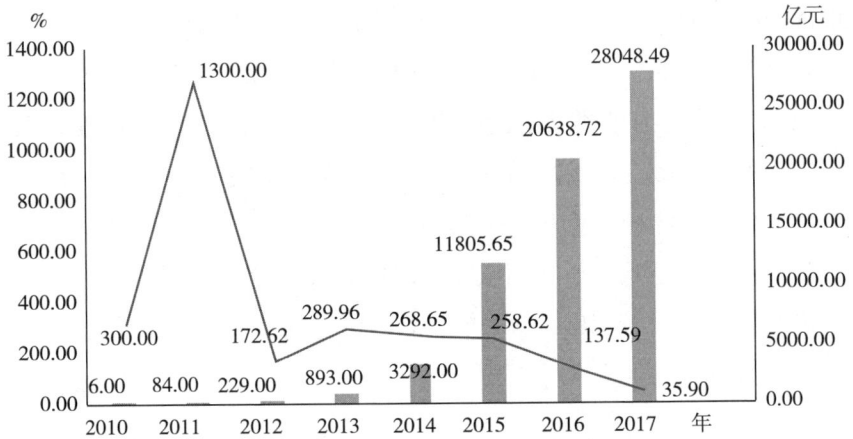

图1-2-3　2010—2017年我国P2P网贷市场成交量统计

（三）众筹

众筹是项目的发起者利用互联网将项目传播，以最大限度得到认可及支持来筹集公众资金的一种模式。众筹项目大多以实际物品、服务以及媒体内容等作为回报，不能涉及资金和股权。众筹这一模式运用互联网平台向他人筹集资产，使更多有想象力而没有条件的人获得资助，实现其自身的理想。用户都能够运用这一种模式对某个项目进行投资，使融资的方式不拘泥传统的风投、银行等一系列渠道，而是来自更多的普通人群。我国历年众筹行业成功筹集的金额详见图1-2-4。

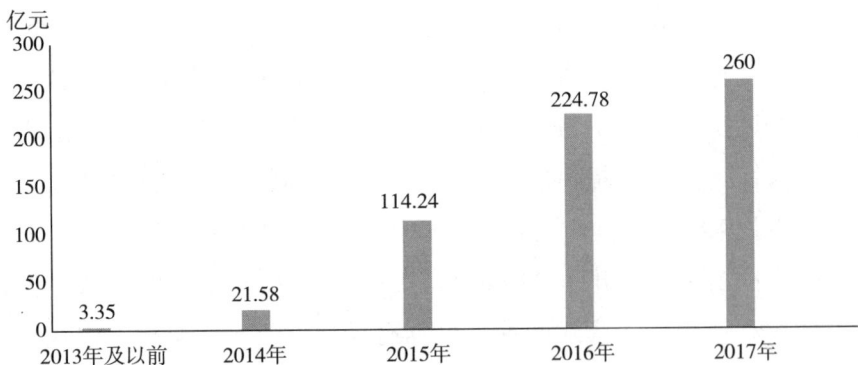

图1-2-4　历年众筹行业成功筹资金额

（四）大数据金融

大数据金融是目前盛行的数据统计分析方法的一种主要模式，本质是通过对大量的非结构数据进行整合并开展相关针对性的分析。消费者能够凭借互联网得到相关互联网金融机构所陈列出的各种信息数据，并且运用对数据的分析把握客户的日常决策想法，进而确切地预估客户行为，正是因为这样，大数据金融模式在风险掌控方面也有着较为明显的优势。

从现在的情况来看，大数据金融这种运营模式主要有以下几种：平台模式，以阿里为主；供应链金融模式，以京东等为主。大数据金融模式在电商平台中得到了很好的应用，也就自然而然地衍生出了电商金融模式这一互联网金融模式，凭借对平台的消费者和供应商开展贷款筹资等业务，进而得到贷款所应得利息，此外还应用成熟的供应链方便企业获得利益。大数据金融模式随着互联网技术的发展、大数据时代的来临已经日趋完善，越来越多的企业将消费者的个人需求摆在首要的服务目标，随之而来的个性化金融产品的种类也会逐渐增多。

（五）信息化金融机构

信息化金融机构这一模式主要是通过信息技术，对传统金融中的流程以及服务开展重新修缮改进的举措，进一步地实现经营、管理全方位电子化的金融机构。从现阶段的情况来看，商业银行在金融行业内的网络化的水平在一个相对较高的位置，商业银行都开始搭建属于自己的电子商务平台，以便加强其客户对银行本身的黏性，方便更好地收集客户相关数据信息，深度了解客户需求。传统商业银行通过互联网技术改善了传统金融业务中信息相互不匹配的问题，中小型企业可以凭借这种方法对资金进行筹集。

（六）互联网金融门户

互联网金融门户这类模式是运用互联网开展金融产品、汇集金融服务信息、搜索并销售金融产品的同时为其提供第三方服务的平台。这一类模式不仅仅供应高层次的理财投资产品及服务，也同样供应不同类型的金融产品的咨询比价交易。这一类模式的安全性高，金融门户平台并不对金融产品进行真实的销售工作，所以产生的资金并不经手金融门户平台。在现阶段，互联网金融门户通过不断地改善及发展，已经初步成为为用户供应理财投资服务以及相应的理财产品的第三方机构，以及供应相关保险产品的比价、咨询服务的一种平台。

第三章 非法集资与互联网金融的关系

一、"互联网+"非法集资

互联网金融背景下非法集资的主要表现为违规数量和金额的增加、受害群体范围和规模的扩大、作案手段的多样化。据处置非法集资部际联席会议披露，全国法院审结非法吸收公众存款案件2003—2013年审理762起、2014年审理1907起、2015年审理3173起、2016年审理5925期；集资诈骗案件也由2003—2013年的289起，增长到2016年的1074起（见图1-3-1）。

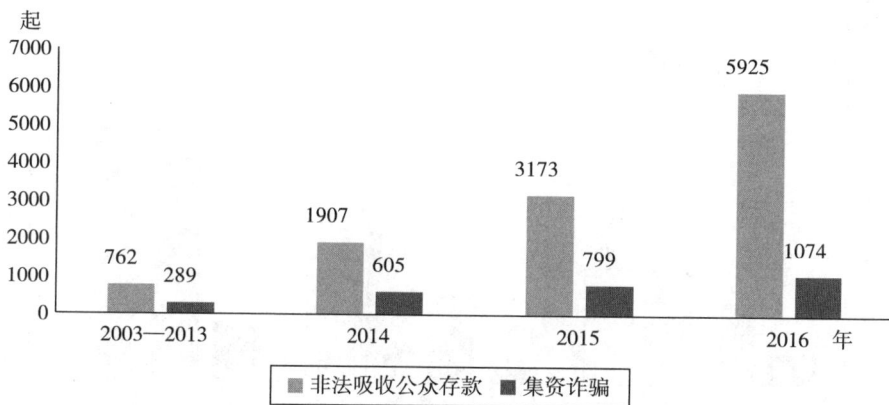

资料来源：2017年处置非法集资部际联席会议。

图1-3-1 全国法院审结案件数量

近年来，非法集资的数量及金额也急剧扩大。数量从2013年的1185起逐渐增长到2015年的6077起；增加监管后在2016年有所下降，为5197起。涉及金额由2013年的533亿元扩大到2016年的2511亿元（见图1-3-2）。

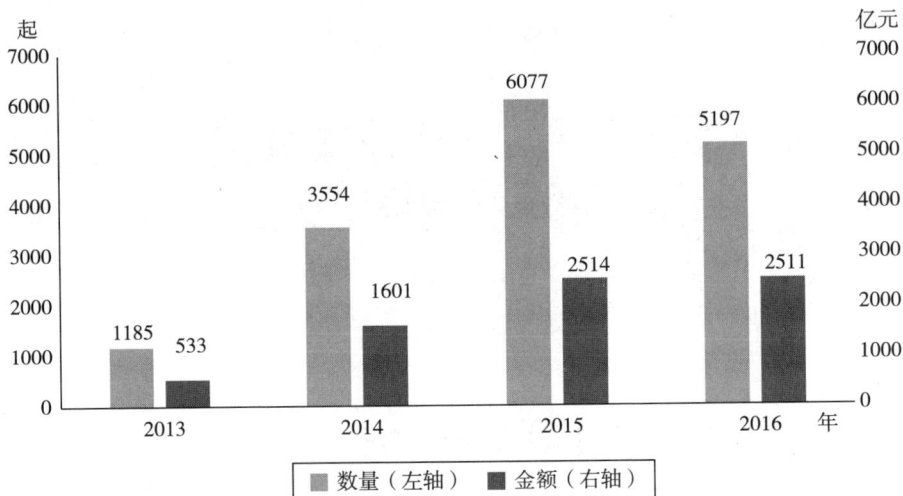

资料来源：2017年处置非法集资部际联席会议。

图1-3-2 非法集资发生数量及金额

近年来，非法集资案件大案要案频发。2013年以来，跨省案件数量、参与集资人数逾千人的案件数量以及涉案金额超亿元的案件数量均呈现总体上升的趋势。随着监管趋严，2016年三类案件数量出现了下降。

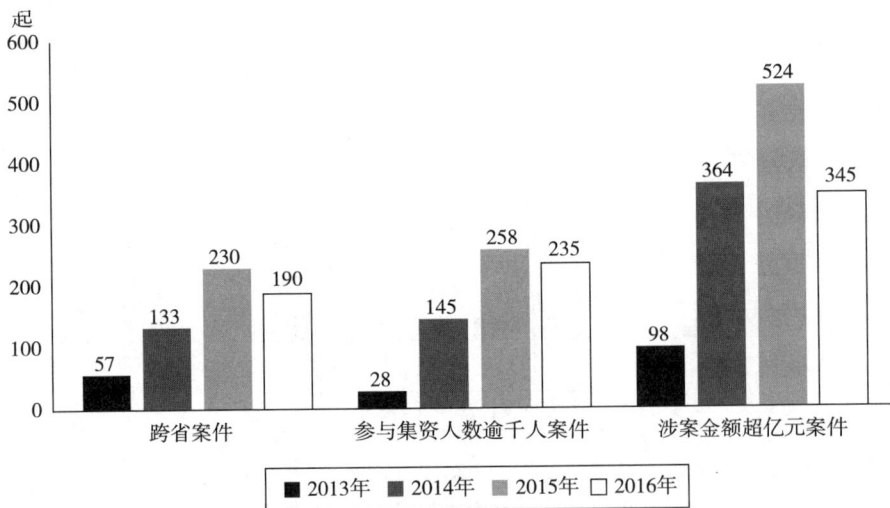

资料来源：2017年处置非法集资部际联席会议。

图1-3-3 非法集资案件分布

（一）涉众范围增多

互联网自身具有传播速度快、不受时间空间限制的特点。传统非法集资案覆盖的地域往往被局限在某个县，或者某个中小城市，涉及的受害人群往往也集中在某个地区。但是借助互联网的力量，非法集资突破了地域的限制，波及了更多的受害者，例如e租宝案件，波及31个省（自治区、直辖市）的90多万人。

犯罪分子选择借助互联网金融的外衣进行非法集资，除了互联网本身具备的特点之外，还与我国金融环境以及监管环境有关：在我国传统金融体系中，小微企业、民营企业融资难度较大，很多个人也缺乏高效的理财手段，而互联网金融能够有效地帮助这些处于"金融弱势"地位的群体，因此也得到了各界的拥护，人们愿意使用互联网金融，而在互联网金融野蛮生长的期间，又缺乏相应的法律条文对其进行规范。

犯罪分子利用人们对互联网金融的热情以及互联网金融监管层面的漏洞，包装出各式的非法集资，涉及范围广、人群多，给人民群众的财产造成了极大损失。

（二）犯罪周期缩短

由于互联网的隐蔽性及快捷性，诈骗信息能够快速传播，且十分隐蔽。犯罪分子能够很快完成平台建设、信息发布、项目编造等犯罪准备。而在犯罪实施过程中，犯罪分子能够同时向多人进行交易，短期内就能够聚集大量资金，较传统犯罪的周期大大缩短。传统的非法集资案件很多需要借助线下集会等形式开展宣传，信息的传播速度较慢，因而往往需要较长时间的准备过程。由于网络信息的传播速度快，使非法集资的犯罪周期被缩短了。

（三）犯罪手段先进

一方面，由于互联网金融的不断创新，如余额宝成功将第三方支付平台与基金销售公司结合，为广大中小理财客户提供互联网金融理财平台，满足广大群众的理财需求；另一方面，由于我国关于互联网金融的监管法律滞后，导致行业存在大量法律灰色地带，稍有不慎就会触犯非法集资红线。在互联网金融外表的掩饰下，非法集资犯罪的手段更加先进，其表现分为两个方面，一是利用更加智能的互联网技术，从策划、传播到具体实施，都更加高科技化，这些在网络上进行的非法集资活动，更加虚拟化，与现实世界的联系弱化，也增加了原有的监管体系发挥作用的难度；二是借助某种互联网金融产品的形态，伪装性更强，这些非法集资犯罪"与时俱进"，以外表光鲜的互联网金融产品形式出现在投资者面前，导致许多投资者难以辨清其真实面目。

二、互联网金融非法集资的典型案例

近年来，我国非法集资案件频发，相较于以前年度，发生数量更多，波及范围更广，带来的损失也更大。在各类数量指标持续变化的情况下，非法集资犯罪的形式也不断"与时俱进"。伴随着互联网金融的蓬勃生长，非法集资与互联网的关系越来越密切。非法集资犯罪形式不断变化，其迷惑性更强，隐蔽性更好。这些非法集资案件借互联网的外衣，打着各式各样的幌子欺骗广大人民群众，给人民群众的利益带来了极大的破坏。犯罪分子利用先进的互联网技术，将非法集资活动逐渐由线下转向线上，非法集资的蔓延速度和广度都得到了很大的提升，非法集资犯罪的形势变得更加严峻。近年来，发生了各类形式的互联网非法集资案件，主要涉及十个方面的非法集资案例，这些案件普遍造成了巨大的社会影响，引起了民众的广泛关注。

（一）P2P融资平台

目前，P2P平台在我国发展迅猛，然而问题也随之而来。除了个别平台由于经营不善或主观恶意导致的"跑路"外，更多的平台利用用户群庞大、现金流充沛的便利，建立自己的资金池，利用"拆标"等手段进行投资。这样的举措违背了发展P2P网络融资平台的初衷，演变成了一种披着互联网P2P外套的非法集资。

（二）互联网金融交易平台

互联网交易平台是一个第三方的交易安全保障平台，主要作用是保障交易双方在网上进行交易的安全、诚信等问题。根据平台类型可以分为信息服务型、广告型、交易型、管理型、综合型等。平台一般通过提供加盟、广告服务或者会员服务来收取费用盈利，也有通过销售自身产品或服务盈利。

互联网交易平台的发展推动着平台自身的进一步升级，一些比较大的交易平台已经开始涉及金融产品及衍生品。但这其中很容易涉及销售资质以及产品安全性之类的问题，容易上升至非法集资层面。

（三）代币发行融资

代币指货币的替代物，在一定的使用范围内，可以代替法定货币而流通，但其本身不具备通货的效力。本书中的代币特指互联网上流行的比特币等数字技术加密的虚拟货币。代币是发行方和投资者之间的一种信用契约，可以按一定的比例兑换货币。代币发行融资（ICO）指的是企业自行发行虚拟货币，并制定其与法定货币间的兑换比例，通过投资者交换代币来获得资金的一种融资方式。代币作为一种虚拟货币，其发行价格会因发行方情况不同而不同；在二级市场上，代币的价格也会随着市场交易情况而改变。对于企业而言，代币融资可以做到低成本地获取资金；而对于投资者而言，一个好的项目能让代币价格上涨从而获取收益。

由于代币是一种高风险的虚拟货币，任由私人企业随意发行势必会成为非法集资的手段，也会对金融市场稳定性产生影响。目前我国由于风险等原因全面叫停代币融资项目，也在很大程度上影响了国际代币市场。

（四）会员制庞氏骗局

这一类互联网平台打着所谓创新的旗号，许诺极高的收益率，吸引用户注册，一边通过收取会费和保证金的方式发展下线，让会员通过做一些空头任务赚取回报，实则用下线的资金支付上线的回报；另一边谎称投资了各种优质的项目，实际上是彻头彻尾的庞氏骗局。例如，钱宝网的运营模式是给用户发布空头任务（没有实际广告合同、实际物流发货，只是用用户押金支付用户收入），让用户获得高额回报，且回报率达40%。但是接任务必须交纳数额从几万元到几十万元不等的保证金，而用户能够得到的收益又直接与保证金数额挂钩，这样的设计就是为了吸引用户投入更多的资金。会员制庞氏骗局类型的互联网平台具有极强的诱惑性，往往会使一些赚钱心理迫切又缺乏理性的群体受骗。

（五）网络传销

网络传销和传统传销本质上没有差异，但是利用了互联网工具后，方式便更为隐蔽。人们已经比较习惯于网络营销活动。凡是以互联网或移动互联为主要平台开展的各种营销活动，都可称为网络营销。目前网络营销有两个很特别的营销方式——病毒式营销和O2O营销。病毒式营销利用用户口碑相传的原理来进行宣传推广，而O2O立体营销是基于线上、线下全媒体深度整合进行营销。这两种营销方式波及面大、盲目性较强，容易变成发展下线获取推广收益的传销形式，进而踏入非法集资范畴。

（六）众筹

股权众筹的定性目前在我国是争议较大的一个问题，其实质就是面向大众筹集的"天使投资"。虽然股权众筹这一行为已经被官方认可并加以规范，但在实际操作过程中一些股权众筹项目很容易由于非法吸收存款或者私自发行股票、债券而被认定为非法集资，甚至有一些人打着股权众筹的旗号做金融诈骗的事情。

（七）社交平台理财投资

由于生活水平和收入水平的提高，越来越多的人开始进行投资理财，而最常使用的微信等社交平台便成为发行的方式或者宣传的平台。理财产品是由商业银行和正规金融机构自行设计并发行，将募集到的资金根据产品合同约定投入相关金融市场及购买相关金融产品，获取投资收益后，根据合同约定分配给投资人。作为大众化的理财品种，理财产品可以借助微信平台的用户量进行业务扩展。然而在产品发售期间，如果产品本身涉及虚假信息或是原本的委托关系变为借贷关系的话，这样的理财投资很容易就会发展成为非法集资。

（八）网络资产管理平台

网络资产管理平台指资产管理人借助互联网平台，根据资产管理合同约定的方式、条件、要求及限制，对客户资产进行经营运作，为客户提供证券、基金及其他金融产品，并收取费用的行为。在管理过程中，资产一定程度上已经脱离了所有人的支配，管理人有了一定自主决策的权力。如果在管理过程中出现资产离开所有人账户进入管理者名下的情况，这实际上就已经构成了非法集资。一些非法集资案例中，网络资产管理平台吸收公众资金，但并未进行第三方托管，而是直接被平台所有人所操控支配，最终发生了无法兑付的风险。

（九）消费返利平台

近几年，一种新型的消费返利平台进入人们视野当中。在这个平台上，只需要消费购买商品，或者进行平台的宣传推广，商家就会予以现金返还。消费返利根本目的在于刺激消费、鼓励宣传，以此来有效锁定消费，实现利益最大化。但与此同时，部分平台商家通过"全额返利"等手段刺激吸引消费者大量购买某商品，然后利用筹集的资本进行风险投资，利用投资收益弥补商品出售方面的亏损。这种以聚集资金为目的的"返利"行为违背了"促销商品"的初衷，已经是非法集资的一种手段。

（十）私募基金

私人股权投资（又称私募股权投资或私募基金，Private Fund）是一个很宽泛的概念，指对任何一种不能在股票市场自由交易的股权资产的投资。由于投资的金额较大，风险较高，对合格投资人的筛选是私募基金运营中的重要问题。过去私募基金多采用线下募集的方式，但随着互联网金融的兴起，有一些私募基金开始通过互联网开展营销。

由于存在较大的信息不对称，互联网私募基金有时会触碰非法集资的红线。二者的区别是：

一是资金募集方式是面向社会大众还是面向特定个体，如募集资金方式为面向社会大众，则圈定为非法集资范畴。

二是定向集资对象是否超过50人，如募集资金对象数量超过50人，则圈定为非法集资。

三是委托理财时，是否发生资金所有人（所有权）关系的转变。如果资金由委托人账户转移到受托人账户，则认定发生非法集资行为。

表1-3-1对涉及利用互联网金融而产生的非法集资案例进行了简要的概括。

表1-3-1　　　　　　　　　各类非法集资典型案例

类型	典型案例	波及地域	涉及人数	涉案金额	案件进展
P2P平台的非法集资	e租宝事件	31个省（自治区、直辖市）	90万人	500亿元	2017年9月12日，北京市第一中级人民法院依法公开宣判相关被告单位以及被告人集资诈骗、非法吸收公众存款案
互联网交易平台非法集资	泛亚事件	20多个省（自治区、直辖市）	22万人	430亿元	2016年8月1日，主要嫌疑犯已被移送审查起诉
代币发行融资的非法集资	亚欧币		4万人	40亿元	2017年7月7日，海口市侦破亚欧币一案
会员制庞氏骗局	钱宝网		数百万人	500亿元	2017年12月26日，钱宝网实际控制人张小雷因涉嫌违法犯罪向当地警方投案自首
网络传销的非法集资	善心汇	31个省（自治区、直辖市）	500多万人	数百亿元	2017年7月，多名犯罪嫌疑人已被依法采取刑事强制措施
众筹与非法集资	水果营行	20多个省（自治区、直辖市）	10余万人	10亿元	2015年12月，相关嫌疑人被拘留
社交平台的非法集资	民族资产解冻	从2016年10月开始，共打掉犯罪团伙15个，抓获犯罪嫌疑人405名，初步查证涉案金额超过9.5亿元，封停涉案微信群9000余个、微信号1200余个			
网络非法资产管理平台	上海中晋案	90%的投资者来自上海	2.5万人	399亿元	2016年10月13日，8名主要嫌疑犯被移送审查起诉
消费返利平台的非法集资	万家购物	31个省（自治区、直辖市）	200万人	240亿元	2012年6月，万家购物网站已被相关部门查处
网络私募基金非法集资	中逢昊基金		200余人	2.3亿元	2016年2月，中逢昊实际控制人曹津逢被依法逮捕

三、非法集资态势变化的原因

（一）搭上互联网发展的顺风车

当下，非法集资态势变化的主要原因是由于非法集资搭上互联网发展的顺风车，疯狂式地野蛮生长。首先，非法集资借助互联网突破了空间的特性，并出现了三个特征，一是突破地域范围限制，二是涉嫌非法集资的金额大，三是受害人数量和范围不在少数且集中。例如，在2016年1月14日，涉嫌集资诈骗、非法吸收公众存款的e租宝平台一年半内吸收资金500多亿元，受害投资人遍布全国31个省（自治区、直辖市）。除此之外，还突破了传统非法集资共同犯罪的特征，例如，"郑旭东事件"，其本人注册了多家P2P网络借贷公司，直接操控了整个非法集资的全过程。其次，互联网的隐蔽性及快捷性导致诈骗信息能够快速传播，且十分隐蔽。犯罪分子能够很快完成平台建设、信息发布、项目编造等犯罪准备。而在犯罪实施过程中，犯罪分子能够同时与多人进行交易，短期内就能够聚集大量资金，较传统犯罪的周期大大缩短。网络世界虚拟性、便捷性的特征，也让非法集资犯罪能够更加轻易地找到众多的陌生人群，犯罪人与被害人之间不再以熟人为主。

（二）盗用普惠金融的概念

过去的非法集资受害人群主要为缺乏金融知识的城市居民，现在随着城市建设使网络信息的传递迅速，大多数城市居民已变得理智，不再容易受骗。因此，非法资金将目标人群转向农村居民。由于农村金融消费者作为有限理性人，缺乏金融知识与风险识别能力，并且对金融产品信息的获取存在障碍，因此在进行资金投放时会产生效仿他人的行为，而这种行为就属于网贷平台参与者在决策中的认知偏差。另外，一些公司通过打着众筹和P2P旗号的公司有组织性地进行虚假宣传造势，承诺高额回报、虚构或者夸大投资项目，同时隐瞒产品对应的风险，以达到吸引公众上当受骗的目的。

（三）监管跟不上，界定不分明

互联网的创新是日新月异的，而我国关于互联网金融的监管法律滞后于行业的发展，导致行业存在大量法律灰色地带，比如，民间借贷和非法集资界定不明，从而使有些人在趋利心理的影响下铤而走险，钻法律漏洞和打"擦边球"。除此之外，我国法律目前关于非法集资的定性不够明确，导致处理非法集资案件困难。

第二篇
解密互联网金融
非法集资手段

第一章　P2P融资平台与非法集资

一、P2P融资平台概述

（一）P2P网络借贷概念界定及运营模式

在互联网金融领域，P2P是对Peer-to-Peer Lending and Online Invest的简称，其中，Peer-to-Peer Lending是点对点的信贷或个人对个人的信贷的意思。P2P 网络借贷平台是连接个人资金借贷双方的第三方网络平台，是一种与互联网、小额信贷等技术和模式创新紧密相关的新型借贷形式。[①]

在P2P监管细则[②]出台前，根据P2P 网络借贷平台（以下简称P2P平台）在借贷过程中所扮演的角色，P2P平台的运营模式可以分为收益型与零收益型，其中收益型又分为单纯中介型和复合中介型。[③]单纯中介型是指平台仅提供中介服务，上海的拍拍贷采用的就是这种模式。复合中介型是指平台在交易过程中不仅提供中介服务，还充当追款者、担保人、联合追款人、利率制定人等职能，采用这种模式的有深圳的红岭创投等。零收益型平台主要为弱势群体提供低息贷款服务，不以盈利为目的，我国的宜农贷是这种模式的代表。P2P 平台运营模式的比较详见表2-1-1。

[①]　陈雪莹.基于国际视角的P2P网络借贷平台发展研究[J].企业文化旬刊，2014（11）.

[②]　P2P 监管细则是 2016 年 8 月中国银监会发布的《网络借贷信息中介机构业务活动管理暂行办法》。

[③]　杨先旭 . P2P 网络借贷的风险与监管 [J]. 现代经济信息，2014（8）.

表2-1-1 P2P平台运营模式

运营模式	单纯中介型	复合中介型	零收益型
代表	拍拍贷	红岭创投	宜农贷
服务人群	小微企业和中低收入人群	有资金需求的个人及创业者	贫困地区人群
贷款总额	每月约1000万元	累计约158亿元	累计约1亿元
年利率	12%~20%	15%~18%	2%
收益来源	主要以成交服务费为主，服务费为成交金额的2%~4%，其他费用为充值手续费和提现手续费	按投资者利息收益的一定比例收取的利息管理费，180元/年的VIP会员费，以及年化3%~14.6%的借款管理费	象征性地收取1%的服务费
不良贷款处理	拍拍贷一般不承担本金和利息的补偿，由借出人自己承担，如满足相应条件，则有100%本金保障	实施风险准备金计划，成为VIP员后，100%本金先行垫付保障	宜农贷平台借款农户及时还款率为100%
优点	功能完整、交易量大	贷款者风险低、有利于平台创新	公益性强、平台和贷款者风险低
缺点	贷款者风险高	平台风险高	平台和贷款者收益小

资料来源：卢馨，李慧敏. P2P网络借贷的运行模式与风险管控[J]. 改革，2015（2）：60-68.

1. 以拍拍贷为例的单纯中介型模式

拍拍贷成立于2007年8月，注册资本为10万元，总部设在上海。拍拍贷属于单纯中介型P2P平台，其运行模式主要借鉴美国的Prosper，拍拍贷网站提供的服务包括发布借款信息、竞标、数据管理、电子凭证等。拍拍贷一方面满足了小微企业主的融资需求；另一方面满足了高净值人群的投资需求，成立5年以来，注册用户达10万人以上；它的注册门槛较低，18周岁以上的中国大陆地区公民都可以申请成为借入者或借出者，单笔最多可借入20万元。

2. 以红岭创投为例的复合中介型模式

红岭创投成立于2009年3月，注册资本为5000万元，总部在深圳。红岭创投的运营模式为复合中介型模式，主要借鉴了英国的ZOPA模式，业务涵盖金融电子商务、国内外投融资资讯、产业投资基金、投融资资本管理、创新科技产业园运营管理等多个领域。在P2P行业2015年前三个季度成交量排行中，红岭创投以626亿元领跑。红岭创投在网络借贷资金安全和法律保障体系的研究方面较为成功，率先对接工商银行进行资金监管，未来还将引入个人电子安全证书来保障投资者利益。

3. 以宜农贷为例的零收益型模式

宜农贷是宜信公司于2009年推出的新平台板块，通过宜农贷，社会爱心人士可以将资金出借给贫困地区需要帮助的农村借款人，支持他们发展生产、改善生活。[①]每份出借资金为100元，出借人可以根据自身意愿和能力认购不同份额。借款人必须属于"三农"（农业、农村、农民）范畴；属于贫困人群，或者为其他经过合作贷款机构认可的农村中低收入者；且必须为60周岁以下的已婚女性。宜农贷作为一种"可持续扶贫"的创新公益模式，成为解决中国"三农"问题的实践者。

（二）P2P网络借贷平台发展现状

2012—2015年是P2P平台野蛮生长时期，由于缺乏相应监管规则、监管主体不明确等原因，国内P2P处于试错和摸索阶段，并没有一个标准的模式出现。2015年11月，P2P网贷行业整体成交量达1331.24亿元，历史累计成交量达到12314.73亿元。规模快速扩张带来的后果就是各种风险不断爆发，大平台倒闭、跑路事件频频发生，给大量中小投资者带来巨额损失，对我国金融稳定造成了恶劣影响。

随着我国网贷监管细则的正式落地，及各种政策文件的发布，P2P网贷结束"野蛮生长"，进入严监管时代。行业发展逐渐回归理性，一批P2P平台被迫转型或退出，而一些新锐平台则发展迅猛，呈现出两极分化的趋势。

据天眼研究院不完全统计，截至2017年12月31日，我国P2P网贷平台数量达5382家，当月新增平台1家，新增问题平台75家，环比增加25.00%，累计问题平台达3631家，在运营平台1751家，同比下降8.52%。12月，P2P网贷行业成交额出现回暖，达1896.89亿元，环比上涨1.58%，同

---

① 宜农贷官网介绍。

比下降17.73%（见图2-1-1）。

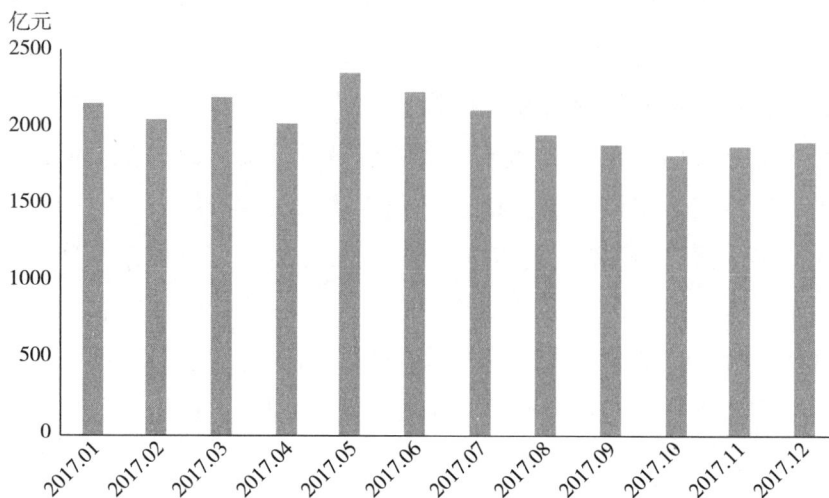

资料来源：网贷天眼。

图2-1-1　2017年网贷行业月成交额

从行业成交额来看，2016年保持平稳增长，2017年初成交额增加近1倍，之后有所回落，但仍保持在较高水平。但从问题平台数来看，情况却不容乐观，2015年底至2017年10月，累计问题平台数持续上升，淘汰率达56.83%。其中，2017年新增平台数明显下降，新增问题平台数增长放缓，每月保持在100家左右（见图2-1-2、图2-1-3）。从对比中可以明显看出，新增问题平台远大于新增平台数，一方面，表明P2P行业目前面临较大的退出压力，行业正面临结构的重新调整；另一方面，表明监管政策产生了一定效果。现在网贷业仍处于整改期，预测未来网贷平台数量将进一步下降，逐渐转入寡头竞争时代，规模小、不规范的平台数将逐渐减少，而规模较大、合法运营的平台能够扩大市场规模，得到更多发展机会，推动网贷行业向健康有序的方向发展。

从收益率来看，受新规影响，P2P平台的综合收益率持续下降。根据网贷之家《2017年中国网络借贷行业年报》，行业收益率在2014年2月达到22%的高点，此后连续6个月下滑。2017年网络借贷行业总体综合收益率为9.45%，同比下降1%。2017年综合收益率延续下行走势，但下降速度有所放缓。

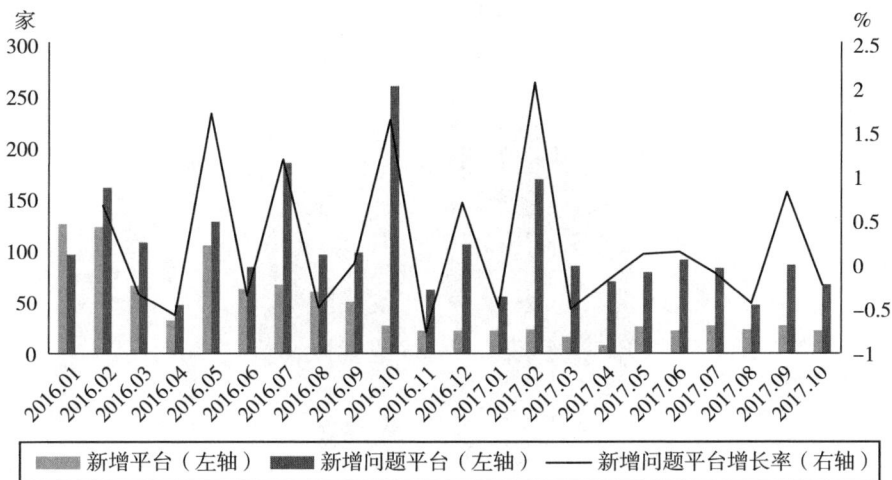

资料来源：网贷之家。

图2-1-2　2016—2017年新增平台、新增问题平台数及新增问题平台增长率

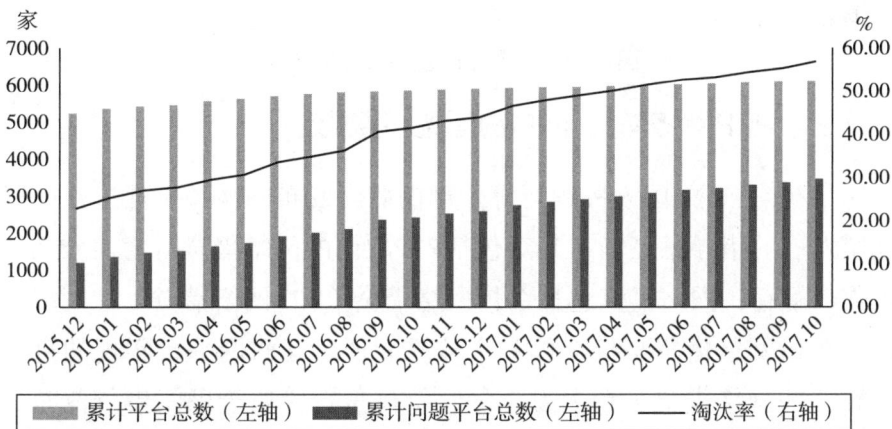

资料来源：网贷之家。

图2-1-3　2016—2017年累计平台、累计问题平台总数及淘汰率

从问题平台原因来看，失联俗称"跑路"的平台占比高达62.36%，由于经营不善造成提现困难的占20.86%，其他原因中止运营的占8.07%，而良性退出仅占0.63%（见图2-1-4）。问题平台良性退出困难，给投资者的资金带来了巨大风险。因此，监管的方向主要有两个：一是事前监管，提高准入门槛及合规成本，防止劣质平台进入；二是事后监管，加强对现有平台的监管，及时发现问题，引导良性退出。

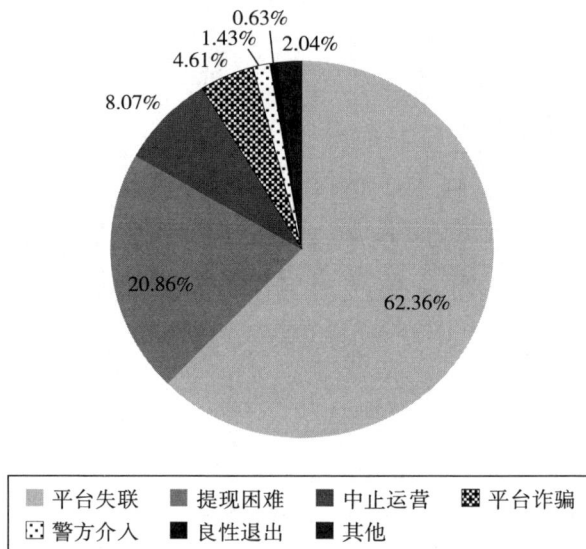

资料来源：网贷之家。

图2-1-4　全国问题平台原因占比

（三）P2P网络借贷与非法集资关系界定

2015年7月，中国人民银行等十部门联合发布的《关于促进互联网金融健康发展的指导意见》，其对包括P2P在内的网络借贷行为性质及适用法规作出解释：网络借贷包括个体网络借贷（P2P网络借贷）和网络小额贷款。个体网络借贷是指个体和个体之间通过互联网平台实现的直接借贷。在个体网络借贷平台上发生的直接借贷行为属于民间借贷范畴，受《合同法》《民法通则》等法律法规及最高人民法院相关司法解释规范。

结合相关定义及现实中存在的问题可以发现，P2P平台容易涉嫌非法集资范畴内的非法吸收公众存款和集资诈骗两大罪名。关于两者的具体论述，将在e租宝案例分析中具体展开。

（四）P2P网络借贷平台涉及非法集资的模式

中国的P2P平台模式的发展变化与我国现状相适应，债券转让模式、抵押担保模式等非传统模式的出现，为借贷双方提供了便利，但这些模式可能暗藏非法集资的风险。根据人民银行对"以开展P2P网络借贷业务为名实施非法集资行为"的界定，P2P平台的三类行为有可能涉嫌非法集资。

1. 理财—资金池模式

理财—资金池模式是一些非法P2P平台最常见的模式之一。这些平台将投资者的资金汇集到一个中间账户，也就是所谓的资金池；平台根据借款人的需求，设计理财产品并向投资人发售。2010年11月22日，最高人民法院于《最高人民法院关于审理非法集资刑事案件具体应用法律若干问题的解释》一文中明确指出，这种模式涉嫌非法吸收公众存款。

2. 不合格借款人模式

不合格借款人模式是指P2P平台没有尽到对借款人身份、借款目的的核查义务，导致一些不法分子利用借款人的身份牟利。这些借款人通过发布虚假借款信息吸收大量资金，但并没有投入承诺的项目，而是投向其他领域如股票、债券、房地产等，有部分借款人甚至会将资金以高利贷的形式贷出以赚取高额利差。根据2014年3月25日最高人民法院、最高人民检察院、公安部印发的《关于办理非法集资刑事案件适用法律若干问题的意见》，"为他人向社会公众非法吸收资金提供帮助，从中收取代理费、好处费、返点费、佣金、提成等费用，构成非法集资共同犯罪的，应当依法追究刑事责任"，而传统的P2P模式正是通过撮合借贷双方并从中收取服务费来盈利。因此，如果平台没有尽到核查义务，客观上为不合格借款人提供了非法吸收资金的途径，这种P2P平台就构成了非法集资的共同犯罪。

3. 庞氏骗局

庞氏骗局指不断吸收新投资人的钱来向老投资者支付利息和短期回报，以制造低风险、高回报的假象来骗取更多人的投资。这种恶性循环可以发展到很大的规模，但最终结局都逃不开资金链断裂的命运。P2P平台发布虚假标的，但并没有进行实际投资，而是通过借新还旧的方式聚集资金，其目的是自融或卷款跑路，这类P2P平台属于非法吸收公众存款和集资诈骗。

二、e租宝案例剖析

（一）e租宝事件简介

1. e租宝发展历程

e租宝是钰诚系下属的金易融（北京）网络科技有限公司运营的网络平台。2014年2月，e租宝被钰诚集团收购。2014年7月，钰诚集团将改造后的平台命名为e租宝，以网络金融为名开始运营。钰诚系的最高股东是钰诚国际控股集团有限公司，该公司在境外注册，旗下有北京、上海、蚌埠等八大运营中心，设有线上销售、线下销售、投融资等八大业务板块，其中大部分板块都以e租宝为运行核心。

2015年底，中国多地公安部门和金融监管部门对e租宝经营展开调查，之后钰诚集团及e租宝相关负责人因涉嫌违法诈骗被警方拘捕。经过近两年调查取证，2017年9月12日，北京市第一中级人民法院对e租宝案作出依法判决，将此案定性为"集资诈骗、非法吸收公众存款"案。

据统计，截至2015年12月8日，e租宝总成交量为745.68亿元，总受骗投资人数90.95万人，待售总额703.97亿元，排名行业第四位。其中，2015年下半年e租宝累计成交额快速攀升，由5月初的49亿元至12月初的700多亿元，半年增幅达到1300%。

2. e租宝运营模式

e租宝主打A2P模式，所有产品均为融资租赁债权转让，赎回方式为"T+2"和"T+10"两种。A2P（Asset to Peer），即资产对个人，是一种全新的P2P网络借贷模式，指以融资租赁债权转让为基础的互联网金融服务模式。e租宝运营模式详见图2-1-5。

据e租宝称，A2P的优势主要体现在四个方面：第一，能严格把控资金的流向，因为融资租赁参与的三方主体——供应商、承租人、出租人形成了具有法律效力的合同关系而具有明晰的资金流向。第二，合同中明确

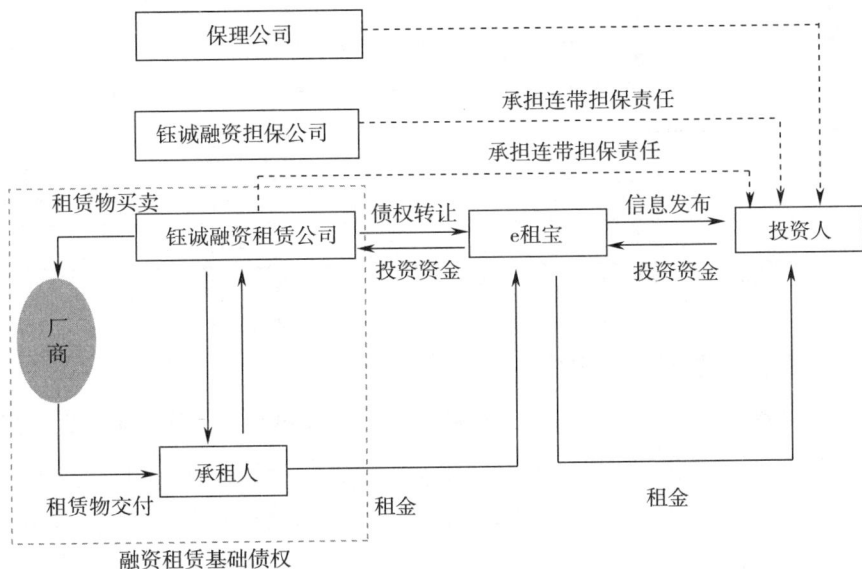

资料来源：e租宝平台历史数据。

图2-1-5　e租宝运营模式示意

了参与各方的义务，同时物权抵押机制、保证金机制、设备回购机制都保证了整次交易的安全性。第三，该模式无缝对接实体经济，具有支持实体的社会作用，成长性较高。A2P模式中的资金直接流入承租人的生产过程中，融资和设备购买是一体化的，从而可以实现资金流通与企业生产的无缝对接。第四，A2P模式本质上是线下融资租赁与线上资产债券交易的结合，可以实现真正的去担保化，因为融资租赁中本身涵盖了物权抵押，保障了资金安全。

e租宝投资产品按投资期限不同分为：e租稳盈、e租财富、e租富享、e租富盈、e租年丰和e租年享。e租宝销售门槛极低，大多数产品起投金额低至1元。各项产品的预期年化收益率在9.0%~14.6%不等，远超同期一般理财产品（年化收益率大约6.0%），产品期限从1天到1年不等。

表2-1-2　　　　　　　　　e租宝核心产品概览

产品	预期年化收益率（%）	投资金额（万元）	一天收益（元）	产品期限
e租稳盈	9	1	2.46	1天
e租财富	13.0	1	3.56	1个月

产品	预期年化收益率（%）	投资金额（万元）	一天收益（元）	产品期限
e租富享	13.4	1	3.67	3个月
e租富盈	13.8	1	3.78	6个月
e租年丰	14.2	1	3.89	1年
e租年享	14.6	1	4.00	1年

资料来源：e租宝平台历史数据。

3. e租宝模式存在的问题

A2P模式创新优势以及高超的宣传手段给e租宝带来巨额成交量的同时，平台自身的问题慢慢暴露。据不完全统计，e租宝平台上95%的项目均为虚假项目，不仅投资标的本身虚假，三方和担保也是假的。在警方查证的207家承租公司中，只有1家与钰诚租赁发生了真实的业务。以华迪铸钢有限公司为例，公司起初注册为华迪保洁有限公司，注册金为30000元人民币。然而第二天，这家保洁公司便更改公司注册信息，成为华迪铸钢有限公司，注册金迅速增至0.3亿元。根据第三方数据统计，截至2015年10月，共有309个借款公司在e租宝平台上发布借款标的，其中94.5%的借款公司在借款之前进行了注册资本变更。这些企业注册资本变更前平均154万元，变更后高达2714万元；97.7%的公司在借款之前进行了法定代表人变更。

e租宝属于庞氏骗局的典型案例，由于虚假融资项目无法产生真实的收益，为了保持资金池不干涸，e租宝必须"借新还旧"，不断发布新项目并吸引投资。钰诚系通过占用e租宝资金，建造了近100亿元的资金池。经过警方初步查证，e租宝资金池除少部分用于支付投资者本息、维持正常运转外，大部分被丁某个人及钰诚系所占用，用途包括发放公司经营及人员工资等。整个集团百万元年薪的高管达80人左右，仅2015年11月，钰诚集团需发给员工的工资就有8亿元。部分资金还被用于投资收购项目和不良债权，钰诚集团号称为了响应"一带一路"倡议的号召，在东南亚某国投资400亿元建立东南亚自贸区。资金还用于支付上亿元广告费用，花费上亿元在央视、安徽卫视、北京卫视大量投放广告进行"病毒式营销"。

部分投资款用于支付给"承租公司"好处费,丁某指使员工用融资金额的1.5%~2%购买企业数据,前后花费达8亿元,然后把这些信息填入合同,形成虚假的项目后发布在 e 租宝网站。

归纳e租宝的造假途径,主要可以分为以下三种类型:第一,依靠虚假融资租赁项目或者与承租公司签订了虚假借款协议;第二,非法购买企业数据形成虚假的项目后发布在 e 租宝网站;三是钰诚系对收购标的虚假增资或者设立新公司,以其名义发布虚假项目。

(二)e租宝案件的定性

综观自2015年12月e租宝东窗事发以来社会各界的反应,认为非法集资者有之,认为第三方阴谋者有之。如何定性e租宝事件不仅关系到投资者后续赔偿问题,也会影响我国P2P平台乃至整个互联网金融行业的长远发展,因此该问题受到全社会广泛关注。

2017年9月12日,北京市第一中级人民法院对e租宝案作出依法判决,将此案定性为"集资诈骗、非法吸收公众存款"案。

1.非法吸收公众存款

e租宝案件要被认定为"非法吸收公众存款或者变相吸收公众存款",需要同时具备以下四个条件:

(1)未经管理部门批准,在合法表象下非法吸收资金。根据公开资料可知,e租宝曾在平台上提供六种保本保息投资产品,同时,它通过虚构融资标的、自融资、设资金池、拆标错配等方式聚集资金。从本质上讲,其业务模式已经具有了商业银行的实质。商业银行作为我国金融体系的命脉向来受到有关部门严厉监管,其设立有着严格准入标准,同时,资本充足率、坏账率以及风险备付金等都受到国家相关部门严格管控。显然,e租宝并未满足开展商业银行业务相关资质要求。另外,据2015年十部委联合发布的《关于促进互联网金融健康发展的指导意见》规定,P2P平台不得开展自融、建造资金池等行为,否则可能触及法律底线。由此可知,e租宝开展相关业务吸收资金未经有关部门依法批准,已违反国家金融管理法律规定。

（2）通过公众媒体、发布会、销售传单、短信群发等途径向社会公开宣传。随着信息媒介的发展，向社会公开宣传的方式必将不止于《关于审理非法集资刑事案件具体应用法律若干问题的解释》中列举的四种途径，同时，公开宣传的效果并非一定通过公开方式达成，因此，对公开宣传的界定应该侧重宣传结果而非宣传形式，应当从宣传最终达到的效果来判定其社会影响。此外，集资者在聚拢资金过程中往往会通过虚构信息诱使投资者主动投资，在此过程中，虚假信息与公开宣传并不违背，即公开宣传的不一定是真实信息。综上所述，认定公开宣传应当按照主客观一致原则，也就是集资者在主观上具有公开散播意图，同时在客观上实施相关行为，导致集资信息在不可控空间内传播。e租宝平台通过公众媒体、发布会、销售传单、短信群发等多种方式对公众进行的投资宣传，这种行为符合公开宣传特征。

（3）承诺在一定期限内将投资回报以货币、实物、股权等形式还本付息。非法吸存无法仅仅依靠公开宣传实现，其背后必然伴随着集资者对投资人的高收益允诺。形式上，投资人出让资金使用权换取收益。一般而言，这种收益带有"保本付息"的特征，收益的获取并不随附资金投资风险，集资者往往承诺刚性兑付。此外，这种收益通常高于普通存款或者理财回报。当然，利息种类不限于货币资金，还包括实物、股权等非货币权利，内涵较为丰富。根据公开资料可知，e租宝理财产品承诺收益率普遍在10%以上，且承诺刚性兑付，符合上述特征，有利诱投资人嫌疑。

（4）向社会不特定对象吸收公众资金。社会不特定对象表明集资目标人群外延是模糊的，规模的广泛性和数量的众多性导致其造成的影响是无法预知和不可控的。因此，如果只在亲友或者组织内部吸收资金，属于针对特定对象，并不属于"非法吸收或者变相吸收公众存款"范畴。不特定对象既包括个人，也包括公司、企业等法人或非法人组织。2014年3月，最高人民法院、最高人民检察院和公安部联合发布《关于办理非法集资刑事案件适用法律若干问题的意见》（以下简称《意见》），其中对社会公众的认定范围作了扩张，一定程度上降低了非法吸收公众存款罪的门槛。《意见》规定，行为人在向亲友或是企业内部员工募集资金的同时，有义务采取相应措施防止集资行为再扩大；如果行为人出于营造非法集资活动"合法化外观"等目的，将封闭空间外相关人员纳入狭窄集资圈的行为，也从法律上被认定为向不特定公众吸收。e租宝积极采用广告媒体等公开方式向社会传播资讯，其散播范围较广，可以认为其潜在受众为社会不特定公众。

除了以上四方面以外，界定"非法吸收公众存款"还需满足数量条件，具体来说就是，个人非法吸收或者变相吸收公众存款，数额在20万元以上的，单位非法吸收或者变相吸收公众存款，数额在100万元以上的；个人非法吸收或者变相吸收公众存款对象30人以上的，单位非法吸收或者变相吸收公众存款对象150人以上的；个人非法吸收或者变相吸收公众存款，给存款人造成直接经济损失数额在10万元以上的，单位非法吸收或者变相吸收公众存款，给存款人造成直接经济损失数额在50万元以上的；造成恶劣社会影响或者其他严重后果的。毫无疑问，e租宝已满足数量限制。

综合以上论述，可以推定，e租宝触犯"非法吸收公众存款"罪。

2. 集资诈骗

由于具有主观性，界定"非法占有目的"是判断 e 租宝是否集资诈骗最重要也是难度最大的一个环节。1996年，最高人民法院《关于审理诈骗案件具体应用法律的若干问题的解释》主要通过列举方法确定"非法占有"的形式。[①]2010年司法解释虽然也作出类似规

[①] 最高人民法院于1996年12月28日印发的《最高人民法院关于审理诈骗案件具体应用法律的若干问题的解释》的通知中规定："行为人具有下列情形之一的，应认定其行为属于以非法占有为目的，利用经济合同进行诈骗：（1）明知没有履行合同的能力或者有效的担保，采取下列欺骗手段与他人签订合同，骗取财物数额较大并造成较大损失的；（2）合同签订后携带对方当事人交付的货物、货款、预付款或者定金、保证金等担保合同履行的财产逃跑的；（3）挥霍对方当事人交付的货物、货款、预付款或者定金、保证金等担保合同履行的财产，致使上述款物无法返还的；（4）使用对方当事人交付的货物、货款、预付款或者定金、保证金等担保合同履行的财产进行违法犯罪活动，致使上述款物无法返还的；（5）隐匿合同货物、货款、预付款或者定金、保证金等担保合同履行的财产，拒不返还的；（6）合同签订后，以支付部分货款，开始履行合同为诱饵，骗取全部货物后，在合同规定的期限内或者双方另行约定的付款期限内，无正当理由拒不支付其余货款的。"

定，①但与1996年司法解释的重要区别在于认定理念发生变化，即从单纯的界定主观"明知"，到以客观行为"致使集资款不能返还的"事实为基础进行主观推定的转变。但是"无法返还"客观事实与"非法占有目的"并未存在必然联系，因此进行"非法占有目的"推定，应结合筹集资金用途进行全面、客观的综合评价。此外，两者区别还在于2010年司法解释中"肆意挥霍集资款"的表述比1996年司法解释中"挥霍集资款"多了"肆意"二字，立法将肆意的定性和挥霍的定量相结合。"肆意挥霍"强调的是与公司经营无关的私人消费、明显的不良投资等，这种行为实际上不能带来回报。根据现有资料，e租宝实际控制人丁某等人在实际中存在明显的肆意挥霍集资款行为，具体而言，为营造"实力雄厚"的假象，购买大量不动产、高档汽车及奢侈品，赠予他人现金、房产、车辆、奢侈品价值达10余亿元。这种支出方式显然不属于正常投资，其消耗性、无度性和肆意性会直接损害投资人利益，浪费投资资金。依据司法解释有关规定，e租宝相关责任人具有非法占有意图。

要断定"集资诈骗"罪除推定"非法占有目的"外，还需认定使用诈骗手段。理论上来说，使用诈骗方法是"非法占有目的"的必要不充分条件，即集资者使用诈骗方法并不必然产生非法占有的目的，但要实现"非法占有目的"，必然需要使用诈骗方法。不过，虽然集资者实施了通过网贷平台编造虚假债权吸引公众进行投资的诈骗方法，但是不能基于这样一个单一的条件即认定其具有"非法占有目的"。如果平台筹得资金用于正常经营性行为，由于市场环境、经营管理失误等正常原因导致违约，类似情形不能认定为"非法占有目的"。针对e租宝金融违法事件中"非法占有目的"的认定，需要综合后续相关行为进行客观判定。具体而言，推定

---

① 最高人民法院于2010年12月13日印发的《最高人民法院关于审理非法集资刑事案件具体应用法律若干问题的解释》的通知中规定："使用诈骗方法非法集资，具有下列情形之一的，可以认定为'以非法占有为目的'：（1）集资后不用于生产经营活动或者用于生产经营活动与筹集资金规模明显不成比例，致使集资款不能返还的；（2）肆意挥霍集资款，致使集资款不能返还的；（3）携带集资款逃匿的；（4）将集资款用于违法犯罪活动的；（5）抽逃、转移资金、隐匿财产，逃避返还资金的；（6）隐匿、销毁账目，或者搞假破产、假倒闭，逃避返还资金的；（7）拒不交代资金去向，逃避返还资金的；（8）其他可以认定非法占有目的的情形。"

场景包括2010年司法解释中罗列的八项情形。

e租宝虚构了绝大多数融资项目，通过欺诈的手段将投资人资金收入自身账户，实现自融后对资金并未进行有效的管理，也未将之投入实际生产经营活动，存在转移、隐匿、挥霍资金，毁灭账目证据等行为，于事实上造成了投资人的资金损失，其相关活动应被视为"非法占有目的"驱使下实施的欺诈行为。①

通过对"非法占有目的"以及"使用诈骗方法"两大定罪要素的分析，可以推定，e租宝触犯"集资诈骗"罪。

3. 后续问题

目前，e租宝案已经宣判，各主要负责人均已判刑，但此案仍有很多遗留问题尚待解决，如何妥善处理这些问题关系到未来我国P2P乃至整个互联网金融行业的发展，同时，也将为未来我国互联网金融行业的监管提供启示。

（1）相关媒体是否涉及虚假广告罪。 e租宝之所以能发展如此迅速，规模如此之大，相关媒体的宣传在中间起了很大的作用。根据2010年《关于审理非法集资刑事案件具体应用法律若干问题的解释》第八条规定：广告经营者、广告发布者违反国家规定，利用广告为非法集资活动相关的商品或者服务作虚假宣传，具有下列情形之一的，依照《刑法》第二百二十二条的规定，以虚假广告罪定罪处罚：①违法所得数额在10万元以上的；②造成严重危害后果或者恶劣社会影响的；③二年内利用广告作虚假宣传，受过行政处罚二次以上的；④其他情节严重的情形。判定此罪的重要要素在于"明知他人从事欺诈发行股票、债券，非法吸收公众存款，擅自发行股票、债券，集资诈骗或者组织、领导传销活动等集资犯罪活动"，但如何断定此处的主观故意是现实司法实践中遇到的一大难题。此外，《广告法》第五十六条规定，造成消费者损害的，其广告经营者、广告发布者、广告代言人，明知或者应知广告虚假仍设计、制作、代理、

---

① 朱曼姝 . e 租宝事件刑法学分析 [D]. 合肥：安徽大学，2016.

发布或者作推荐、证明的，应当与广告主承担连带责任。然而，e租宝一直以来标榜的A2P模式是一种新的运营模式，目前并没有相关统一的标准或是相应准入门槛，一味苛责相关媒体做到尽职调查似不合理。因此，如何界定相关媒体在e租宝案件中的责任需要进一步讨论。

（2）涉案财物如何追缴、处置。依据《关于办理非法集资刑事案件适用法律若干问题的意见》，向社会公众非法吸收的资金属于违法所得。以吸收的资金向集资参与人支付的利息、分红等回报，以及向帮助吸收资金人员支付的代理费、好处费、返点费、佣金、提成等费用，应当依法追缴。集资参与人本金尚未归还的，所支付的回报可予折抵本金。但是如何界定"帮助吸收资金人员"存在实践困难。正如以上所述，相关媒体是否属于这一范畴尚未有定论。从北京市第一中级人民法院e租宝案宣判书中可知，目前追赃挽损工作仍在进行中，但是最终发还比例如何确定仍然存在困难。

（三）e租宝非法集资造成严重后果的原因

1. e租宝的信用审核和资金池问题

e租宝对借款人信用审核很不到位，导致存在严重的信息不对称问题，投资人对借款人的信息知之甚少，只能通过平台给出的信息作出判断。由于我国目前征信体系的不完善，商业征信体系发展又比较落后，P2P也不能接入人民银行的征信体系，导致平台很难通过线上方式甄别借款人的资质。由于对借款人的审核存在困难，P2P平台很容易成为非法集资的共犯。为了扩大交易量，平台甚至可能降低筛选标准，铤而走险。

监管部门对P2P业务设定的其中一条界限就是不得搞资金池。资金池的存在会给投资人带来巨大的风险。首先，资金池的存在给了平台负责人卷款跑路的机会；其次，通过对资金池中资金的操纵，平台可以发布虚假标的，将资金用作自融或投资于其他项目；最后，资金池的存在有利于P2P平台进行期限错配，为投资人的资产安全埋下隐患。从前述对e租宝的介绍来看，该平台的资金池问题非常严重，给投资人造成了巨大的损失。

2. 投资者对高回报和短期标的的片面追求

在选择P2P平台时，首先，投资者最希望得到的是较高的投资收益率，e租宝也将其高额的预期年化收益率当作自己的宣传招牌。一方面，e租宝正是抓住了投资者片面追求高收益的投机心理，通过承诺极高的年化收益在短期聚集了大量资金，问题暴露后使投资人蒙受损失；另一方面，由于信息不对称，投资人对e租宝的风险与信用并不了解，即使e租宝成立之初并不以诈骗为目的，也不得不通过承诺高额收益率来吸引客户，但由于风控能力和投资能力的欠缺，最终陷入"庞氏骗局"的借新还旧陷阱中。其次，投资人还存在着对短期标的的片面追求。投资人也不愿意将资金长期地置于一个新兴网络借贷平台中，为了降低风险，投资人偏向于期限较短的标的。

e租宝各项产品的预期年化收益率最高达到14.6%，最低也有9.0%，远超同期一般理财产品（年化收益率大约6.0%）。

3. 线上、线下大量投放广告

e租宝的广告从线上和线下两个渠道强势推进，线上主要是电视渠道投放，线下则主要是由所谓的"理财师"去拉拢客户。据了解，e租宝花费上亿元在主流媒体（如央视等主流电视频道、地铁、高铁等）大量投放广告进行病毒式营销，还将总裁包装成"互联网金融第一美女总裁"，作为企业形象代言人公开出席各种活动。

其实在e租宝高调宣传的同时，业内对e租宝的质疑从未停止过。比如，在2015年5月由中国人民大学国际学院金融风险实验室联合融360推出的《2015年网贷评级报告》中，e租宝被给予了C-级的评级，这表明e租宝总体偿还能力较弱，风险较高。有分析人士指出，这可能是因为e租宝存在资金关联交易。但值得注意的一点是，e租宝的投资者中绝大多数是老人，而且e租宝的主要广告渠道——电视端的受众们大多年纪偏大，并不善于从多渠道获取信息，导致轻信了一些主流媒体的背书。另外，老人们又是"理财师"们在线下推广的重点对象。

4. 通过多种渠道树立"良好"的企业形象

e租宝公司的高层及员工，几乎没有理财投资和金融管理知识，且大多数以女性为主。通过外貌来引起热点话题，传播公司形象，也对e租宝的发展起到了一定的作用。

除此以外，公信机构、著名人士和政府官员的背书给e租宝的发展起到了推波助澜的作用。e租宝甚至还"走出国门"，拜访一些国家的领导人。

作为普通人，在对一件新兴事物没有辨别能力的情况下，官方的背书是百姓愿意相信的。通过政府、官媒等渠道，e租宝逐渐树立起了"良好"的企业形象来蒙骗缺乏辨别能力的投资者。

第二章　互联网金融交易平台与非法集资

一、互联网金融交易平台概述

（一）互联网金融交易平台的发展

随着网络事业的爆炸式增长，交易需求也随之提高，为满足需求，互联网交易平台应运而生，旨在通过电子手段建立一种新的秩序。它不仅涉及电子技术及商务本身，而且涉及诸如金融、税务、教育、法律等社会其他层面。伴随着互联网对经济、社会的渗透加速，网络交易一直保持高速增长，互联网交易平台影响日益深远，覆盖领域也从日用消费品扩张至农产品、大宗商品等大量传统领域。

互联网金融交易平台以其便捷、快速、简单的交易优势，迅速成为投资者进行资产投资的主要方式之一，也为企事业单位获得资金提供了便利条件。但互联网本身的线上交易模式，也为金融资产的交易带来了隐患，随着互联网金融的发展，利用互联网平台进行诈骗的方式层出不穷，其中，非法集资就是诈骗的主要方式之一。

2015年的泛亚事件，是由于并未获得有关部门颁发资质的泛亚交易中心擅自利用企业公信力进行金融资产融资、非法吸收公众存款、处置不当而最终导致资金链断裂，涉案金额巨大，造成了广泛的社会影响，使公众对互联网交易平台有了进一步的认识。

（二）互联网金融交易平台非法集资的主要分类

由于金融活动通过一个个交易完成，从广义上讲，本书所列举的互联网非法集资手段，大多都是通过互联网交易平台来实现的，主要有如下几类：

一是利用P2P平台进行非法集资。一些P2P等网贷平台经营者以网贷理财产品、虚假高利息为诱饵，采取"借新还旧"的方式，向社会不特定对象吸收资金，有的用于自身生产经营，有的卷款潜逃，给投资者造成了极大损失。

二是利用网络众筹非法集资。部分众筹平台采用广告、公开劝诱和变相公开发行的方式推介项目，承诺高额固定收益，完全违背了股权众筹信息公开透明及股权融资的原则。不少投资者被高额固定收益所吸引，不深入了解情况，贸然投资违规众筹项目，付出了惨痛代价。

三是以购买虚拟货币方式非法集资。一些不法分子紧盯互联网发展趋势，通过发行虚拟货币方式非法集资。不少投资者对此没有多少了解，受高额固定回报吸引，损失惨重。

四是以网络私募基金进行非法集资。不法分子往往以虚假或夸大项目为幌子，以保本、高收益、低门槛为诱饵，向不特定对象非法募集资金。

五是以大宗商品交易市场进行非法集资。近年来，表面上进行白银、原油现货交易，实际变相进行非法期货交易的非法集资案件时有发生。在该类违法交易方式中，"T+0"、买空卖空、保证金、高杠杆、每日无负债结算制度等明显具有期货特征，通过电子商务形式和分散式柜台交易方式与客户进行没有真实资金的虚拟交易，投资者一旦落入圈套，就注定血本无归。

由于前四种方式在其他章节中有介绍，本章主要围绕大宗商品交易市场的互联网非法集资展开分析，它最能体现出交易性的特征。

二、泛亚有色金属交易所非法集资案例剖析

（一）泛亚事件的背景

2010年，昆明泛亚有色金属交易所（以下简称泛亚）作为昆明市重点招商引资项目由昆明市政府批文成立，法人代表单九良，交易品种包括

铟、锗、钨、铋、镓、钴、白银、钒、锑等10大类12个品种，号称全球最大的稀有金属交易所。

泛亚有以下四个特点。第一，政府与媒体介入。2010年12月，昆明市政府印发《昆明泛亚有色金属交易所交易市场监督管理暂行办法》，成立监管委员会，对交易所实施监管。2011年3月，昆明泛亚有色金属交易所揭牌开业仪式上昆明市领导出席仪式，并与泛亚签署战略合作协议。从2012年开始，云南省交易场所清理整顿工作领导小组多次发文、调研泛亚，并表达出对泛亚经营的支持。同时，泛亚也将自己的经营方式称为"为国收储"。与此同时，官方媒体也多次为其宣传，增加了其在社会公众眼中的知名度与可信度。[1]

第二，交易高溢价。根据无套利定价原理，一种产品在一个市场中拥有一个价格，当出现溢价或者折价时会出现套利空间，投资者就会卖出或买入该产品，使价格回归到正常水平。但对于泛亚而言，无套利定价却不再适用。以金属铟为例，2011年4月，泛亚的铟价连续涨停，最高达到857元/百克，而同期的现货价格仅为500元/百克左右。极高的套利空间使投资者在现货市场买入金属铟，并在泛亚平台卖出，但泛亚的价格并没有显著的降低。

造成这种持续高溢价的原因有两个。其一，泛亚对销售产品的席位有所限制。根据泛亚的规定，只允许有批发商席位的成员售货，普通会员不得售货。泛亚对这一规定的解释是，"因为普通会员销售的货物质量难以保证，也支付不起监测费用，所以不接受"。其二，泛亚控制了交易价格和交易数量。正常交易所中，买卖双方提交交易申请，只要价格合适，双方可即刻撮合成交。但在泛亚有色金属交易所，交易所会驳回会员的交易申请，导致交易无法正常、通畅进行，流动性也难以保障[2]。

第三，反向操作的交易机制。泛亚的分析师曾透露："我们泛亚有独特的生产商回购制度，就是说你拿回全额货款之后，还要求你在电子盘再拿出20%的钱开一个多单，所以说卖货不会把价格打压下去。"反向操作

---

① 参考网站资料：新浪微博，http://blog.sina.com.cn/s/blog_7334799f0102wog0.html。

② 搜狐网.看泛亚怎么骗到22万人430亿元的[EB/OL].http://business.sohu.com/s2015/sohuwire/24/.

的交易机制设计的初衷是稳定价格防止砸盘，但在流动性差、交易不活跃的市场中很难发挥作用。

第四，延迟交割费。如果买卖双方撮合成交，而买方不愿意交割，需要向买方支付相应的延期交割费，年化利率高达18.25%。在正常交易所中，延期交割现象本不常见，但由于泛亚商品的高溢价，很多买方不愿意溢价购买商品，因此不得不向卖方支付延期交割费。

将以上四点综合起来看，泛亚形成了一个巨大的漏洞。政府背书以及自身宣传为泛亚吸引了众多的交易商。由于泛亚对于卖方资质以及交易数量金额的限制，再加上反向操作导致的价格下跌受阻，交易商品的价格一路走高。走高的价格一方面使本身交易量就小的有色金属交易更加稀薄，另一方面使已经成交的买方不愿意交割，只得向卖方支付延迟交割费。在此情况下，泛亚管理层急需一项措施活跃交易市场，稳定价格走势[①]。

（二）泛亚核心产品的运作模式

在市场交易清淡的环境下，泛亚推出了日金宝产品，官方定义为泛亚的资金受托业务。其运作模式如图2-2-1所示。

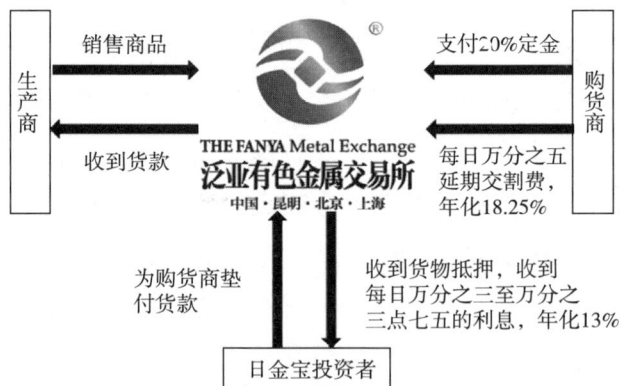

图2-2-1　泛亚日金宝运作模式

---

① 参考网站资料：知乎，https://www.zhihu.com/question/36049267?answer_deleted_redirect=true。

在日金宝推出之前，泛亚的交易参与者只有生产商与购货商，生产商销售商品并收到货款，购货商以20%的定金购货，如果延期交割需要交纳延期交割费。日金宝推出之后，泛亚交易参与者就变成了三方，生产商仍旧销售商品，购货商支付20%定金，货款由日金宝投资者垫付。生产商收到货款交付货物，这时货物将被抵押给日金宝投资者。购货商如果延期交割，仍需交纳年化18.25%的延期交割费，其中13%将作为利息发放给日金宝投资者。

除此之外，日金宝还拥有以下特点：第一，操作流程简单，用户开通账号只需提交身份证正反面，输入一些基本的个人信息并将账号与银行卡绑定即可。第二，购买门槛较低，千元即可参与有色金属交易。第三，拥有高且稳定的收益，存取灵活。其运行方式与余额宝类似，基本可以做到提现当天到账，但收益率却远超余额宝。第四，安全性。交易所受到政府监管，每日的交易数据均需上缴国务院，同时由银行对交易过程中的保证金进行第三方存管，从一定程度上保证了资金的安全性[①]。

（三）泛亚事件过程分析

在一个正常交易的市场中，日金宝的营运模式没有太大的问题。但在泛亚交易寡淡、价格高企的背景下，日金宝便成了泛亚非法集资的工具。

根据官方介绍，日金宝推出的目的在于为购货商提供融资，而购货商的延期交割费是日金宝投资者利润的来源。但是在交易价格远远高于其他市场价格时，购货商即使得到融资也不愿意购货。以2013年5月9日为例，根据泛亚公布的数据，卖方交收申报量为894万手，而买方交收申报量则仅为4.96万手。买方交收量仅为卖方交收量的0.55%[②]。虽然购货商没有融资需求，但是日金宝的投资者却在利率高、提现灵活的诱惑下高速增长，进而导致泛亚需要向投资者支付的利息高速增长，而购货商的延期交割费

---

① 参考网站资料：凤凰网.泛亚有色金属交易所400亿赎回危机是如何爆发的[EB/OL].[2015-07-15]. http://finance.ifeng.com/a/20150715/13841662_0.shtml。

② 参考网站资料：知乎，https://www.zhihu.com/question/36049267?answer_deleted_redirect=true。

却不增反降。为了偿还投资者的利息，泛亚跳过购货商，未经允许直接动用投资者的资金与生产者直接交易，用生产者反向操作的延期交割费偿还利息，具体操作如图2-2-2所示。

图2-2-2　泛亚事件过程

首先，用日金宝投资者的钱买生产商的货物。生产商在泛亚下一个单位稀有金属卖单，同时泛亚利用日金宝投资者的钱在下一个单位贵金属买单，与生产商的卖单相匹配。如果同期市场上现货稀有金属价格为100元，由于泛亚有色金属交易所存在溢价，假设能卖到125元，则生产商售出一个单位稀有金属获得125元，日金宝投资者花费125元得到一个单位稀有金属。

其次，日金宝与生产商分别反向操作并互相匹配。在泛亚反向操作的机制下，生产商需要在卖出125元稀有金属的同时下一个买单，金额为售价的20%，即25元（125×20%=25元）的买单，同时泛亚再用日金宝投资者的账户下一个25元对应货物的卖单，与生产商的买单相匹配。

在这种情况下，生产商不会亏钱，投资者的利息可以覆盖一年。生产商刚刚卖出货物，肯定不愿意再把自己的货物买回来，因此虽然买单、卖单相互匹配，交易并不会成交。那为什么生产商不愿意成交却同意做这一笔反向操作呢？因为即使做了反向操作，生产商最终能拿到的钱是100元（125-25=100元），也和市场上的现货价格相同，并不会吃亏，更何况根据我们之前的分析，"2011年4月，泛亚的铟价连续涨停，最高达到857元/百克，而同期的现货价格仅为500元/百克左右"，71.4%（857/500-1=71.4%）远高于假设的25%的溢价，生产商肯定不会亏钱。对于投资者来说，投入的125元要求年利等于22.8125元（125×18.25%=22.8125元），正好用生产商下的20%买单的25元钱覆盖。

然而，生产商20%的资金只够支付一年的利息。为防止资金链断裂，泛亚采取了三项措施：第一，维持交易所的交易价格较一般市场价格高25%以上。在这种情况下，即使生产商只能收回80%的货款也不会亏损。第二，维持交易价格每年增长20%。这一措施的目的在于覆盖生产商每年18.25%的延期交割费。以上两点使生产商既可以以溢价卖出商品，又可以不理会留在泛亚的20%的多单。第三，持续吸引投资者。如果说前两点的目的在于稳定生产者的情绪，第三点是为其非法集资行为补充现金流。这导致之前投资者得到的利息仅仅是自己的本金和新投资者的本金[①]。

泛亚维持价格持续高溢价、高增长其实并不困难。泛亚动用日金宝投资者的资金持续开出溢价多单，导致泛亚出现虚假的高需求，同时通过在后台控制交易的金额与数量，使价格向其预期的方向波动。从泛亚的角度，大量购买稀有金属是"为国收储"行为，目的在于将稀有金属收归自己手中，进而获得商品的定价权。以金属铟为例，泛亚库存铟高达3500吨。然而在实际现货市场中，稀有金属是深度供过于求的，中国每年对铟的需求仅为20吨，在市场交易的数量更是少之又少，"为国收储"以及争夺定价权的理由并不能成立，这种恶意抬高稀有金属价格的行为仅仅是泛亚维持其非法集资的手段。同时，由于购买金属铟的资金是投资者的资金。一旦泛亚模式无法持续，投资者只能拿到大量稀有金属库存。而在泛亚模式难以为继时，泛亚平台的买单会急剧紧缩，供过于求浮出水面，稀有金属价格将大幅下跌，投资者的资产也会大幅缩水。

（四）泛亚事件原因解读[②]

以上是泛亚非法集资的主要运作方式，从中可以看出，泛亚危机爆发的原因有以下四点。

第一，平台本身不规范的运作。泛亚最初的交易模式规定了配比率，

---

① 参考网站资料：和讯网，泛亚交易模式之我见 [EB/OL].[2015-08-17]. http://futures.hexun.com/2015−08−17/178375589.html。

② 参考网站资料：搜狐网．泛亚启示录 [EB/OL]. http://www.sohu.com/a/126956639_551174。

即委托方需求与实际投入资金的比例。当配比率小于1，说明投入资金大于委托方需要的资金，此时只拿出一部分资金满足委托方需求，所有投资人共享收益；如果配比率大于1，说明平台资金不足，这时对投资人的投入金额不设限制。后来泛亚为了维持平台的火爆局面，进行虚假交易，虚构买单并动用投资者所有资金进行交易。日金宝的投资者变成了稀有金属的买方，发放的高额利息来源于新进入的资金，自此变成了真正的庞氏骗局。

第二，高溢价。通过对供货商收取高额的入场费限制了供货商的数量及其供货成本，加上反向操作的规则，泛亚很容易控制稀有金属的价格和数量，这使泛亚平台出售的稀有金属价格可以持续高于国际价格20%以上。这种人为的高溢价显然违背了市场规律，必然是不能长久的。

第三，供求严重不平衡。稀有金属的需求量本来就很小，而泛亚平台的高溢价吸引了大批的供货商，最终导致的结果是，泛亚囤积的稀有金属数量可以供整个中国市场使用上百年，而且并没有垄断所有的稀有金属，如此供过于求，必然会引起价格暴跌，平台崩溃。

第四，牛市的到来。2015年A股迎来了一波牛市，投资者纷纷赎回日金宝份额投资于A股市场，集中的赎回使得泛亚资金链断裂，不能继续维持其高额的价格和回报，提前终止这场庞氏骗局。

（五）泛亚事件后续处理

泛亚危机从2015年爆发至今已近三年，涉及资金430多亿元，影响了全国27个省（自治区、直辖市），受害人达22万名，其产生的影响无疑是巨大的。那么，到底谁应该对泛亚危机带来的后果买单呢？

1. 政府

自从泛亚开张伊始，就得到了当地政府的积极支持，使投资者误认为泛亚为政府开办的企业，进而产生了极大的信任。泛亚平台能如此迅速地发展且达到如此巨大的规模，政府的信用背书在里面起到了极大的作用。

2. 媒体

在泛亚发展的过程中，多家权威媒体，以及400多家授权服务机构所在的全国27个省（自治区、直辖市）的媒体，对泛亚的成立和运行，进行了大量的宣传报道。这些权威媒体的报道，一方面扩大了泛亚的知名度；另一方面增加了其信誉度，在一定程度上也误导了投资者。

3. 银行

相当一部分投资者是通过银行的推销渠道购买的日金宝产品，比如，某银行新疆分行销售的"泛亚理财产品（基金）"金额高达70亿元。在群众看来，在银行柜台卖出的理财产品某种意义上也得到了银行的背书，那么危机后相关的银行是否也应该承担监管不力的责任呢？

4. 泛亚负责人

据公开资料显示，泛亚董事长单九良在大宗商品及金融领域大展拳脚是在泛亚蓬勃发展之后。他在2014年出资1500万元入股江西省煤炭交易中心，在2015年又成立了泛亚厦门商品交易中心和泛融网。此外，还收购了梁伯韬所持有的意马国际的20.95%的股份，共计5.43亿港元，而梁伯韬恰是泛融网的董事。单九良密集的大手笔收购和布局，是否存在挪用日金宝投资者的资金的行为，也需要进行深入的调查。

在泛亚平台出现兑付危机以后，陷入恐慌的投资者们开始了大规模的维权行动，甚至一度聚集在证监会门口进行维权申诉。

公安部在2015年9月3日下发了《关于认真做好昆明泛亚公司涉稳问题应对处置工作的通知》，要求各地的公安机关切实做好昆明泛亚涉稳问题应对处理工作，各地的公安机关在接到投资者报案后，开始进入受理程序。

昆明等地公安机关自2015年12月1日起，对泛亚涉嫌非法吸收公众存款犯罪立案侦查，并对该公司密切关联公司和授权服务机构依法开展调查。经初步调查：泛亚于2012年4月擅自改变交易规则，推出"委托受托"业务，在未经相关部门审批的情况下，与云南天浩稀贵金属股份有限公司等多家关联公司，采取自买自卖手段，操控平台价格，制造交易火爆假象，并出售日金宝等产品，承诺10%~13%的固定年化收益率且收益与货物涨跌无关，向社会不特定人群吸收存款，形成由其实际控制的"资金池"，套取大量现金。泛亚实际控制人、董事长单九良等16名主要犯罪嫌疑人已被昆明市人民检察院批准逮捕，与此案相关的一批犯罪嫌疑人被各地公安机关依法采取强制措施。公安机关依法查封、冻结、扣押了一批涉案资产，并在有关部门的支持配合下，开展调查取证、甄别涉案资产等工作，全力以赴追赃挽损。①

2016年4月1日，公安部非法集资案件投资人信息登记平台对"昆明泛亚有色"案件投资人开放。

三、沃尔克公司的案例分析

根据沃尔克公司的简介，沃尔克家族自1900年就开始经营期货，至今已有116年的历史。然后在2006年，沃尔克家族把公司改组为企业化模式，在英国伦敦成立了沃尔克集团，现已成为顶尖的国际外汇交易商。然而，一家号称超百年历史的英国金融公司，其网址http：//walkert.cc，却是2016年7月22日注册的。以前的网址http：//www.walkert.co.uk，是2014年注册的，现在已经无法访问。②

沃尔克公司如此宣传自己：2016年1月在欧盟成员国爱沙尼亚设立子公司，获得爱沙尼亚外汇牌照，并接受爱沙尼亚金融管理局的监管。工商注册号12923187，监管号VVT000360。事实上，爱沙尼亚金融管理局只是普通的政府机构，其职能类似于中国的工商局，且通过爱沙尼亚官方公开平台的查询，沃尔克公司仅有外币兑换的资质。

（一）沃尔克公司外汇平台操作方式

沃尔克公司平台宣称客户无须自行操作，只需将资金汇入该平台，公司代客进行外汇买卖操作，并且公司宣称本金安全无风险。买卖外汇获得的利润公司与个人6：4分成，月回报率不低于5%。具体操作模式如图2-2-3所示。

---

① 摘录自公安部开通非法集资案件投资人信息登记平台。

② 参考以下网站资料：外汇100网.揭秘"沃克尔"资金盘骗局 [EB/OL] https：//www.fx110.com/special/316。

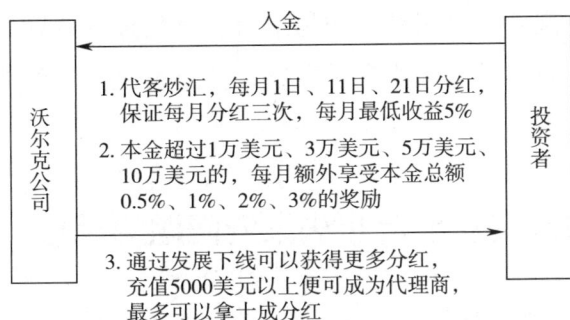

入金

1. 代客炒汇，每月1日、11日、21日分红，
保证每月分红三次，每月最低收益5%
2. 本金超过1万美元、3万美元、5万美元、
10万美元的，每月额外享受本金总额
0.5%、1%、2%、3%的奖励

3. 通过发展下线可以获得更多分红，
充值5000美元以上便可成为代理商，
最多可以拿十成分红

沃尔克公司

投资者

图2-2-3　沃尔克公司外汇平台运作模式

实际上，沃尔克公司并没有进行真正的外汇交易操作，而是不断用后来者新汇入的资金来维持支付给前期客户的高额利润，直到后来资金链断裂，平台跑路。

（二）沃尔克公司外汇交易平台的性质分析

一是承诺高回报，符合非法集资的一大特征。根据一般的经济常识，该外汇交易平台分红盈利年化收益超过60%，大大超过各类金融资产投资的收益，编造"天上掉馅饼""一夜成富翁"的神话。

二是典型的庞氏骗局模式。平台承诺的高额的回报在初期是可实现的，平台运营人开始是按时足额兑现先期投入者的本息，以吸引更多人的加入，用后加入者的钱兑现先前的本息，但是这个过程不会一直持续下去，扩张到一定规模后，后加入的人所交纳的钱不足以支付之前加入人的本利，资金链断裂，庞氏骗局结束。

三是通过发展下线吸引更多人的加入来维持庞氏骗局的进行，并且可以通过发展下线来获取利益，是一种典型的传销模式。

四是混淆投资理财概念，让普通民众难以分辨各种新名词的真实含义。

不法分子利用普通民众的金融知识有限这一弱点，通过电子黄金、网络炒汇等新名词迷惑人们，谎称这些投资工具是新型金融产品或投资基金；有的利用加盟连锁、消费增值返利、电子商务等传销方式，吸引更多客户。

综合来看，沃尔克公司外汇交易平台也是借助互联网炒汇的新概念途径，通过承诺高收益的非法集资手段，以传销发展下线的形式维持庞氏骗局的运转。

四、互联网交易平台非法集资问题的反思

根据对泛亚和沃尔克公司外汇交易平台非法集资案件的分析，主要暴露出来的问题包括以下三个方面。

第一，第三方监管体系的缺失。如泛亚在销售日金宝等理财产品时，宣称资金由银行进行第三方托管，以此保证资金的安全性。实际上它偷换了概念，只是通过银行转账直接将资金转入自己的对公账户。因此，第三方监管体系的缺失是重大制度隐患。

第二，监管机构不明确。如泛亚事件暴露出中国现有金融监管体制的漏洞。例如，按照现行监管，政府直接审批泛亚等现货交易机构，审批者与监管者职能交叉。理论上，泛亚应由金融部门监管，但是同时它又是地方政府批准设立的，也接受地方监管。泛亚提供合约的场所，程序透明，交易真实。从这种角度上讲，泛亚似乎是合法的。但问题在于，贵金属的交易频率很低，而日金宝的交易是不间断的。这样的金融产品无法定义它是该归证券会监管还是归银监会监管。由此看来，中央的、地方的问题，金融的、非金融的问题，监管部门的问题，全都被暴露了出来。

第三，理财产品宣传标语的监管缺失。许多互联网交易平台都打着"保本、零风险"的旗号进行宣传，这恰好迎合了人们既想获得高收益又不想承担风险的心态。因此，对各类金融产品宣传标语的监管缺失正是导致一些互联网交易平台极尽所能地大兴虚假广告之风进行非法集资的源头，也是投资者上当受骗的重要诱导因素。

第三章　代币发行融资与非法集资

一、代币发行融资概述

（一）虚拟货币

1.虚拟货币的概念

虚拟货币是一种电子处置和支付工具，由网络企业发行，用来购买网络虚拟商品。根据发行主体和流通范围虚拟货币主要可分为两类：一是狭义虚拟货币，它是一种电子数据或者符号，这类虚拟货币的发行方是网络服务运营商，发行后主要存在于互联网，拥有者可以用其来购买发行主体服务商或者签约服务商提供的虚拟商品或者服务，包括现在比较流行的Q币等虚拟货币；二是广义虚拟货币，在狭义虚拟货币的基础上，还增加了一部分无实体货币，这部分无实体货币是由个别发行主体以公用信息网为基础，通过计算机和通信技术，将其以数字化的形式储存在网络中或电子设备中，然后在网络系统中用数据方式进行流通和支付。

从货币职能来看，货币应该具备价值尺度、流通手段、支付手段、贮藏手段和世界货币五大职能，而虚拟货币并不能完全满足这些条件，其本质并不是货币，只是某一系统内部流通使用的具有价值尺度的一种有限支付手段，是一种具有特殊功能和属性的商品，且具有商品属性渐渐弱化，货币属性逐渐增强的趋势。

相较于法定货币来讲，虚拟货币在众多方面都拥有自己的特征。从发行主体、发行目的、获取方式来看，虚拟货币由网络企业发行，主要用于购买网络虚拟产品和服务，用户可以从发行公司购买；从交换机制来看，网络虚拟货币与法定货币可以以一定比例进行兑换；在发行限制方面，虚拟货币的发行数量和方式均不受限制；从用户角度来看虚拟货币的使用风险，因为虚拟货币相较于法定货币，是以发行者个体的信用作为担保的，且没有准备金，因此风险较高。

2. 比特币

比特币作为一种虚拟货币，基于开源的点对点软件，通过执行特定算法而产生。比特币的概念最初由中本聪在2009年提出，是一种P2P形式的数字货币，根据算法通过大量计算产生。目前，社会公众可以通过两种方式获得比特币，一种是在电脑上执行公开的复杂算法来生成比特币，另一种是通过网上的专门交易平台用其他货币来购买比特币。比特币与其他虚拟货币最大的不同，是其总量非常有限，具有极强的稀缺性。该货币系统曾在4年内只有不超过1050万个，之后的总数量将被永久限制在2100万个。

比特币具有一些基本特征：比特币是全球网络发展的产物，不属于某一国家所有，这一特征可定义为非主权超国家性；比特币的发行和支付都由网络节点集中管理，没有一个管理部门充当中央控制中心，具有去中心化的特征；从技术角度而言，比特币的交易各方可以随意生成自己的私钥来实现匿名交易；此外，因为比特币完全依赖点对点网络，没有发行中心，除非整个互联网被屏蔽掉，外部世界无法对其实施关闭；最后，因为比特币没有准入门槛，其对外公开的源代码经过参数修改之后，可以制造出功能类似的其他网络虚拟货币。

资料来源：和讯网，http://iof.hexun.com/2014-12-22/171648288.html。

图2-3-1　疯狂的比特币

国际方面，各国纷纷澄清比特币的性质。至今为止，没有国家承认比特币是本国的法偿货币：德国财政部把比特币确认为记账单位，法国中央银行和美联储认为比特币是一种虚拟货币，都未将其列入监管范畴。中国方面，人民银行等五部委曾联合发布《关于防范比特币风险的通知》，明确指出，比特币作为一种虚拟货币，政府不承认其货币地位；比特币与金融系统要隔离开来，现阶段下金融机构和支付机构不得开展与比特币有关的业务，切断金融体系风险传导链条；此外，还要求加强对比特币交易平台的监管。该通知也是中国目前唯一一份对虚拟货币性质进行界定的法律文件。

（二）区块链

1. 区块链的概念

在当今的互联网贸易当中，交易基本都是借助金融机构作为可信赖的第三方来处理电子支付信息，这类系统内生地受制于"基于信用的模式"的弱点。针对信任成本的消耗和交易的不可逆问题，中本聪提出了一种消除第三方信用中介的点对点电子支付系统，这种支付系统基于密码学原理而不是信用，使任何达成一致的双方能够直接进行支付。

区块链是由节点参与的分布式数据库系统，它的特点是不可更改、不可伪造，也可将其理解为账簿系统，是完整比特币区块链的副本，记录了其代币的每一笔交易。区块链是由一串使用密码学方法产生的数据块组成，每个区块都包含了上一个区块的哈希值，从创世区块开始连接到当前区块，形成块链，每个新区块在时间顺序上都是产生于上一个区块之后，确保前面所有区块的哈希值已知（防止重复支付，即double-spending）。区块链以CPU工作量证明链形式存在。

2. 比特币与区块链

简单来说，比特币本质就是一个基于互联网的去中心化账本，而区块链就是这个账本的名字。中心化的记账有一些显而易见的弱点：一旦这个中心被篡改、损坏或遗失，任何两个节点之间的交易都会停止，整个系统就会面临危机乃至崩溃。

区块链通过竞争记账的方式解决了去中心化的记账系统的一致性问题。在中本聪的设计里，每轮竞争胜出并完成记账的节点，将可以获得系统给予的一定数量的比特币奖励。它将竞争的激励机制与货币的发行完美结合到一起，解决了中心化难题。

在这个系统中，每一个节点的竞争构成了强大的算力基础，维持整个系统的正常运转。因为这一优点，比特币获得了越来越多的信任，其价值也水涨船高。

3. ICO的概念

ICO（Initial Coin Offering）通常指，一个项目通过指定发行平台进行项目公示、信息披露，约定在特定日期、以特定方式发行代币，并授予该代币特殊权益（产品使用权等、股权、期权、收益分配权等）；投资者基于对发行项目前景的乐观预测，以其他主流可兑换的数字加密货币（如比特币、莱特币等）投资项目支持项目发展，并获得新发行的项目代币；新发行代币发行后也可以在指定平台自由流通，投资者可以在约定日期后出售套现换取法币（如人民币）来寻求退出或继续增持。①

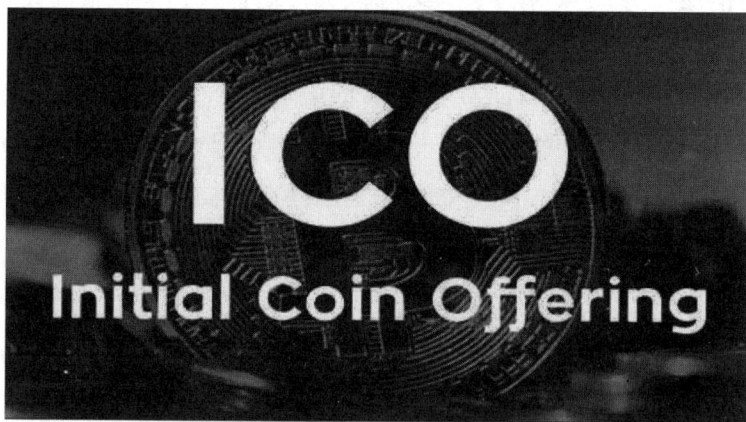

资料来源：中金网，http：//news.cngold.com.cn/20171205d1702n193801792.html。

图2-3-2　ICO

---

① 网贷之家.2017区块链与虚拟货币十大现象盘点 [EB/OL].[2018-02-27]. https：//www.wdzj.com/hjzs/ptsj/20180227/573914-1.html.

简单来说，ICO是融资者通过发行项目自身代币，融得虚拟数字货币的一种途径，是一种以虚拟货币换虚拟货币的行为。

4. 虚拟货币平台交易中的常见概念

（1）成交量，即一个时间单位内虚拟货币交易成交的数量。例如，全球各交易平台比特币兑换现金的日成交量等。

（2）开办资格，即任何人都可以开办虚拟货币交易平台，这一点与传统网站相同。而且开源网站上有现成的PHP类库可以调用。但需要注意网站是否具有公认的安全性，以防黑客的攻击。

（3）搬砖，即跨市场的对冲套利。所谓"砖"，就是虚拟货币，搬运工从价低的平台购入虚拟货币，然后转移至价高的平台出售，以获取差价。不同交易平台能够决定虚拟货币的价格，这些平台数量众多且市场热度不同，交易价格和手续费有所差异，就出现了搬砖套利的机会。

二、ICO深度解析

（一）ICO的流程

1. 项目筹备

在融资之前，项目发起人需要对项目有详细、完整的规划，包括如何运用区块链技术、项目的商业模式、创新之处、技术路线、研发周期等。

规划完成后，发起人需要撰写项目白皮书，类似公司首次公开发行股票时的招股说明书。白皮书是整个ICO过程中唯一公开的文件，也是投资者了解ICO项目的重要途径。一般来说，白皮书中会包含以下内容：（1）项目介绍，包括产品描述、设计原理、应用场景、盈利模式等。（2）运营团队，包括组成的身份、职位、主要成就、成员间的分工和决策机制等。（3）募集计划，包括募集的虚拟货币的种类、数量、期限和用途以及募集失败的处理机制等。（4）技术手段，这部分由于专业性较强，对于一般投资者来说往往很难完全理解其中的原理。（5）风险提示。由于ICO项目白皮书的具体内容没有法律的强制要求，使各项目白皮书质量参差不齐，同时白皮书并非是具有法律效力的文件，其内容的真实性和可靠性无法得到保证，这些都增加了ICO项目的风险。

2. 资金募集

受到ICO项目吸引的投资者，按照白皮书的规定，将虚拟货币交换ICO项目代币。代币可以作为投资者获得产品或服务的凭证，或项目预期收益的凭证。一般来说，ICO项目筹集的虚拟货币以流动性较好的主流数字加密货币为主，如比特币和以太币，二者合计占比达90%以上。新项目产生的代币不会全部发行给投资者，其中一小部分被留存给项目开发者。资金募集可以一次完成，也可以分阶段完成。在多轮次集资模式中，为了激励投资者积极参与，ICO项目往往采用"早期参与、价格优惠"的定价原则。

3. 项目运行

项目发起人募集到资金后，就按照白皮书中的规划对项目进行开发和运营。若项目进展良好，代币的价值会越来越高，投资者也可以按照白皮书中的约定，分享项目的收益或者获得项目的产品或服务。但是，如果项目运营失败或项目团队拿到钱之后就跑路了，投资者将损失惨重。

4. 代币流通

ICO项目成功之后，一部分投资者仍看好所投资的ICO项目，预期未来还会有可观的收益，会选择长期持有。但更多的投资者会利用ICO做短期套利，一旦项目成功，便会想办法在二级市场上把手中持有的代币全部抛出，通过向其他投资者转让代币来退出项目，获得比特币、以太币等虚拟货币，甚至直接兑换法定货币，如人民币，从代币的市场价格波动中赚取利益。

（二）ICO的风险

1. 宣传误导风险

在ICO的白皮书中，往往包含区块链、去中心化网络、PoW、DPoS、分布式账本、非对称加密等各种普通投资者不熟悉的专业化字眼。正是利用ICO项目技术门槛高、资产不清晰的特性，一些ICO项目在宣传时，往往对技术夸大其词，但对技术在实现过程中可能面临的挑战和问题却不做提示，通过各种渠道宣传和找人站台诱导投资者过度乐观地预期项目前景，吸引散户跟风加入。

2. 合同欺诈风险

许多ICO项目披着金融科技的外衣，打着区块链和数字货币的旗号，向投资者虚构概念，编制虚假的项目白皮书。由于ICO项目的白皮书并非具有法律效力的文件，其内容的真实性和可靠性无法得到保证，一些ICO项目在融资成功后改变白皮书中约定的资金用途。一些ICO项目甚至连白皮书都没有，也能骗取投资者数千万元甚至上亿元资金，投资者面对利益的非理性和监管的真空都给了诈骗者可乘之机。更有甚者，项目发起人在融资成功后，就立刻失联跑路，卷走了投资者的资金。

3. 技术风险

所有网络系统都有可能会遭到各种各样的攻击，ICO项目的安全性面临着巨大的挑战。2016年，DAO项目筹资超过1.5亿美元，成为历史上最大的众筹项目，而后由于遭到黑客的攻击，价值6000万美元的360多万以太币被劫持，导致项目最终宣告失败，以太币被退还给投资者。从万众瞩目的众筹开始到最后黯然落幕，整个事件发生在短短三个月内。这次的事件反映出区块链技术整体还不成熟，去中心化也不能保证资金的绝对安全，无法避免技术上的操作风险和主观上的道德风险等问题。

4. 代币的价值风险

代币的价值来自ICO项目的未来收益，技术手段的不确定和项目的高度不透明，导致ICO项目无法准确估值，代币价值难以确定。而且不同于股票，代币交易无涨停、跌停的限制，一天内可能出现价格涨跌数十倍的情况，价值风险很大。

同时，由于ICO市场缺乏监管，容易产生操纵市场的行为。ICO项目往往呈现出投资账户的代币份额高度集中的现象，前十大账户持有的代币超过项目总数的50%，使大投资者更容易通过低买高卖等价格操纵手段侵占中小投资者的利益。

（三）ICO火爆的原因

ICO虽然具有诸多风险，但是在近几年却异常火爆，融资额已超早期 VC 投资。根据国家互联网金融安全技术专家委员会发布的《2017上半年国内ICO发展情况报告》，自2017 年以来，通过ICO平台完成的 ICO 项目，累计融资规模达26.16 亿元人民币（以2017年7月19日零点价格换算），累计参与人次达 10.5 万人次。[①]那么，究竟是什么原因让ICO项目如此具有吸引力呢？

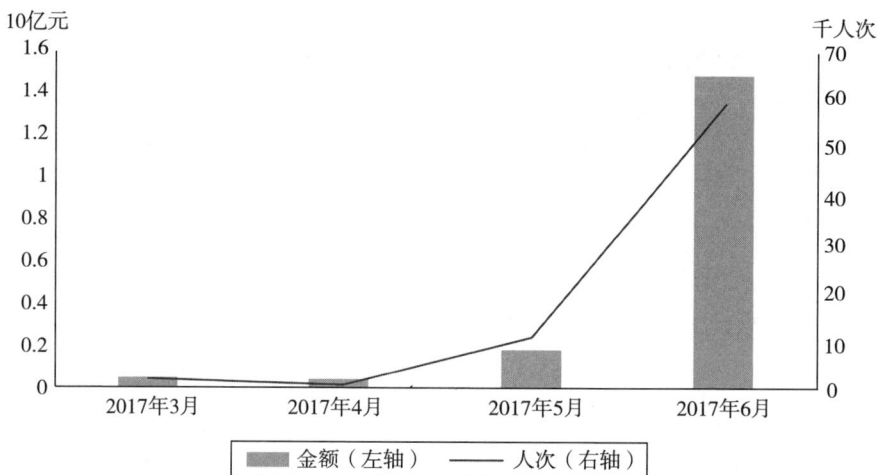

资料来源：国家互联网金融安全技术专家委员会发布的《2017上半年国内ICO发展情况报告》。

图2-3-3　ICO融资金额与参与人次时间走势

从项目发起人的角度看，ICO方便、快捷，在七部委联合下发《关于防范代币发行融资风险的公告》之前，其法律地位不明、监管约束少，使得融资成本很低。

与传统的IPO、VC等融资方式相比，ICO不需要花大量时间寻找投资人、咨询、谈判、答辩等，不用到监管部门登记注册和审核，不需要接受尽职调查，项目发起人也不用定期向投资者公布项目运营的具体情况和财务状况。ICO只需要一纸白皮书，然后通过QQ群、微信群、行业网站、小密圈等形式进行宣传，利用人们对区块链、数字货币的新鲜感和兴奋感，夸大吹嘘项目的技术手段和未来收益，就可以引发投资人哄抢，在短期内募集大量资

---

① 资料来源：国家互联网金融安全技术专家委员会发布的《2017上半年国内ICO发展情况报告》。

金。如果能找来知名投资人为其站台，ICO项目还可以迅速获得大量关注，让更多的人认识这个新项目，提前进行了大量的市场推广和宣传，便于后续募集更多资金。许多不具备银行贷款资质，无法找到风险投资人，不具备IPO资格的企业，尤其是创业型组织，都可以通过ICO轻易融得资金。

对于大部分投资者而言，ICO项目的吸引力在于低门槛、高收益和短期限。

社会公众的财富在不断积累，可是当前房市调控，股市低迷，人们缺乏资金配置工具，而此时ICO正好提供了一个高收益的投资渠道。根据CBInsights的统计，从2013年到2017年2月，在募集资金超过10万美元的ICO项目中，回报率在200倍以上的项目占比3%，回报率在5倍以上的项目占比为46%（见图2-3-4）。[①]一夜暴涨数百倍的造富神话吸引了大量投资者，而还有许多投资者明知ICO项目不靠谱、风险大，也要加入"币圈"炒币，赌新手"接盘"。除此之外，ICO不像项目投资、股权投资、衍生品投资等门槛高、周期长、流动性差、需要较强的投资知识，它门槛极低，谁都可以参与，导致诸多投资者一拥而上，引发ICO项目的抢购热潮。

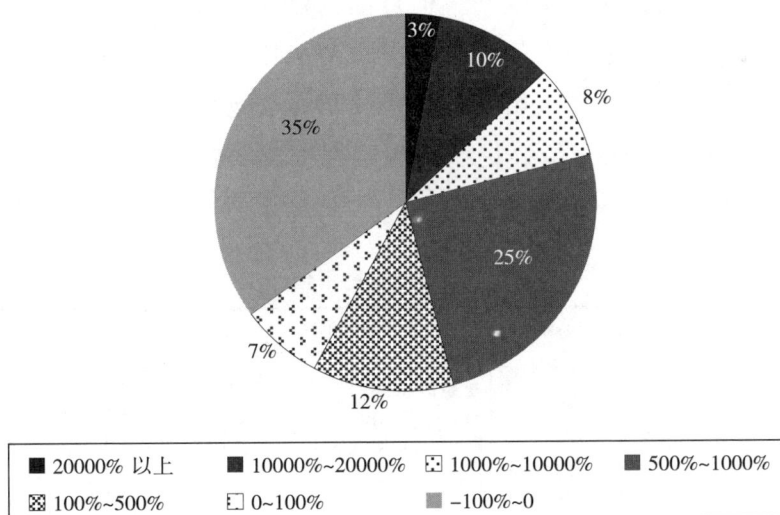

■ 20000% 以上	■ 10000%~20000%	⊞ 1000%~10000%	■ 500%~1000%
▨ 100%~500%	□ 0~100%	▨ −100%~0	

资料来源：CBInsights、方正证券研究所。

图2-3-4 2013—2017年2月超10万美元ICO的回报率分布

---

① 资料来源：CBInsights。

还有一部分投资者因为看好区块链技术，而参与投资ICO，期待长期升值。区块链作为一种颠覆式的创新技术，在金融、共享经济、物联网等方面存在很高的应用价值。近年来，中央银行对区块链的重视不断加深，一些发达国家也在积极布局区块链产业，区块链有望成为下一个"风口"。如果能参与区块链的早期投资，市场成熟后可以带来超高的回报。

三、我国虚拟货币交易平台现状

（一）国内虚拟货币交易平台

国内目前形成三大主要交易所：火币网、OKCoin和"比特币中国"（BTC China）。"比特币中国"运营时间较长，火币网和OKCoin通过专业化运营脱颖而出。多数虚拟货币交易网站主要交易货币都是比特币、莱特币和以太币，其他山寨币的交易平台不多。2015年以前，国内交易所普遍免交交易手续费，但目前为顺应国际交易规则，减少套利机会，国内交易所也在充值提现各个环节采用不同费率收取手续费。以火币网为例，交易者在火币网上的各种货币交易的挂单、吃单都要交纳0.20%的手续费，而充值、提现费率则根据充值渠道不同、用户等级不同有所差异（见表2-3-1）。

表2-3-1　　　　　　　　　国内虚拟货币交易平台情况

交易平台	成立时间	交易币种	手续费	优势
OKCoin	2013年6月	BTC LTC ETC ETH ECC	交易费Taker费率为0.2%，Maker费率各不同，按成交量计算0.15%~0.20%；ETH、ETC、BCC的Taker及Maker各0.20%	还有面向全球数字货币用户的okcoin.com国际版及okex.com
火币网	2013年9月	BTC LTC ETC ETH	交易所手续为0.20%，提现手续费分VIP等级，人民币提现收0.30%~0.50%	2017年11月4日上线点对点交易平台，提供比特币和USDT的点对点交易服务

续表

交易平台	成立时间	交易币种	手续费	优势
BTCChina	2011年6月	BTC BCC ETH LTC	BTC提现0.0015BTC；LTC提现0.001LTC；ETH/ICO提现0.01ETH；人民币：0.38%（小于200元人民币，手续费为2元人民币；超过200元人民币，手续费为0.38%）	平台品牌老、资历深
聚币网	2014年1月	BTC等多种虚拟货币	人民币提现费用：普通提现的手续费0.5%，最低为2元；快速提现的手续费1%，最低为2元 提币交易费：BTC每次收取0.0005BTC，ETH每次收取0.01ETH，其他大部分每次收取1%	平台较大、速度较快、品种较多
云币网	2013年9月	BTC BCC ETC ZEC	CNY提现：0.1%，每笔最低5元；BTC交易0.05%，提币0.002BTC；其他币交易0.1%	平台很大、品种很好、费用很低
比特儿	2013年4月	BTC等多种虚拟货币	官方费率页面无数据	
CHBTC	2013年初	BTC等多种虚拟货币	交易费率计算稍复杂，跟用户积分等级挂钩，等级越高，交易费率越便宜；人民币提现费率跟用户等级挂钩，不同币种的提币手续费各不相同	
币安网	2017年1月	BTC等多种虚拟货币	0.1%交易手续费，若持有BNB，可选择使用BNB抵扣交易手续费，享有50%的折扣（暂行）；提币手续费不同币种各不同，NEO、GAS、HSR币提币免费	
比特时代	2013年5月	BTC等多种虚拟货币	买卖0.1%~0.2%不等，RMB提现1%，虚拟币提现1%加一定比例手续费，部分虚拟币充值送1%	速度较快、提币快
ViaBTC	2016年5月	BTC等多种虚拟货币	Maker-Taker费率为0.1%；人民币提现0.1%，最低为2元	

资料来源：根据公开资料整理。

（二）虚拟平台交易情况

比特币交易平台承担了大部分比特币兑换现金和现金购买比特币的功能。但交易平台里的比特币实质上存储在网站服务器里。虚拟货币的交易风险极大，比特币交易市场没有涨停、跌停限制，且全天开放。此前许多比特币交易平台还提供倍数不等的杠杆交易，火币网最高能够撬动5倍杠杆，而"比特币中国"则达到过20倍。

以"比特币中国"上的比特币交易为例，从日成价格来看，比特币价格基本保持上升趋势，2017年，比特币最高价格超过了30000元（见图2-3-5）。

资料来源：bitcoincharts.com。

图2-3-5　"比特币中国"平台比特币收盘价

从日成交量来看，2016年以来交易量有了一个急剧的增长，日交易量最大超过了450亿元（见图2-3-6）。

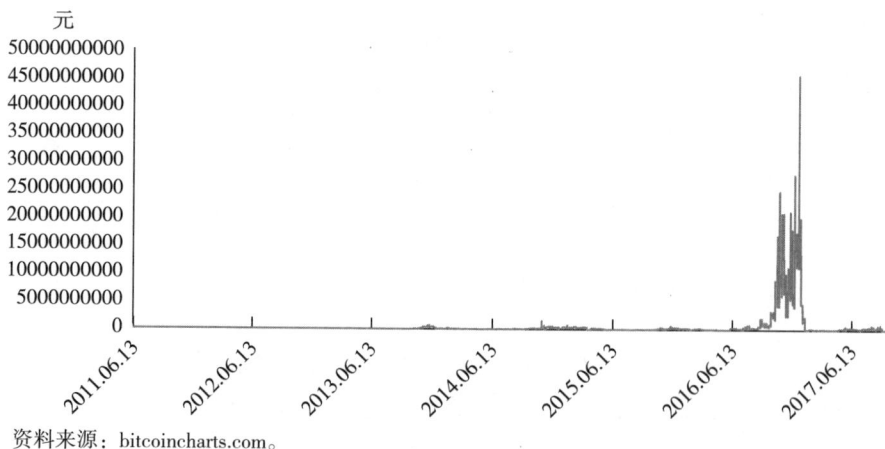

资料来源：bitcoincharts.com。

图2-3-6　"比特币中国"平台比特币日成交量

四、虚拟货币交易问题平台案例分析

（一）最大比特币交易平台Mt.Gox破产案

1. Mt.Gox数十万枚比特币被盗①

由"计算机神童"卡普勒斯（Karpeles）创立的比特币交易平台Mt.Gox曾经风光一时，几乎占据了全球比特币交易的80%。在2014年遭受黑客攻击后，该公司承认，平台上当时价值约4.8亿美元的85万枚比特币从其金库消失，而比特币丢失后不久，位于东京的Mt.Gox就申请了破产保护，据称Mt.Gox已经负债6360万美元。

对于这一爆炸性事件，该公司最初表示，比特币交易软件当中的一个漏洞被黑客攻击导致全部比特币被盗走。当时身为Mt.Gox首席执行官的卡普勒斯（Karpeles）后来声称，其在比特币存储设备"冷钱包"中发现了丢失的20万个比特币，但剩余的65万个仍然不知所踪。

Mt.Gox突然倒闭让数千名Mt.Gox的用户无法通过该平台进行提现，而公司CEO卡普勒斯也没有出面向媒体解释其中的真实缘由。在Mt.Gox倒闭之后，民众对于比特币安全性的担忧进一步升级，而外界也普遍认为Mt.Gox倒闭的主要原因应该就是数十万枚比特币被盗。

2. 比特币遗失可能源于内部系统操纵

2015年1月3日，日本《读卖新闻》曝出消息，称 Mt.Gox 遗失的比特币 99% 源自内部系统操纵，而不是因为黑客攻击。在遗失的85万枚比特币中，仅有7000枚是外部的黑客攻击所致。除了CEO卡普勒斯之外，Mt.Gox没有全职员工，而是通过临时用工协议雇用了多家外包商。迄今没有任何一家承包商被证明与本案有关，这可能意味着卡普勒斯要对65万枚比特币的丢失负责。

《读卖新闻》指出，大部分丢失的比特币可能仍掌控在Mt.Gox手里，但没有证据表明卡普勒斯监守自盗。这一怀疑并非空穴来风。早在2014年

---

① FX168 财经报社 . Mt.Gox 百万美元比特币丑闻负责人在东京受审拒绝认罪 [EB/OL].[2017-07-23]. http://industry.fx168.com/news/broker/1707/2305701.shtml.

3月，黑客攻击了卡普勒斯的个人网站，在上面发布了716MB来自Mt.Gox服务器的文件，其中包括一张保存了数百万条交易记录的Excel表格、以8种货币显示的Mt.Gox资产负债表、Mt.Gox母公司Tibanne Limited的管理人员申请访问这一数据库的记录。其中，资产负债表显示，Mt. Gox仍持有951116枚比特币。

3. 内部员工透露倒闭的主要原因

美国新闻和评论网站The Daily Beast联系到了一位前Mt.Gox员工，根据这位前员工披露的信息，以及其他专家的分析说明，Mt.Gox倒闭很可能并非犯罪行为导致，真正原因是公司管理不善和财务过错，以及CEO自己几个月前就发现但却没有修复的系统漏洞。压垮Mt.Gox的最后一根稻草是一份泄露到互联网上的内部文件，它原本是拯救Mt.Gox公司的基础文件。目前尚不清楚到底是谁披露了这份尚处于起草阶段的行动计划。

"根本而言，"这位前员工说，"Mt.Gox是一个运转不良的机构。没有任何人进行财务对账，交易系统也存在漏洞，导致人们可以双倍提现。也就是说，可以两次提取相当数额的比特币。如果把比特币比作通过触摸屏操作送餐的冷冻汉堡，有人发现点击两次屏幕可以获得两份汉堡，但只需要花一份的钱。有一天有人吃饭时发现汉堡快要吃完了，只有一半的客户能够拿到汉堡。"

Mt.Gox前员工表示，Mt.Gox员工直到前一周周五才知道比特币大量消失的情况。"Mt.Gox将90%的比特币冷藏起来，也就是文档钱包和USB钥匙。它们从银行租来了保险柜，需要重启交易账户时，它们就把比特币取出来，将它们输入系统里。然而，在冷藏和交易完成这个过程之间，没有任何财务对账。只要资金稳步回归，没有人认识到事实上它们已经损失了大量比特币。当它们认识到的时候，一切都晚了。"

Karpeles告诉这位前员工说，估计有82万枚比特币下落不明，当时价值近5亿美元。这位前员工得知，这些比特币可能在过去几个月因系统漏洞被用户秘密提走，尤其是有一个漏洞可能会导致重复付款。他表示，由于聘请了一家财务公司进行审查，这种窃取行为并未被发觉。

日本最大、最受尊重的信用评级机构帝国征信公司对Mt.Gox公司进行了评估，并被给予了D4级评级，也就是这个规模的公司所能得到的最糟糕评级。评级极低的其中一个原因就是该公司缺乏高素质的财务员工。

一个周六的上午，Mt.Gox重要员工和顾问聚集到一起，共同商讨解决方法、资产保护和发展路径。他们起草了一份题为"危机战略草案"的文件，原本是想向投资者查摆问题、提出解决方法。周日，卡普勒斯从比特币基金会辞职，据悉他将自己面临的问题告诉了这个负责比特币监督和开发的机构。

这位前员工说："这份危机战略草案只向一小部分人展示过，包括文克勒沃斯（Winklevoss）兄弟和私募交易市场高管，因为只要进入公众视野就会造成灾难。到星期一傍晚，这份文件被泄露给TheTwo-BitIdiot博客，随后被发布到互联网上。到日本当地时间星期二早上，整个互联网都传遍了这个消息。在那时，我们谨慎筹资、避免负债的最后努力被阴谋破坏了。"

就在同一天，Mt.Gox倒闭。

4. BTC-e创始人或与Mt.Gox盗币事件有关

2017年7月26日，在希腊被捕的俄罗斯人、BTC-e交易所创始人Alexander Vinnik，被美国政府判决罚款1.1亿美元，而公布的21项指控中，检察官认为BTC-e是计算机入侵和黑客事件、比特币赎金欺诈、身份盗窃计划、贿赂公职人员和毒品分发环节的非法资金的清算所。美国司法部称发现Vinnik与长期以来的Mt.Gox盗币事件有关，其在运营整个BTC-e的六年中犯下了一系列罪行。

（二）香港比特币交易平台GBL跑路案①

1. 香港GBL虚拟电子货币中心来龙去脉

2013年5月27日，GBL比特币交易平台网站正式上线，其网站服务器位于美国，自称总部在中国香港。在其经营伊始，GBL便于6月8日宣称香

---

① 搜狐网. GBL比特币平台跑路案件7月7日于东阳法院开庭审理[EB/OL]. http://www.sohu.com/a/22110538_104036.

港政府批准其经营虚拟货币兑换业务并且是"第一家获得香港政府发放虚拟货币经营许可拍照的公司",它具有杠杆交易功能和多空操作系统。利用这些系统GBL成为国内第一家给出10倍杠杆的期货交易方式进行比特币交易的平台。这种高风险、高收益的交易方式让无数投资者趋之若鹜,这使GBL一举成为综合排名稳定保持在国内第四位的虚拟货币交易平台,截至9月,该平台拥有注册会员4493名。

2013年10月,GBL公司网站频繁出现卡顿。与此同时,GBL公司取消了比特币自动提现功能,无法保证提现及时到账。10月23日,GBL客服被客户发现长时间不在工位,针对质疑,GBL公司经理解释称"公司正在进行客服培训"。10月26日凌晨3时许,GBL公司网站平台彻底停止运行。网站的首页只剩一条署名为英文"匿名黑客"的人留下的一段话:"此交易平台已被攻破,请按照我们说的数目汇款到这个账号,否则我们将删除网站所有数据。"同时留下一个用户名为"张斌"的农行账号。网站被黑的同时,GBL公司的官方QQ群开始不断踢人,但该群并没有解散,只留下了5名公司管理人员,而这个QQ群是用户们与GBL交易平台唯一的联系渠道。

事发之后,众多网友才开始深挖这家公司的老底。网站出问题之后,网友们利用技术手段得知这家公司是在香港进行注册,网友们设法得到了网站的数据,从服务器数据中可以看出,网站关闭前,网站中存在400万元人民币和8000枚比特币。

截至2013年10月27日下午2点,受害者维权群内已有人数344人,已登记损失金额合计1020万元人民币。26日下午全国各地网友纷纷报案,广州、深圳、新建、杭州、金华、成都、黑龙江等地区网友更是组队前往派出所集体报案,上海4位网友组队报案。部分受害者情绪激动,因为投资额少则1万元多则高达数十万元。那些钱都是他们的买房钱、卖房钱、留学钱甚至所有积蓄。

截至11月29日下午,金华公安曾在其新浪官方微博公布消息,表示"在安徽、贵州、广东等地相继抓获3名涉案人员"。警方指出,该诈骗团伙虚构网络比特币交易平台,从中诈骗钱财,涉案值超400万元。此条微博旋即被删，但一位接近金华公安的知情人士指出，由于还有其他嫌疑人未被抓获，资金损失程度及资金去向仍不明，相关部门还不能公布这一消息。2014年7月，部分已立案受害者接到法院电话通知：香港比特币平台GBL卷款跑路案件，将于2015年7月7日上午9点在东阳法院进行开庭审理。

而在庭审后，旁听了一天庭审过程的晓敏律师说："比特币自进入中国后，就不断地有被盗、被黑的事件发生，多数人在面对这样的情况后没有办法通过正常的途径进行维权。希望广大网友受到侵害后勇于与邪恶斗争，受害人的沉默就是对犯罪的放纵，积极与律师沟通或到公安部门报案，推动国家将比特币作为个人财产的保护纳入法律保护的框架中。到目前为止，仍有网友不断地与东阳法院联系，找回损失，虽然不知GBL案件的最终判决是什么时候，但是，相信正义总有到来的一天。"

2. 香港GBL虚拟电子货币中心的运作方式

在香港GBL虚拟货币交易中心上线之初，就有一篇所谓的《GBL虚拟电子货币交易平台的CEO唐明接受某财经网站专栏访谈》的专访文章在比特币交易圈里迅速流传。在文中，GBL的CEO唐明声称"国内比特币的交易市场日渐活跃，但却没有一家正规的比特币交易平台实体公司，几乎都是一些个人背景模糊且没有监管的交易网站"而"比较好的消息是，目前香港政府已经批准GBL电子货币交易中心（www.btc-gbl.com）经营虚拟货币兑换业务，这个将是比特币发展的重要里程碑。GBL虚拟电子货币交易中心近期完成了股权变更，拥有了虚拟电子货币兑换业务的经营范围。与此同时，GBL也在内地的ICP备案了，目前已在大中华区接受公测，并且得到了广大用户的认可，可以说是开辟了国内比特币交易的新纪元。"

在整篇文章之中，唐明反复强调比特币的安全性和自己平台的安全性。唐明表示：比特币与大多数货币不同，它使用遍布整个P2P网络节点的分布式数据库来记录货币的交易，并使用密码学的设计来确保货币流通各个环节的安全性。例如，比特币只能被它的真实拥有者使用，而且仅仅一次，支付完成之后原主人即失去对该份额比特币的所有权，所以它本身的安全性还是很好的，伪造、模仿现象几乎不可能出现，但是在交易过程中，如果不通过正规的交易平台，可能就会面临丢失钱财的风险，因此，选择一个安全的平台对比特币交易而言就显得至关重要。为了完全保障客户通过平台交易比特币的安全性，GBL开通了邮件验证和谷歌验证的双重验证给予客户安全保障，并建立了全球首家客户丢币丢钱全赔付制度，保证用户的资产安全。GBL通过对传统的普通兑换比特币交易业务进行创新，在原来的基础上还增加了杠杆交易系统和多空操作机制，更增加了比特币交易的投资性、兑换性和专业性。

除了反复强调比特币和GBL平台的安全性外，唐明也对外公布了自己的比特币交易平台的最大特点——GBL目前公测阶段即将结束，马上更新系统为连续兑换杠杆交易系统，这个交易系统目前是国际比较流行的连续期货每日交割合约演化而成，能有效控制大户和庄家坐庄成本，同时能更好地维护中小投资者的利益。就是这样的杠杆交易系统的设计，让任何通过人民币用无门槛的方式入场的用户都可以10倍地放大自己的获益——同时也是10倍地放大自己的风险。

在这一篇看似来自香港的财经报道实则是一篇专门针对内地各地普通投资者的宣传文稿，真实性显然值得商榷。在当时，"比特币暴富神话"甚嚣尘上，许多普通投资者都想从这种小众的投资圈内分一杯羹而苦于没有低门槛的投资渠道——真正的区块链众筹往往有极高的技术要求。而GBL虚拟货币交易中心的这篇报道出现得正是时候，它正中这些贪心而不了解比特币的普通投资者的"七寸"，利用"安全性"和"杠杆交易"这两个主打的宣传口号，让普通投资者放心地进入自己的平台，并且使用人民币就可以进行比特币的高杠杆投资。

据GBL用户、btcmini.net站长、维权QQ群组织者"南美小羊驼"（以下简称"小羊驼"）介绍说"GBL有一个漏洞，它的期货交易，是根据Mt.Gox行情的涨跌来计算收益的，只需在Mt.Gox花两三个比特币，就可以让MT涨上1美元，接着在GBL买多，赚取利润，反之亦然，整个过程只需几秒钟。投资者通过反复的开仓平仓交易，稳赚不赔。这种结果会导致GBL不断亏损，这显然不符合常规"。"小羊驼"意识到这个问题后，劝群内的投资者尽快提现离去。但是受利益驱动，GBL的资金交易量反而越滚越大，赢的人舍不得走，后面的人不断跟进，最后全都砸在里面。

3. 香港GBL电子货币中心的运作方式属于非法集资

东阳公安机关分别于2013年11月12日、14日、19日抓获三名犯罪嫌疑人，并经过三次补充侦查，于2014年8月12日将案件移交到东阳市检察院，检察院经过一次申请延长审查期限后，最终决定以《刑法》第二百六十六条：诈骗公私财物，且数额特别巨大，处十年以上有期徒刑或者无期徒刑，并处罚金或者没收财产，诈骗罪的诉讼请求向法院提起公诉。该案件从公安机关立案到法院第一次开庭审理，长达1年零8个月，可见案情的复杂和曲折。庭审中得知，目前仍有一名在逃犯罪嫌疑人，仍然有部分现金和大量的比特币不知去向，目前已经查明的涉案金额达到100万元以上，但是，在庭审当天，仍有多位受害人赶过来旁听，有些网友的损失至今没有在当地公安局立案，也没有被东阳公安记录在案，其中一位山东的网友称自己被骗达50万元左右，东阳法院已经将这些受害人的情况记录在案，庭审后法官可能会与他们联系进行确认。

庭审中，双方争议的焦点一方面在究竟构成诈骗罪还是侵占罪。诈骗罪和侵占罪的主要区别在于产生犯罪的时间点不同，诈骗罪在占有他人财物之前产生犯意，通过欺骗的手段获得；而侵占罪是在合法占有他人财产后产生犯意而拒不归还的行为。另一方面，争议的焦点在于犯罪金额的认定上，因为涉案金额的认定涉及量刑的级别，双方对涉案的标的额是否应该扣除网站收取的手续费，是否应以客户从GBL平台上转入转出的实际差额计算损失，经过10倍杠杆平仓爆仓的客户该如何计算等问题展开辩论。

根据2010年最高人民法院《关于审理非法集资刑事案件具体应用法律若干问题的解释》第一条的规定：非法集资需要同时具备非法性、公开性、利诱性以及社会性四个特征，即未经有关部门依法批准或者借用合法经营的形式吸收资金；通过媒体、推介会、传单、手机短信等途径向社会公开宣传；承诺在一定期限内以货币、实物、股权等方式还本付息或给予回报；向社会公众即社会不特定对象吸收资金。

本案中，GBL虚拟电子货币交易中心在未获得任何官方审批的情况下，制造不实信息进行虚假宣传，同时利用明确的高回报的利诱口号吸引用户。这些虚假的"官方认可"信息和高回报口号明显针对社会上的非特定的普通投资者。而据事实可知，报案的普通投资者来自全国各地，从普通职工、学生到币圈投资者，并没有具体的范围。GBL制造非法宣传信息、利用虚假的"专访报道"公开向不特定的普通投资者进行宣传，并且在宣传中大肆强调其杠杆交易系统"高回报"的特点，利诱普通投资者入场，最终在各个城市、数十万名用户中造成巨大的经济损害、形成恶劣的社会影响。本案完全满足2010年最高人民法院《关于审理非法集资刑事案件具体应用法律若干问题的解释》对于非法集资定义的法律要件要求，可以说是一起明确的非法集资诈骗案件。

依据《刑法》第一百九十二条的规定：以非法占有为目的，使用诈骗方法非法集资，数额较大的，处五年以下有期徒刑或者拘役，并处二万元以上二十万元以下罚金；数额巨大或者有其他严重情节的，处五年以上十年以下有期徒刑，并处五万元以上五十万元以下罚金；数额特别巨大或者有其他特别严重情节的，处十年以上有期徒刑或者无期徒刑，并处五万元以上五十万元以下罚金或者没收财产。

（三）BTC-e平台洗钱案[①]

BTC-e是一个数字货币交易所，于2011年7月成立。截至2015年2月，BTC-e的比特币交易量占全球的2.5%。BTC-e允许用户使用美元、俄罗斯卢布和欧元买卖包括比特币、莱特币在内的多种数字货币，域名为btc-e.com。

当前BTC-e开设总计27种法定货币与数字资产的交易货币对服务。

比特币投注是BTC-e上开设的一种玩法，是BTC-e对比特币价格的涨跌趋势进行投注。BTC-e只能在玩家与玩家之间进行押注，交易所本身不能参与投注游戏。代客理财账户（PAMM）技术允许交易者申请投资者账户并追随其他专业及经验丰富的比特币交易经理人进行交易。而经理人的

---

① 金色财经. BTC-e——全球知名比特币交易网站[EB/OL]. https://www.jinse.com/news/bitcoin/24698.html.

交易结果在PAMM账户监测页面公布，该网站于2011年7月17日首次公布与测试比特币交易。实时交易于2011年8月7日才开始。2012年7月31日，BTC-e出现了一次安全事件，其间BTC-e中止交易，造成了平台与用户的经济损失。交易所说，损失包括了在几个小时内刚刚完成的比特币存储和交易。2012年8月2日，BTC-e添加了一个交易API，但仍然缺乏一个用于比特币提款的API（比特币交易所普遍具备的服务）。8月20日，BTC-e增加了BTC / RUR和USD / RUR货币对的交易服务。2012年9月3日，该服务增加了许多RUR存款和退款方式，以及更多的美元存贷款方式。

2017年7月，世界上最大的数字资产交易平台之一BTC-e创始人被捕，对其的起诉书显示，BTC-e自成立以来，就为犯罪分子客户群创造了机会。该平台不要求用户进行身份验证，这使犯罪分子能够进行匿名交易并掩盖资金来源，该平台也缺乏任何反洗钱的相关流程。起诉书指控BTC-e的运作方式为世界各地的网络犯罪分子的交易活动提供了便利。另外，美国司法部称，发现Vinnik与长期以来的Mt.Gox盗币事件有关，他在运营整个BTC-e交易所的六年中犯下了一系列罪行。

早在2014年2月，俄罗斯地方检察院便出于反洗钱、反欺诈和反恐目的考虑是否要屏蔽btc-e.com。但BTC-e的身份却迷雾重重。首先有说法表示其维护人员都来自俄罗斯，但是该网站管理员又在官网的聊天频道里声明"我们不在俄罗斯"；为BTC-e提供服务的银行中有来自捷克的银行，而其网站搜索引擎优化信息中则出现了保加利亚；Vinnik和另外一位创始人Aleksey都是来自俄罗斯的程序员，但是BTC-e的管理公司却位于塞浦路斯，因此其网站使用条款目前依照塞浦路斯法律，而以前则依照保加利亚法律。此外，大家也无法通过确定其服务器位置来确定该公司位于哪个国家。

（四）"亚欧币"非法集资案[①]

2017年7月7日，海口警方召开新闻发布会通报侦破跨亚欧网络竞技

---

① 新华网．5万人被骗40亿 虚拟货币"亚欧币"是这么骗人的 [EB/OL]. [2017-07-10]. http：//m.3gv.ifeng.com/lady/vnzq/news?ch=rj-mr&ou=p%3d3&aid=125087721.

有限公司特大网络传销案，该案件涉案金额巨大、人员众多，引起了广泛的社会关注。海南跨亚欧网络竞技有限公司是夏建荣2016年4月在海口市工商局注册成立的。在国家企业信用信息公示系统上显示，该公司的主营业务是网络游戏虚拟货币发行、销售及交易服务，网络竞技球类游戏、各类竞技棋牌游戏、各类竞技扑克牌游戏、马术竞技游戏及体育项目活动研发、组织策划等。但实际上该公司只是夏建荣和刘琅用于运营"亚欧币"项目而设立的一个空壳。该公司的注册资本金为100亿元，实交金额则为0，公司并没有任何实体产品，只通过官方网站和微信公众号售卖"亚欧币"。当前，该企业已经被列入经营异常名单，公司法定代表人夏建荣以及刘琅等因为涉嫌组织、领导传销活动已经被拘捕。

据悉，"亚欧币"项目的主要运营者夏建荣为浙江杭州人，此前参加过颇受争议的"九州币"的经营，因而对虚拟货币有所了解，而另一名头目刘琅当过英语老师，口才较好，并有过诈骗以及领导传销组织的前科：2011年，刘琅就因涉嫌诈骗罪被北京市公安局朝阳分局刑事拘捕；2017年5月，他又因涉嫌组织、领导传销活动罪被海口市公安局刑事拘留，此次被海口警方拘捕，实为刘琅的"三进宫"。

夏建荣与刘琅发起的"亚欧币"项目，打着虚拟货币的幌子，号称是全国唯一经过法定认可的虚拟数字货币，亚欧币官网上宣称，亚欧币是"基于P2P构架的电子加密货币，使用Scrypt加密算法，是全球第三代网络虚拟数字加密货币"，但事实上，我国并没有批准过任何所谓的虚拟数字货币，所谓的合法虚拟货币、数字货币纯属欺骗。

同时，跨亚欧公司承诺投资者购买"亚欧币"，将享有高额返点利润。跨亚欧公司设置了一个"分享收入"方案，通过拉人头参与"亚欧币"投资，将会获得相应的返利，而当介绍的参与者达到一定数量时，就会升级为代理，享受不同级别的返利。跨亚欧公司以"三级代理、三级分销"层级作为运营模式，通过分层级，一层一层发展会员，然后提成，以吸收资金，其中，省级代理提成30%，往下逐级递减3%，最低到10%。这与我们平时所熟知的传销行为并无二异。

除了返点利润，"亚欧币"的参与者宣称："只要花5毛钱买入，不到一年的时间就可以涨到5倍。"事实上，"亚欧币"确实如其所宣传的只涨不跌，但是其背后暗含的更多地是人为的操纵与预谋。跨亚欧公司会员购买"亚欧币"获利主要有两种渠道：内盘以及外盘操作模式。

内盘模式的运作方式是：内盘会员的注册必须有代理商推荐且至少购买1万元人民币的"亚欧币"，并提供手持身份证的相片等材料通过审核才可以成为内盘会员。内盘会员购买"亚欧币"成功后即冻结全部亚欧币，随后每天解冻0.4%，250天解冻完毕，解冻后的"亚欧币"可以转到外盘进行提现或者交易。"亚欧币"初始发行价格为0.5元/币，每十天固定涨价一次，每次涨价幅度在0.05~0.1元。以涨幅0.05元为例，会员投入1万元，250天解冻完毕后，连本带息可以达到2.25万元，净利润为1.25万元。在内盘，"亚欧币"如何实现"只涨不跌"的态势？根据跨亚欧公司财务负责人的供述，"亚欧币"的涨幅完全靠人为操纵，公司决定内盘涨价，涨到多少就内部设定一下，简单地通过键盘操作就可以实现。对于客户来讲，他们不知道"亚欧币"是如何定价的，且只能从一家购买，规则也不透明，从而导致了巨大的操纵价格。

此外，外盘也是参与者获利的一个重要渠道。外盘是内盘会员解冻"亚欧币"的交易市场，是由夏建荣实际控制的海南中通区块链公司负责管理。外盘的购买门槛为1000元但必须有内盘会员的推广ID，其交易时间为周一到周五上午9点30到11点30，下午1点30到3点，周六周日闭市。外盘的主要作用是用来提现内盘的"亚欧币"，内盘会员经过外盘管理员审核通过即可完成提现，同时，外盘也具备炒作、买卖"亚欧币"的功能。与内盘一样，外盘也是通过内部人员的操作来实现价格的涨跌，犯罪嫌疑人漆某伟是外盘的操盘手，按照公司指令，外盘价格全在他的掌控之中："按照董事会的目标，让它不要跌下来跌得太快，也不要涨上去涨得太快。比如，有大面积的客户抛盘的时候，董事会可能会给我指令，叫我们适当做一些买入，不会让它下行得这么厉害。"

与传统的交易平台不同，"亚欧币"交易平台并不需要关联银行，所有的资金支付均是通过线下转账来完成，并不能通过交易平台实现。"亚欧币"的资金控制账户和交易系统是脱离的，卖出亚欧币似乎得到了很多现金，但虚拟账户却存在巨大的风险，当会员要赎回现金时，平台很有可能已经跑路了。

无论是公司所宣传的"亚欧币"只涨不跌的噱头还是通过人为操作实现的虚假涨势，"亚欧币"项目确实吸引了大量的投资者。从2016年6月28日"亚欧币"项目正式启动到2017年7月7日警方正式破获这起非法传销案件，在短短一年的时间里，"亚欧币"项目就吸引了4万多名参与者，吸收资金高达40多亿元。事情的真相是什么？跨亚欧公司并没有产生利润的方式，收益只能来源于后续投资者的钱，依靠后续投资者交纳的资金去支付对于以前的投资者承诺的收益，这种不可持续的收益模式实际上就是用后来人的钱去填补前人的窟窿，这种资金链链条是极其脆弱且易断裂的，这种模式也是典型的庞氏骗局。根据警方的调查，跨亚欧公司非法吸收的40多亿元资金，约有10亿元被用于会员返利，约有27亿元被用于会员提现，剩余的3亿元则被夏建荣和刘琅等非法占有。目前，该案件主要嫌犯37人均已被警方逮捕。

（五）ICO涉及的法律问题探讨

1. 监管部门将ICO定性为非法集资

（1）七部委联合发布监管新政。2017年9月4日，中国人民银行、中央网信办、工业和信息化部、工商总会、银监会、证监会和保监会七部委联合发布《关于防范代币发行融资风险的公告》（以下简称《公告》）。《公告》对近半年来在国内进行得如火如荼的通过首次代币发行进行融资的金融活动作出了严厉定性，并且宣布对这一类金融活动进行严厉取缔。《公告》明确指出，首次代币公开发行融资又称ICO本质上是一种未经批准、非法公开融资的行为，涉嫌非法发售代币票券、非法发行证券以及非法集资、金融诈骗、传销等违法犯罪活动。从《公告》发布当日起，各类代币发行融资活动应立即停止，已完成代币发行融资活动的应立即停止，已完成代币发行融资的组织和个人应立即作出清退等安排、合理保护投资者权利、妥善处理风险。

除了对首次代币发行融资的金融活动作出非法集资的定性并明令禁止

外，《公告》还对参与首次代币发行融资和代币交易的相关金融机构和网络金融业务平台作出了相关业务的规范要求。《公告》要求任何参与首次代币发行融资和代币交易的平台、网站不得继续从事代币与法定货币、代币与其他加密数字货币和代币与代币之间的兑换业务，不得买卖、作为中介或者作为中央对手方买卖代币或数字加密货币，不得为代币或数字加密货币提供定价、信息中介等服务；各类金融机构不得直接或者间接为代币发行融资和数字加密货币提供账户开立、登记、交易、清算、结算等产品或服务；不得承保与代币或数字加密货币相关的保险业务或将代币和数字加密货币纳入保险责任范围。

（2）监管新政细节。在《公告》所明确表述的内容当中，可以看到这次监管部门重拳出击的核心是对于首次代币公开发行融资这一金融活动进行严厉定性和明令禁止。在整个涉及虚拟货币的金融活动当中，这只是其中的一个部分，而对于数字加密货币的挖掘、持有、转移，区块链技术的开发、正常渠道进行的区块链项目的融资，都没有被此次监管行为所涉及。这意味着，这次"ICO禁令"并不是针对区块链技术和数字加密货币的存在。虽然中国人民银行一直以来并不承认数字加密货币具有法定货币的属性，但一直没有禁止其流通和兑换。直到这次《公告》对首次公开发行代币融资这一金融活动进行禁止，才禁止了数字加密货币与法定货币之间直接的兑换。显然，少数由特定群体持有并流通的数字加密货币在近两年之前并没有对整个资本市场和社会正常金融秩序产生不当的影响，但随着首次代币公开发行融资活动在近两年以极快的趋势增长并且涉及数目极大、牵涉社会非特定成员众多，严重影响了社会正常经济活动并造成公众资金的损失，数字加密货币作为这一活动的重要载体，也是其难以监管的重要原因之一，便自然会成为此次监管的重点。除此之外。首次代币公开发行融资（ICO）虽然名称上比较类似企业首次公开募股发行（IPO），但事实上更类似于一种毫无操作门槛的众筹活动，与严格的资本市场上的受监管的公开融资有极大的差距，其没有监管、无须批准、没有相关法律规范其活动的特点决定了随着ICO融资活动的范围和涉及金额不断扩大，对其活动性质和活动规范性的监管办法迟早出炉。

2. 解读监管新规

（1）背景。《公告》在ICO乱象集中爆发的时期推出，出台的时间十分关键。根据国家互联网安全技术专家委员会发布的《2017上半年国内ICO发展情况报告》，截至2017年7月，面向我国提供ICO服务的相关平台有43家，而整个上半年国内已经完成ICO项目共计65个，累计融资规模26.16亿元，累计参与者达10.5万人次，这甚至超过上半年传统VC投资数额的一半。这意味着庞大的ICO参与群体远远超过了这种项目本身所应该吸引到的有能力进行区块链项目投资的投资者。ICO这种活动的诞生，本是源于从事区块链技术创新的极客圈子的社区众筹。当一个区块链创新项目的创业者需要资金来启动自己的项目时，考虑到区块链作为一项应用上不广泛的新兴互联网技术，创业者往往很难从一般的天使投资者或股权投资者那里获得认同并拿到投资，所以他们往往在自己熟悉的区块链技术交流社区内寻找投资者，并且通过在区块链网络中收集一些主流的有流通的能力的由之前的区块链项目所产生的数字加密货币，如比特币、莱特币或以太币等，来募集资金；等到项目成功时，自己的项目也会产生新的数字加密货币（代币）并由于自己项目的成功而具有价值，这些项目代币就会作为投资回报返还给当初的投资者。

从这一过程中可以看到，参与ICO项目的创业者和投资者往往是区块链技术的合格发起者和投资者，即他们都有正确认识并判断项目资质的能力。但是很明显，这样的人群其实数目并不大。在中国，大多数参与ICO的投资者往往是被其高收益率的造富神话所吸引进来的。比如，被誉为"中国比特币首富"的李笑来，在没有任何招股说明文件的情况下，仅仅凭借一个名为PressOne的ICO项目，就在4个小时内成功筹集到5亿元人民币；而2016年上线的ICO项目Stratis，从刚刚上线时的估值不到100万美元到2017年6月最高时点超过10亿美元，收益率最高时竟达到1500倍。正是这些所谓的"一夜暴富"的故事，让几乎所有的ICO项目都敢于给自己打上200%、400%的收益率，吸引根本不了解区块链技术的普通社会群众给ICO筹资。在这半年当中，各种ICO路演或线下见面会，几乎每周都会出现在北京、上海、深圳和杭州等地，参加者从技术男到家庭妇女、从海归到街边小贩，大多数人并不了解项目本身的内容，仅仅因为一些"名人"为其站台，就愿意参与其中。

到《公告》明令禁止ICO活动之时，全国ICO项目涉及人群数目和范围之广泛，恐怕已经远超其作为一种高科技技术创新项目众筹所需要面对的特定群体。

（2）监管新政特点。《公告》极其严格地采取了对首次代币公开发行融资进行"一刀切"式的监管禁止要求。这恐怕是因为除了参与ICO融资活动的群体从少数特定的技术圈内部人员扩展到一个极其广大的范围之外，也说明在中国，许多ICO活动本身也变味了。

对于一次真正意义上的首次公开发代币行融资而言，发行的代币来源于自己所开发的新的区块链创新项目，而项目价值的实现在于自己的创新技术被成功开发。然而，创新的区块链技术项目本身局限于其较高的技术难度就并不多见，其中成功的比例就更低。对于市面上无比火爆的众多ICO项目而言，发起者往往不是能够利用区块链技术解决现实问题的技术人员，他们往往是利用ICO暴富神话的效应、打着区块链的幌子，在各地路演奔波，用高额的收益率回报吸引非特定的社会群众参与筹资，来吸引大量的社会资金。而参与投资的投资者往往也根本不了解区块链技术，甚至完全不关心区块链技术和项目本身的真相。投资者往往只关心他们所参与的ICO项目所发行的代币能否在代币交易的二级市场上流通；只要可以流通，先入局的投资者就可以在代币交易二级市场上抛售代币获利。以著名的"量子链"ICO项目为例，它通过私人设立的QQ群进行交易，2018年3月，它的众筹价格不到3元，4月已经被炒到了10元。上市后，收盘价更高达60元，初始投资者持有的比特币价值相当于暴涨了20倍。

3. 我国ICO的非法集资法律特征

（1）集资的行为。我们首先考虑界定其是否是属于集资的概念。ICO的过程当中，出资方式往往是投资者给ICO发起者转移可流通兑换的主流数字加密货币，这些货币并不属于法定货币，但对于发起融资的发起者而言，接受的数字加密货币必须是可兑换的主流数字加密货币，在几乎所有的ICO项目中，虽然回报的代币的流通性有差别，但要求投资者投资的数字加密货币无一例外都要求是比特币、莱特币或以太币等主流的流通性极高的数字加密货币。所以，毫无疑问地，绝大多数ICO的融资要求，虽然以数字加密货币为标的，但实质上募集的是可以用法定货币所表示的、可以迅速兑换为法定货币的资金。ICO的集资过程，是以"付出数字加密货币、获得项目代币"为交易形式的，但这并不说明ICO的交易过程是在出售项目代币商品而获取利益，因为首先代币本身几乎是没有使用价值的，其价值在于其所在成功的区块链项目将会持续成功地存在并发挥作用，其作为区块链账户中消耗CPU时间而从事项目工作而产生的奖励机制。项目的价值和本身的有限性使项目代币成为人们愿意持有的东西。项目代币因为人们有持有的意愿而能够在代币二级市场出售，并且这也是当下大多数投资者参与ICO的主要原因——获得项目代币并在二级市场上抛售代币。这源于在当下区块链技术创新大火的市场下，人们总是相信代币价格会不断上涨。所以对项目代币的看涨预期构成了绝大多数ICO投资者进行ICO投资的预期收益，而并不是项目代币商品本身，所以从这一交易行为的实质来看，首次公开发行代币融资毫无疑问是一种吸收资金的集资行为。

（2）面向非特定对象吸收资金的行为。我们接下来考虑这种集资行为是否属于面向社会公众的行为。在ICO诞生之初，融资针对的人群主要面向区块链技术社区内的技术爱好者，之后，部分ICO面对的对象可能是发起者自己熟悉的人群，这更类似于一种私募形式的融资，面向对象明显可以凭借自己的能力确定自己的投资后果，并且大多数有一定的财富能力，这一类型的ICO的宣传和展示活动往往在社区论坛内进行，或者在社交网络群内完成，介于众筹和私下借款之间，很难称为非法集资。但据当下国内ICO发展的现状而言，参与ICO的投资者多达10万人次以上，已经不仅仅是局限在技术社区或发起者的熟人之间。在这样的情况下，ICO的宣传活动往往伴随着几个关键的要素：高收益的回报承诺、各地频繁的路演活动、打着规避监管的旗号。吸引而至的投资者往往也并不是看中一个ICO项目的技术前景，也是为了获得项目代币的预期收益，这就意味着投资者的大多数参与项目是没有门槛的，并不需要任何对技术或项目本身的了解，就足以吸引足够的投资者。最近一段时期的ICO项目，基本都是利用ICO造富神话留给普通投资者的心理影响和高额收益率的诱饵去在网络和各类线下场所进行广泛宣传并吸引没有任何门槛的普通投资者进行投资。这些投资者首先没有对区块链技术进行价值投资的足够知识，其次不一定是有财富能力的投资者，并且绝大多数并不是发起人的熟人；也就是说当下多数ICO项目的投资者是没有能力保护自己的投资者——非特定投资者。可以说，当下大多数ICO项目的投资者都是非特定对象，那么ICO可以说是属于一种面向社会群众的没有行政审批批准的集资行为。

（3）非法集资四要件。ICO适用于《关于审理非法集资刑事案件具体应用法律若干问题的解释》中对于非法集资的法律认定的四个要件，它是一种没有经过行政批准的、公开进行的、往往许诺以高额回报的面向非特定社会对象的集资行为。

4. 定性ICO为非法集资可能产生的影响

目前，业内人士普遍支持ICO被定性为非法集资。

ICO平台的建设基于区块链技术，通过分布式的数据存储、点对点传输、共识机制和加密算法，能够实现信息的共享和去中心化。理论上讲，存放在ICO平台的代币是安全的、有保障的。但实际操作中，ICO平台的区块链技术并不成熟，交易者的电脑只具有代币的购买和销售功能，并不具备清算和记录功能。因此，ICO平台并不如想象的安全，存在着摆脱监管审查、暗自转移公共资金的可能性，从而引发涉众案件，损害金融消费者利益。此外，还有不少ICO项目只是以区块链为噱头进行宣传，实际与区块链创新并无关系。这很容易使投资者混淆区块链技术、加密数字代币和ICO代币的区别。因此，对于ICO的严格监管是有必要的，有利于引导区块链行业及数字资产行业健康有序发展。

也有业内人士认为，有融资需求的企业应主要诉诸于天使投资、VC、PE等渠道，而非利用ICO向社会公众集资，因为社会公众不像专业的投资者，他们往往难以辨别一项投资的价值。如果投资的原因仅仅是因为看到代币在不断涨价，而非看重背后的公司或项目收益权，那就完全变成了一场炒作。

事实上，在中国ICO被定性为非法集资并被明令禁止是由于当下ICO

的非正常发展，脱离了其最初作为区块链技术创新而进行社区众筹的本意——由社区内技术优秀并持有一定加密数字货币的投资者挑选优质项目投资并培养优秀项目，使所有投资者和创新者分享技术创新成果的获益，并由投资者和创新者形成技术创新社区内的良性循环。更确切地说，是众多试图从事非法集资的不法分子利用ICO高新技术的外壳和区块链技术高度的保密性和监管规避能力去从事和过去所有非法集资大同小异的事情，并且一两件成功的ICO项目使大多数不了解区块链技术创新的投资者盲目地试图从中获利正中非法集资者的下怀。

总的来说，一方面严厉的监管制度成果遏制了ICO乱象带来的公众资金的损失，尤其考虑到区块链技术的隐蔽属性，"一刀切"的监管办法有它的必要之处；另一方面区块链技术作为未来大有可为的新兴技术，也会受到ICO监管禁止的影响，回归技术开发的本色，同时提升了新项目的融资难度。考虑到ICO乱象在短期内形成的巨大规模以及难以监管的技术特点，当下采取的严厉的监管政策和"非法集资"的法律定性是利大于弊的。

第四章 会员制庞氏骗局与非法集资

一、会员制庞氏骗局的操作原理

（一）庞氏骗局的历史

庞氏骗局源自一个名叫查尔斯·庞兹（Charles Ponzi，1882—1949年）的人，1919年，庞兹来到了波士顿，向美国大众兜售一种投资产品。他宣称，这个投资计划的资产是欧洲的某种邮政票据，由于存在价差，买入票据再在美国卖出便可以赚钱。所有的投资，在90天之内都可以获得40%的回报。而且，他还给人们"眼见为实"的证据：最早的一批投资者拿到了丰厚的回报。于是，后面的投资者大量跟进。由于当时第一次世界大战刚结束，各国经济混乱，政策不一，人们误以为是真实的投资，又受到高额回报的诱惑，不少人上当受骗。一年后，4万名波士顿市民纷纷加入庞氏的计划。1920年8月，庞氏破产了。按照他的许诺，他本应用收到的钱购买几亿张欧洲邮政票据，但事实上他只买过两张。此后，庞氏骗局成为一个专有名词，意思是指用后来的投资者的钱，给前面的投资者以回报。

（二）庞氏骗局的特征

虽然各种庞氏骗局衍生出的诈骗手段形式多样、投资标的五花八门，但都具有以下特征：

第一，低风险、高回报的逆投资规律。根据金融原理，在一个有效的市场上，风险与回报应该是相匹配的，否则就会出现套利行为使价格趋于合理。但庞氏骗局往往反其道而行之，骗子给予投资者以高利息的承诺，但绝不会说明影响风险的因素。为了吸引更多的投资者，这些项目往往制造出稳赚不赔的假象。但按照经济规律，由于套利的存在，无论是实业投资还是金融投资都不可能做到这一点。实际上，庞氏骗局正是利用了人性的贪婪。

第二，拆东墙、补西墙的资金腾挪回补。庞氏骗局无法通过正常投资实现承诺的回报，因此只能用新投资者的初始投入作为老客户的投资回报。只要资金链不断裂，这个骗局就能一直持续下去。因此，骗子们总是力图扩大客户的范围，拓宽吸收资金的规模，实现迅速给早期的投资者"甜头"，以达到稳定用户信心、扩大宣传的作用，进而吸引更多的用户，本质上就是资金的腾挪转移，没有创造任何价值。

第三，投资者的金字塔结构。从以上两点可以看出，投资者的规模呈金字塔形，骗局制造者不断地发展下线，通过利诱、劝说、亲情、人脉等方式滚雪球式地发展壮大。其影响的阶层多元化，涉及的人群较广，受害者中既有政府官员和社会名流，也有金融从业人员，更有风险承受能力较低的一般民众和退休人员，甚至很可能引发民众情绪而危及金融稳定和社会秩序。

图2-4-1是庞氏骗局的简单图解。位于顶端的骗子向投资者承诺，他们只需等待1个月，就可以将手中的100元变成200元。

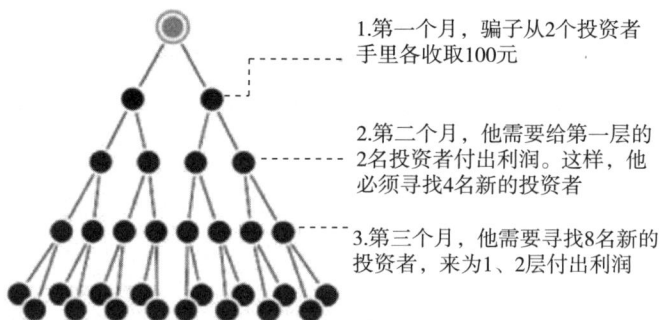

1.第一个月，骗子从2个投资者手里各收取100元

2.第二个月，他需要给第一层的2名投资者付出利润。这样，他必须寻找4名新的投资者

3.第三个月，他需要寻找8名新的投资者，来为1、2层付出利润

依次类推，到第18轮时，骗子需要超过25万名投资者来填补空缺。而当他无法填补空缺时，骗局也就会随之崩溃。一般情况下，回报率都低于100%，所以骗子可以从中获利

资料来源：搜狐网，http://www.sohu.com/a/127930725_452607。

图2-4-1　庞氏骗局金字塔结构

第四，收益来源的不透明性。为了吸引投资者骗子通常构造虚假的投资标的，当缺乏真实的项目时，往往竭力渲染投资的神秘性。因为根本没有可供仔细推敲的"生财之道"，所以尽量保持神秘是避免外界质疑的手段之一。

第五，骗局泡沫必然破灭。庞氏骗局什么时候破灭？当组织者的账户余额（资金池规模）无法覆盖下一期的支出时，游戏就结束了，因此骗子的目标是尽量延长这个游戏的持续时间。但受骗人数的增长有上限，当行骗者无法继续吸引足够的投资者时，崩盘便不可避免。庞氏骗局的制造者从一开始就没有想过要偿还本金，因此其涉案金额往往高于一般的金融诈骗。

最为可笑的是，即使人们意识到高收益只是一个"诱饵"，但他们仍然希望庞氏骗局刚刚开始，自己可以投一笔资金进去然后快速脱身，成为这次骗局的赢家，甚至潜意识认为只要人数足够多，政府就会进行隐性的"担保"。实际上，在崩盘之前，骗局往往极其难以识别，任何人都可能成为最后一批受害者。要保住自身财富的最好方法是：及早辨清庞氏骗局，拒绝投资。

（三）会员制庞氏骗局操作过程

会员制庞氏骗局与一般的庞氏骗局相比，采取注册会员的方式，用户先交一定的保证金，然后做各种任务，保证金金额越多，任务的奖励也越多。但是很明显这些任务不能产生这么大的价值，但实际上赚钱多少并非多劳多得，而是与投入的总资产成正比，总资产越高，做同样的任务，赚的钱也就越高。由于收益与总资产成正比，这实际上是打着做任务的幌子赚取资本收益。其本质还是吸收新用户资金用于兑付老用户本金及收益的庞氏骗局。

会员制庞氏骗局能够持续主要取决于四个因素：会员费、用户增长速度（扩大资金池）、回报率和提现率（资金流出）。有研究指出，回报率对生命周期的影响很小，从年化12%~120%，生命周期仅下降了3个月。同回报率一样，人均投资额度、产品期限、运营成本等变量对生命周期的影响也甚微。①而当用户增长率超过一定比率，该骗局就能持续运作。因此，一方面，可以把高收益当成一项成本比较低的引流方案，如钱宝网年化收益率高达40%。不过现实中这一策略的使用者并不多，例如，泛亚、e租宝，甚至美国历史上最大的诈骗案制造者麦道夫，给出的回报率都在合理范围内。另一方面，就是降低用户的提现需求，通过宣传投资项目的高收益来制造虚假繁荣，让投资人误以为自己高枕无忧，资金池就能像滚雪球一样越滚越大。

二、钱宝网案例分析

（一）钱宝网基本情况

钱宝网于2012年初正式上线运营，主办单位为上海洋井网络科技有限公司。据工商信息查询，上海洋井网络科技有限公司是由成都钱乾信息技术有限公司和张小雷出资入股设立。注册资本5000万元，其中法定代表人张小雷持股比例占94.6%（见表2-4-1）。

表2-4-1　　　　　　　　　　　　钱宝网基本情况

公司名称	一级股东	二级股东	三级股东
上海洋井网络科技有限公司	成都钱乾信息技术有限公司	江苏钱旺智能系统有限公司（工商信息显示登记状态为迁出——经查迁出成都并变更为成都乾坤智能系统）	黄希妍
			张小雷
			张宏
		张小雷	—
	张小雷	—	

资料来源：网贷之家，http://www.sohu.com/a/213308134_319643。

钱宝网涉足游戏、房地产、微商、自媒体、新能源等多个领域，从早期的单纯做任务、看广告、赚外快发展到以微商为核心的商业模式。这些

---

① 信贷大王. 庞氏骗局都是靠什么来延长生命周期的？[EB/OL]. https：//www.wdzj.com/zhuanlan/guancha/17-5153-1.html.

运营项目收益率都极高，初步估计年收益率可达40%以上，也因此吸引了大量投资者。2016年2月，钱宝网自称会员规模已达到7600万人之多，日均交易额峰值最高突破了7000万元，2015年现金流达到220亿元。2017年8月，钱宝官方曾声称用户注册量已超过2亿人，平台流水超过500亿元。

2017年12月26日，张小雷向南京市公安机关投案自首，涉及54家公司和上亿名用户的庞氏骗局最终被戳破。

据张小雷本人供述和警方初步调查，张小雷等犯罪嫌疑人以钱宝网为平台，收取用户保证金，采用吸收新用户资金、用于兑付老用户本金及收益等方式，向社会不特定公众吸收巨额资金，是典型的庞氏骗局。这并不是张小雷第一次做骗局了。钱宝网的创始人张小雷，一生充满了跌宕起伏。在2003年，张小雷就曾因泛美亚事件锒铛入狱。张小雷出任泛美亚公司CEO时，以"向海外输送足球学员的名义"，先后将50多名小球员送到南美留学，通过向小球员收取费用以及外界融资这两种方法，共获取资金1000多万元，但实际上，在这个过程中，泛美亚的运作费用只有百万元左右，并且小球员在乌拉圭生活条件十分窘迫，也就是说，多达1000万元的资金都被挪作他用。这件事被媒体曝光后，张小雷因诈骗罪锒铛入狱。

在泛美亚事件栽了跟头之后，张小雷选择再次创业，在2012年成立钱宝网。也许正是意识到钱宝网面临的风险和监管，张小雷在上海、成都、义乌等地注册50余家公司。据企查查数据显示，张小雷担任法定代表人的公司有72家，集中在软件和信息技术服务业行业，投资的企业有54家。

（二）钱宝网运营模式

钱宝网早期运营模式为"做任务、赚外快"，后来发展出了微商入驻模式和QBII投资人模式，构成了其主要的运营系统。此外，钱宝网还涉足游戏、房地产、自媒体、新能源等多个领域，以更多的吸引眼球的项目和任务来吸引投资。

1. 早期运营模式——"做任务、赚外快"

钱宝网流通的货币是一种虚拟货币钱宝币，兑换比例由平台设定，钱宝币与人民币的兑换比例是100∶1。用户收益是由任务收益、推广收益、签到收益以及体验任务收益组成。

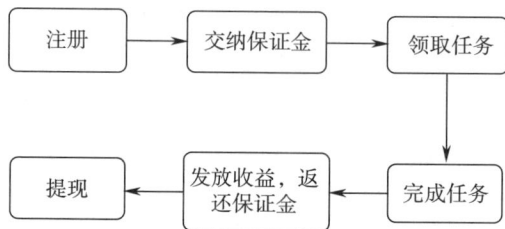

图2-4-2　钱宝网早期业务模式

据一些"宝粉"介绍，如果存入10万元保证金，并每日完成规定的任务例如看广告等，每月便可获4000元至上万元不等的回报。但这种收益也是以钱宝币的形式体现在钱宝网平台，如今平台关闭，网页上的收益也打了水漂。

2. 微商模式

2017年，钱宝网进军微商行业，官网也称自己是一家"以微商为核心、微商下乡和跨境电商并行的一体两翼模式并依托优质微商权利构建小微企业的超级孵化器，打造社交化和移动电商为主体的交易平台闭环"的微商平台。

这一模式下，钱宝网为微商店家提供微商入驻平台，微商店家交纳2万元抵押金即可开店营业，退出时会返还押金。在平台上完成的商品交易，钱宝网会向店家按照商品交易额收取一定比例的佣金。据钱宝网官方称，现在平台已经入驻48万余家商家。

一方面，微商模式可以吸引微商入驻，而获取微商以保证金名义存放的大量资金；另一方面，钱宝网的用户可以将钱宝币作为交易资金直接在平台上进行购物，也在一定程度上减少了资金的提取。此外，钱宝网的会员在平台上购买指定商品还可以获得高额的返现，投入越多返现越多，因此微商模式也在一定程度上扩大了对于会员资金的吸引力。

3. QBII股权投资

钱宝网的QBII分销业务（见图2-4-3）在所有业务模式中资金量最大，可以说是钱宝网现金流的源泉。

资料来源：金评媒，https://baijiahao.baidu.com/s?id=1577333597613573793&wfr=spider&for=p。

图2-4-3 钱宝网QBII业务

QBII的全称是合格的"钱宝"投资人模式，即平台用户通过股权投资间接或直接持有钱宝网子公司的股份。钱宝网会在平台上发布一些购物任务的公告，用户在接任务之前需要签订一份QBII的意向书，表明同意将保证金用来进行对目标公司（一般为张小雷名下公司）进行股权投资。在做任务时需要交纳一定的保证金，并且在项目的规定时间内，每天都要签到做任务。如果不按时签到和做任务，那么就会影响收益。如果在这个任务周期内，每天的任务没有完成，或者任务提前结束都要扣除罚金。

由于QBII项目的保证金数额高，收益率达到40%~60%，大量用户用自己的资金做相关任务，为平台运转提供了大量现金流。同时，QBII项目用到了类似于股权投资的形式，按照目前的相关规定，一旦钱宝网不能按时还款，也不用承担法律责任。

4. 其他领域业务

为了让用户和投资者投更多的钱，钱宝网还拓展了许多其他领域的业务。张小雷设立了包括上海翊珍艺术品有限公司、成都商肃软件科技有限公司、成都钱淼计算机科技有限公司等十大子公司，业务范围跨度大。

在钱宝网的宣传中，甘油、葡萄酒、共享单车成为它们宣传的重点。以其投资的葡萄酒厂为例，2013年，钱宝声称收购了吉林省柳河的一处葡萄酒庄园，宣传稿称："将其打造为集葡萄种植与酿造、葡萄酒文明与游览、智能化农业、养生度假采摘于一体的紫隆冰谷葡萄园区。"

钱宝网声称，根据冰酒销量及出厂价，该葡萄酒厂收益约为3.8亿元，由于钱宝网能够在销售环节加强产品的知名度，大大提升产品价值，预期将每年带来增量收益2.3亿元，年化收益率将达到40%。而在中国裁判文书网一份名为《原告江苏钱旺智能系统有限公司与被告通化紫隆山葡萄酒厂借款合同纠纷一案的民事判决书》的法律判决中，我们可以看到：紫龙山葡萄酒并不是钱宝网的产业，而是债务关系，且这一项葡萄酒投资一直处于亏损状态，营收远远弥补不了给投资者的高额承诺回报，但是钱宝的葡萄酒任务依然完结并发放了收益，可见钱宝网的收益来源并不是实业产出。

（三）钱宝网真实情况

1. 无实际运营项目——庞氏骗局

通过线上做任务、微商入驻、QBII股权投资等项目，钱宝网凭借最低40%以上的高额回报吸引了众多投资人的资金进入。但是这些项目和业务都让人看不到合理的盈利点，且需要交纳高额的保证金，这种模式很明显是庞氏骗局。

从2012年创立到2017年创始人落网，涉嫌非法集资的钱宝网存续5年才东窗事发，e租宝和大大集团掀起的诈骗风浪还未平息，但钱宝网的高额收益依然吸引着众多贪婪的趋利者和侥幸的投机者，可以看到，它能存续这么久，一部分原因是在常规庞氏资金吸纳的基础上，增加了任务收益等多元要素对其非法集资行为进行包装，再加上高收益引诱调动投资者兴趣，延长了庞氏骗局的周期。仅仅签到的年化收益率就高达18.25%，其他诸如抢红包、看广告、投实业的收益都高于40%，在巨额的利欲熏心下，许多投资者红着眼将保证金投入进去，而不去想最终支撑收益的来源为何。

在钱宝网的盈利模式背后，根本就没有所谓的商家广告投入或者产业项目支撑。

市面上"购买点击量"的业务，价格行情约为300元购买4000万点击量，而在钱宝网，交纳500元保证金看一条5分钟的广告，5天后，收益就可达2.25元，可以称得上是"天价"了。但一些在钱宝网做过推广的微商称，"钱宝网承诺开店只需要交纳2万元的抵押金，如果未来店不做了，这2万元可以退回。做推广不需要支付'宝粉'点击的费用，这笔钱是钱宝网出的"。

另外，钱宝网的QBII股权融资模式所投的企业，绝大多数都是张小雷名下的相关公司，按照天眼查的信息，张小雷是72家企业的法人代表，还投资了54家公司，其中，与钱宝网相关的企业至少有47家。此外，这54家企业中有16家注销或吊销。依靠着钱宝网的高收益吸储能力，张小雷四处扩张自己的公司规模，同时依靠着更多的公司企业，张小雷也能制造出更多吸储的融资项目。这些企业大部分的业务和盈利信息都不可查，投资者只因为选择了钱宝网平台便做出对这些公司的股权投资，而对公司背后的信息一无所知。

此外，钱宝网在危机言论方面也处理得很强硬。在"宝粉"社群中，曾有人质疑为何充值进钱宝网时被银行提示风险自付，结果直接被楼主禁言甚至删帖。钱宝网官方网页上，有着一行极为醒目的提示："用户不得在讨论区发布负面言论，违规操作将做封号处理，累计达到两次将永久冻结账号。"在对负面言论严格管理的同时，钱宝网也在不遗余力地做着宣传，在钱宝社群中，有一群被称为大咖的神秘人群，他们常常晒出自己的千亿元钱宝网资产（相当于人民币10万元左右），但他们的真实身份却鲜为人知，因此这些资产的真实性有待考证。

目前，钱宝网已建立多个"维权群"，由受害的"宝粉"组成，他们中的大多数都是通过朋友介绍才接触钱宝网的，初尝甜头后不仅自己逐渐加大投资，并拉更多的亲朋好友加入钱宝网，截至2016年2月底，钱宝网注册会员超过9100万人。超高额收益下，也有人明白其中的投机性和风险，但是一方面人们难以抵挡高额的收益，另一方面人们大都坚信自己不会是那个"接盘侠"。

2.官方行动和钱宝网的最后崩盘

其实关于钱宝网平台的非法吸储现象，有关部门和媒体很早之前就对投资者作出过警示。早在2012年，钱宝网就不断受到媒体质疑。

2015年3月，钱宝网爆发过一次兑付危机，在钱宝网大楼上，随处可见南京市政府悬挂的"警惕非法集资"的横幅。在2015年底，澎湃新闻网的记者了解到，南京市政府要求钱宝网迁徙注册地和公司总部，并要求媒体和相关公司从即日起取消和钱宝网、钱旺公司合作的宣传、投资、商务项目。第二年初，钱宝网发布声明称总部已搬迁至上海，官方解释是南京政府对创新的容忍度低。实际上，这是因为钱宝网涉嫌非法集资而遭到封杀。

2016年3月，《投资者报》也曾经对钱宝网"看广告做任务真能赚外快"等被投资者广泛质疑的高额返现现象进行采访报道并对风险进行了提示。

2017年4月，上海市杨浦区市场监督管理局将钱宝网列入经营异常名录，原因是其"无法通过登记的住所或者经营场所联系"。

随后，在2017年8月27日，微信公众号"金融人参考"撰文称，钱宝网上海总部已经搬空，同时，投资者发现，钱宝网APP已经无法提现。第二天，钱宝网发布声明称这是谣言，网站运作一切正常。

2017年12月27日早，南京市公安局官方微博"平安南京"发布公告称，钱宝网实际控制人张小雷因涉嫌违法犯罪于26日向当地警方投案自首。目前，警方正在开展调查。这场规模巨大的庞氏骗局，最终彻底坍塌。

钱宝网的诈骗行径可以说跟此前的e租宝如出一辙，只不过通过做任务、看广告、搞实业等方式对其非法集资行为进行了包装，得以延长了骗局周期和扩大了骗局的规模。如今，数量庞大的"宝粉"们开始以受害者身份，希望官方能够帮助他们找回资金。很多人都不禁询问，当时投资的保证金，还能回来吗？

三、钱宝网案例的启示

钱宝网控制人张小雷的自首，宣告了这一场庞氏骗局的终结，在这场涉案金额高达500亿元人民币、时间跨度长达5年的骗局里，人性中的贪婪被展现得淋漓尽致，与所有庞氏骗局一样，人们正是被高额的收益率所吸引，或是缺乏经验的投资者，或是看穿了本质仍旧参与的投机者，但是无论怎样，他们中的绝大多数人成为接过这场庞氏骗局的最后一棒的人，只有极少数幸运儿在事发之前脱身而出了。针对这一起案件，值得大家反思的地方很多。

（一）警惕高收益的投资项目

高收益对应高风险，这是投资者应该时刻牢记的道理。钱宝网数量众多的参与者，一开始面对钱宝网高达50%的年收益还存有一些怀疑，但是在亲朋好友的不断劝说之下，在看到"一年之内，靠投资钱宝在上海、南京买房"这样的投资神话后，就逐渐丧失了判断，成为这个资金盘中的一分子。但是如此高的收益率，显然是不合理的，指数爆炸的力量是非常巨大的，在年收益率50%的情况下，40年后就增长到1105万倍，50年后就增长到6.37亿倍，同样时间情况下，5%的年利率对应的增长分别是7倍和11倍。钱宝网存在的5年时间，按50%的年利率算，资金池也扩大了7.59倍，但是靠钱宝网的实业不可能支撑起这样的收益率，所谓的广告主也不可能支付如此高速增长的费用，这样的高收益率没有长期存在的可能性，也得不到法律的保护，这样的高收益有的只是巨大的风险。

骗局的策划者正是利用了人性中的贪婪，通过许诺高额的回报来吸引参与者，但是除了一句承诺并没有任何实实在在的可以保证实现这样高额收益的手段，毕竟通过正常的实业运营或者投资渠道是不可能让50%的收益率成为常态的。当投资者看到类似钱宝网这样提供超高受益的项目时，一定要保持警惕，当你贪图别人利息的时候，别人有可能正打算骗走你的本金。

（二）杜绝投机赌博心态

钱宝网这样的骗局依靠后来的资金支付前期的资金，逐渐被越来越多的人信任，然后把雪球滚大，但是当资金达到一定的体量，后续进入的资金量不足以偿付前期的本息时，整个资金盘就会崩掉，届时所有参与者的纸面财富都将化为乌有。

事实上，很多人也知道钱宝网是个骗局，却仍然抱着投机赌博的心态，期待自己不是最后的接盘侠。这种投机心态很冒险，抱着这种心态期望从骗局获利是非常危险的。第一，不是所有的庞氏骗局都能像钱宝网这样延续五年时间，不断扩大规模，让一部分人在前期的投机中收益巨大。很多骗局难以不断扩大规模而存在较长时间，这些骗局在投机者还没有收回本金的时候，资金盘就难以维系，骗局策划者就已经卷款逃跑了。第二，存在一些庞氏骗局能够不断扩大规模，保证前期投入的人收到利息甚至收回本金，但是没人能够预知到一个骗局是不是能够延续到保证高收益实现，所以贸然投机，即使是在一个骗局的初期，也可能出现如第一点所述的情况。第三，当你看到一个庞氏骗局的参与者已经从中收回了本金利息的时候，就证明这个游戏至少已经过了一个周期了，现在的规模已经比以前大了，但此时仍然无法预测骗局终止的时间，并且随着资金池越来越大，崩盘的可能性也越大，所以在此时还妄图投机，肯定是风险巨大。所以，综上所述，在面对庞氏骗局的时候，应该杜绝投机赌博的心态，毕竟资金池的情况只有骗局策划者本人最清楚，在信息不对称的情况下还妄想从中获利是不明智的。

（三）监管机构应该有更合理、更有效的监管政策和手段

钱宝网的创始人张小雷早在2003年就曾因为泛美亚事件入狱，对于此类有污点的人，在他们进入金融市场时，应该提高门槛，在他们进入金融市场以后，应该加大监察力度，在发现问题的早期就应该采取措施制止。

在这次案件中，尽管监管机构在事发前已经采取了一些行动，但最终还是没能阻止钱宝网一步一步卷款到500亿元。2015年11月底，钱宝网赞助了南京国际马拉松赛，但是其LOGO最终被主办方用白纸挡住，没能出现在公众视野中；2015年12月，南京市当地媒体接到相关部门发来的禁令，不允许与钱宝网、钱旺公司有任何宣传、投资、商务项目方面的合作；南京市有关部门也采取过措施，不允许钱宝网在南京开展线下业务，并要求钱宝网迁徙注册地和公司总部；2016年，监管部门甚至将警惕非法集

资的横幅挂到了钱宝网位于南京江宁区办公大楼的周围，但是这些措施始终不是阻止骗局继续的有效手段，在互联网金融日益发展的今天，原有的很多监管政策和手段已经难以满足要求了，钱宝网正是利用监管的空白和漏洞，将骗局延续了五年之久。当犯罪分子利用互联网金融开展庞氏骗局时，相关部门也应该采取更强有力的措施，在庞氏骗局还没有扩大之前，将其扼杀。

第五章 网络传销与非法集资

一、 传销的发展历史

（一）传销前传——直销与非法传销混合生长

传销是指组织者或者经营者发展人员，通过对被发展人员以其直接或者间接发展的人员数量或者销售业绩为依据计算和给付报酬，或者要求被发展人员以交纳一定费用为条件取得加入资格等方式牟取非法利益，扰乱经济秩序，影响社会稳定的行为[①]。

传销是一个拥有悠久历史的舶来品，发源于第二次世界大战后期的美国。1945年，美国哈佛大学的两位学生迪维斯和温安洛研究出"几何倍增学+人际口碑+直达送货"的运作模式，这一运作方式是以客户使用产品产生的口碑作为动力，让客户来帮助经销商宣传产品，而后分享一部分利润。在1960年后，美国有公司以多层次销售[②]为名非法敛财，被称为金字塔式销售[③]。这种模式20世纪70年代传入日本，被称为"老鼠会"[④]，这

[①] 参见《禁止传销条例》第一章第二条。

[②] 多层次销售模式是一种超过三层佣金支付方式的销售模式，也就是发展下线达到三个或三个以上层级的销售模式。

[③] 金字塔式销售又称层压式推销或金字塔式骗局（Pyramid scheme），在中国台湾别称"老鼠会"，是一种无法持久、永续经营（unsustainable）的商业销售运作模式，在大多数国家和地区的法律及案件中被视为非法商业行为。

[④] "老鼠会"是"金字塔销售计划"的俗称，就是变质的多层次传销。

种变质的多层次销售模式传入中国台湾后，曾引发"台家事件"①。1990年，雅芳作为第一家正式以直销申请注册的公司进入中国。此后，多层次销售在我国多地涌现，仅仅3年的时间，几乎所有省会城市、沿海大中城市都有传销活动。

总体而言，在1998年之前，非法传销一直游走在直销边缘，是一块法无禁止的灰色地带。直到1998年4月，国务院颁布了《关于禁止传销活动的通知》，对整个传销行业全面禁止、整顿。至此，中国大陆的传销迎来了分水岭，合法直销和非法传销从此走上了阳光大道和独木桥，而传销也悄然进入1.0时代。

（二）传销1.0——实物传销

1998年4月，国家发布传销禁令后，传销公司慢慢从明目张胆的公开活动转向了更为隐蔽的地下活动。1998年至2006年这一阶段为传销1.0时代。传销事件集中发生在农村、欠发达地区。参与人群以20岁左右的青年为主，包括大学毕业生、青年农民工等。这一时期的传销打着"直销""人际网络"等旗号，采用控制人身自由（吃大锅饭、睡地铺、控制手机等）、使用暴力胁迫（非法拘禁等）、进行高强度的精神洗脑（集中上课培训等）等手段，来达到发展下线人员、获取非法利益的目的。商业模式是每个人先交纳入会费购买产品成为会员，以后每介绍来一个新会员，公司都有奖金作为提成。传销组织的负责人们会按比例提取新会员的人头费，只不过不同等级的负责人对应的提取金额不同，等级越高的负责人能够得到更多的钱。在传销组织内部，成为总代理往往就意味着成为身价百万的人。这个时期，传销组织借销售化妆品、保健品等产品（多为假冒伪劣产品、三无产品），根据青年人群的心理需求，设置讲课内容，发展下线。

---

① 20世纪80年代发生了"台家事件"。台家公司以销售清洁剂为主，打着多层次传销的旗号销售产品。由于台家的迅速成长是靠拉人头而非销售商品，许多人入会后发觉销售不易，退货更难，以致存货严重积压，财物受损，因而控告台家公司诈骗，由此爆发了"台家事件"。

总体而言，1.0时代传销实质上是把商品实物当作传销道具，特点是"拉人头""交纳入门费"。商业模式严重背离了销售商品的宗旨，即用资源满足客户需求。随着2005年9月《直销管理条例》和《禁止传销条例》的正式出台，传销1.0时代逐渐升级演变为2.0版本。

（三）传销2.0——依靠资本运作的概念传销

2008年至2013年这一阶段为传销2.0时代。传销范围从农村、欠发达的地区向大都市、主城区、城市新区、大学校园扩散。参与者大多三四十岁，有独立经济能力，其中不乏高收入、高学历等社会中坚阶层，投资金额也较之前更大。这一时期，不法传销组织往往打着"国家项目""政府扶持""阳光工程""民间互助理财"等旗号，用"项目实际是由中央操盘，在地方政府布局，暗中实施的一个国家秘密政策""国家领导人秘密提出允许存在，限制发展，严格管理，低调宣传"等话语骗取参与者信任，以考察项目、包工程、旅游探亲为名，把新人骗到外地，一对一洗脑。参与者来去自由，有较好的吃住条件，不再有传统的人身禁锢和恶劣的吃住条件。其商业模式简单说，就是入伙时先交钱购买份额，入伙后一段时间，比如次月，"组织"会退一部分钱，之后需要发展下线及下下线，当发展到一定规模的人数时，就可晋升为老总，开始每月拿"工资"，直到拿满一定数额，就从"组织"里出局，完成"资本运作"。

由此可见，2.0时代的传销不再把商品实物当作传销道具，其进步在于从实物演化为概念，脱离了依靠实物的低级玩法，进入到概念包装的崭新时代，概念传销就像是精神鸦片，相对于实物传销更胜一筹。

（四）传销3.0——消费人情的网络传销

随着互联网运用的普及，传销呈现"互联网+"的特点，传销以互联网或移动互联网为媒介开展。2012年至今这一阶段为传销3.0时代。传销地域范围拓展到全国各个地区。参与者可能涉及拥有手机或者电脑客户端的所有人群，几乎涵盖各个阶层。这一时期的传销投资金额从几百元到几万元，甚至几十万元、上百万元不等。其商业模式简单说，就是传销组织设计网络系统，用户完成系统注册并交纳费用激活账户后，再交纳会员年费，就能"开局拉人"。

作为传统传销的1.0实物传销和2.0概念传销，其成功发展下线的关键在于面对面交流，传销人员需要场所和专门的培训讲师来洗脑发展新人。而互联网给传销带来了新的土壤，传销人员只需借助网络这一媒介，动动手指就能把已经编辑好的项目资料通过微信、微博等平台发给身边的每个人，几乎使洗脑随时随地进行。此外，传销组织开设的网站和平台使传销人员能方便地把资金转入转出。互联网连接了人，而传销恰恰是消费人情的，网络传销相比传统传销而言，不仅降低了场所成本和培训成本，而且同样达到了激发新人对金钱、对所谓的成功的欲望的目的，因此传销借助互联网的便利性更轻易地发展下线和洗脑。

传销的发展历史详见表2-5-1。

表2-5-1　　　　　　　　　　　　传销的发展历史

阶段	特点	时间	地区	参与人群	旗号	手段
传销1.0	实物传销	1998—2006年	集中发生在农村、欠发达地区	以20岁左右的青年为主，包括大学毕业生、青年农民工等	"直销""人际网络"	控制人身自由、暴力胁迫、高强度的精神洗脑
传销2.0	概念传销	2008—2013年	向大都市、主城区、城市新区、大学校园扩散	大多三四十岁，有独立经济能力，其中不乏高收入、高学历等社会中坚阶层	"国家项目""政府扶持""阳光工程""民间互助理财"	参与者来去自由，有较好的吃住条件
传销3.0	网络传销	2012年至今	拓展到全国各个地区	拥有手机或者电脑客户端的所有人群，几乎涵盖各个阶层	"金融互助""爱心慈善""金融创新""区块链技术""电子商务"	网络媒介：微信、微博等平台

资料来源：根据网络资料整理。

二、网络传销的特点和分类

网络传销是指传销网站的创设者、运营者或网络传销的组织者、领导者以网络作为传销工具，以短期获得巨额利益为传销诱饵，以上线成员发展其他人员为传播方式，并以被发展的其他人员数量为计算和给付报酬的依据，借之以实现非法牟取利益的目的，最终致使经济秩序被扰乱，社会稳定被影响的犯罪行为[①]。网络传销实质上是互联网金融环境下的一种非法集资行为。传销组织未经批准，违反法律、法规，通过不正当的渠道，打着"金融互助""爱心慈善"等幌子，向社会公众或者集体募集资金。网络传销从实施方式和收益方式上看，具备非法集资和传销的双重特征。

（一）网络传销的特点

网络传销的特点可大致概括为传销标的多样化、组织发展隐蔽化、运作方式远程化、活动管理高效化、社会危害乘数化。

1. 传销标的多样化

网络传销标的物的类型趋于多样化，除了化妆品、保健品等传统实物产品外，还出现了虚拟概念，不法分子打着"虚拟货币""金融互助""微商""爱心慈善"等幌子从事网络传销犯罪，大多以"金融创新"为噱头，扭曲运用"区块链技术""数字资产""电子商务""微信营销"等概念混淆视听，引人受骗。由于大多数参与者不明真相和抵挡不住高额回报的诱惑，很难识破组织者的骗局，被蒙在鼓里，从而上当受骗。

2. 组织发展隐蔽化

网络传销通过互联网完成相关信息的发布和接收。例如，通过网站平台、电子邮件、聊天工具等发展新会员和完成上下线之间的联系；传销人员和传销组织通过电子银行交纳和吸收会费、获得和发放"奖金"。上下线不需要面对面完成这些活动，而且使用的都是网名，会员之间根本没有联系，这种"点对点"的联系大大增强了网络传销的隐蔽性。

---

① 刘毅峰.试论网络传销犯罪的现状、特点及侦防对策 [J].江西警察学院学报，2017（3）.

3. 运作方式远程化

互联网让时间和空间距离死亡，网络传销以所有上网用户为传销对象，彻底突破了地域和国界的限制。网络传销组织往往将网站服务器设在境外，向境内外的网民推行并且对各组织者、参与者进行远程管理，这无疑扩大了传播的范围。而境内传销组织者和参与者则利用网络跨区域发展会员。

4. 活动管理高效化

在网络技术的支持下，网络传销的内部管理严密有序：各种加密手段设置不同的登录入口；内部人员管理采用"金字塔"模式；会员可通过平台查询到积分、工资、会员发展组织图；活动的公告、最新动态等情况通过多种多样的沟通联络工具进行发布；使用网上银行实现资金交易自动化；利用论坛、博客等交流平台实现推广传销的目的。

5. 社会危害乘数化

目前，网络传销行为高发，借助互联网的特性，网络传销组织扩张更快，传销人员数量庞大，这些网络传销非法集资活动带来了大量的社会问题。网络传销非法集资有着传统非法集资的破坏性，并且这种破坏性的社会危害得到了放大，极大地破坏了社会治安稳定。

（二）网络传销的分类

近年来，网络传销总结起来主要有两大类：金融互助式网络传销和消费返利式网络传销。

1. 金融互助式网络传销

金融互助式的网络传销已是网络传销的主流，金融互助式网络传销即打着"金融互助"的名义，借助微传销①平台来非法获利。《关于新型网络传销的报告》披露，目前国内至少一半以上的传销为微传销，保守估计，打着"金融互助"名义的微传销平台数以百计，参与人数则数以百万

---

① 微传销就是以销售或推销货品为名义，通过诱惑、拉人入会、收取入会费为主要盈利途径的行为。微传销利用微信、APP 等载体，打破区域限制，实现可移动性的销售渠道。

计，参与人员千万人以上，参与金额达数千亿元。金融互助式网络传销借助于移动端即智能手机端通过微信群、手机QQ、QQ语音聊天室、陌陌、公众号等社交平台疯狂发展。

典型案例是MMM金融互助平台。MMM金融互助平台是一个金融互助式平台，打着"普通人的社区，互相之间无私帮助"的旗号，让会员利用平台匹配功能主动转账。玩家在该平台注册会员后，平台上会显示"提出帮助"和"得到帮助"，系统会给"提出帮助"（付钱方）与"得到帮助"（得钱方）实行金额对等的匹配。玩家点击"提出帮助"后，网页上就会弹出一个风险提示的对话框，让玩家投入一笔60～60000元的资金，待平台为玩家自动匹配出"得到帮助"对象后，玩家需主动汇款给得钱方账号，实行互助。只要在平台上操作，人民币就自动转为平台规定的马夫罗币（虚拟币）实行交易。从第15天起，玩家可点击"得到帮助"，取出此前投入的资金，加上15%的收益。但是第15天，当玩家可以得到帮助的时候，"得到帮助"按键已按不了，只有"提出帮助"可以选择，此时互助平台被冻结，即玩家本金被冻结。[①]

这种网络传销方式多是用人民币购买平台规定的虚拟币如百川币、SMI、MBI、马克币、贝塔币、暗黑币等来实行交易。这些所谓虚拟货币都是以高额的回报引诱投资者，同时宣称是自己金融创新，进一步麻痹投资者。

2. 消费返利式网络传销

消费返利式网络传销是一些购物网站的商家打着"消费返利""购物返本""消费也是赚钱"的标语，承诺当消费者达到一定的额度后，能够得到高额的现金或者代金券返还，看似是促销，实则是传销。这种模式的实质是用返利持续吸引消费者投入资金，不断用后来者的资金作为返还前期入场的消费者，并逐渐把雪球滚大，由于这种销售模式本身缺乏盈利能力，一旦缺乏新的增量资金，就面临崩盘、跑路的可能。

---

① 搜狐. 小心受骗！"金融互助"已成网络传销主流 [EB/OL]. [2107-11-01]. https：//www.sohu. com/a/106835771_115325.

112

例如，"众和乐购"案件中，实体店商家加盟众和乐购后，平台会给商家带来会员消费者，商家向会员每销售1000元金额的产品，需上交16%的佣金给平台。这16%就是返利来源。众和乐购承诺，每天拿出10%左右的佣金给累计消费满1000元的会员积分，会员可以每天得到约2个积分的平台返利，积分可以用来向商家购物。理论上，500天就可以实现免费购物。商家拿到积分后，可以向众和乐购提取现金。表面上看，这是商家、消费者和平台三赢的局面。实际上，大量商家却将其当作投资渠道。只需用亲戚朋友以消费者名义注册会员，在未产生交易的情况下，将160元的佣金直接交给平台，就会每天获得返利的2个积分，80天就回本，再往后便能实现盈利，160天翻番。就是这样一个投资诱惑，让各地区域代理拉拢了大量商家和一级代理。

事实上，这种模式就是用后进场的消费者投入的资金来支付前期消费者的返利，是典型的庞氏骗局。由于大量虚单的存在，这种模式无异于"十个瓶子八个盖"，肯定迟早要出问题。当平台突然宣布不再兑换任何积分时，商家现金就会变为积分。

（三）传统传销与网络传销的共性与区别

1. 传统传销与网络传销的共性

网络传销与传统传销没有本质的区别。无论是传统传销还是网络传销，都同时具备以下三个特征：需要交纳费用获得入门资格、上下线之间组成层级关系、实行层层返利。无论传销的标的物是护肤品、保健品等实物，还是国家项目、慈善名目等概念，都缺乏实际的市场支撑，完全忽视产品的品质和市场需要。传销不仅破坏社会治安稳定，而且还引发大量复杂的社会问题。

2. 传统传销与网络传销的区别

网络传销不仅包括了实物传销的特点，还具有一些新的特征。网络的开放性、虚拟性、便捷性、人机之间的交互性使网络传销比传统传销涉及地域更广，涉及人员更多，涉及资金更庞大，蔓延速度更快，社会危害更严重，隐蔽性和欺骗性更强，传播成本更低。传销信息依托互联网，借助微博、微信、QQ等社交平台，使营销空间有一定的私密性，使网络传销容易成为监管的灰色地带。

三、善心汇案例分析

（一）善心汇基本情况

善心汇文化产业集团（以下简称善心汇）创办于2013年，未注册，集团总部是海南善心汇文化传播有限公司（以下简称海南善心汇），运营中心是深圳市善心汇文化传播有限公司（以下简称深圳善心汇）。从2016年5月开始，张天明组织深圳善心汇、海南善心汇，对外打出"扶贫济困、均富共生，打造立体化社会经济模式"的口号，并以精准扶贫的名义，搭建起"善心汇众扶互生大系统"平台，通过许诺超过银行利息上百倍的现金返利，吸引群众注册，成为善心汇会员，不到一年的时间，就有500余万名群众成为善心汇的会员。

1.深圳善心汇情况

深圳善心汇于2013年5月24日在深圳市市场监督管理局注册登记，法定代表人为张天明。成立之初，注册资本只有100万元，股东分别为张天明、王辉，后来为了证明公司资金雄厚，该公司于2016年10月28日将公司注册资本变更为1000万元，又于2017年2月10日将注册资本变更为5000万元，其中张天明出资比例为99.902%。单从注册资本看，这是一家资金实力雄厚的公司，然而从2016年年报来看，张天明和王辉的实缴出资额均为0元[1]，即张天明和王辉承诺出资5000万元，实际上却1分没出，且实缴出资时间在2023年5月24日。

深圳善心汇经营范围包括文化活动策划、会议策划、展览展示策划、企业形象策划、市场营销策划、从事广告业务、企业管理咨询、健康养生管理咨询（不含医疗行为）、保健按摩、经营电子商务、国内贸易、工艺

---

① 深圳自2013年8月开展商事登记制度改革，公司注册由实缴制改为认缴制，即注册时不再查看验资证明，承诺出资多少登记多少。

美术品、文化用品、文化艺术咨询服务、各种珠宝、玉石、首饰品、工艺礼品的设计与经营、影视节目制作发行。2016年12月13日审批项目通过摄制电影许可证、电影发行经营许可证及《建设项目环境影响审查批复》。其中值得注意的是，其经营范围并无从事金融业务的资质，也未获得金融许可。但其却假借慈善之名，吸收公众存款，并给予30%~50%的静态收益。根据《金融许可证管理办法》《银行业监督管理法》和《刑法》的相关规定，善心汇的行为涉嫌非法集资，非法吸收公众存款。

2017年1月至4月，深圳善心汇属地梅林公安派出所、梅林工商所接到全国多地、多起群众的举报、投诉，称深圳善心汇涉嫌传销，要求尽快查处。2017年3月28日，福田区市场监督管理局经核查作出《载入经营异常状态决定书》（深市监福异决字〔2017〕062号），将该企业列入经营异常名录。2017年4月6日，因大量网络文章揭发，深圳市福田区富国工业区管理处已要求拆除善心汇相关宣传标识。

2.海南善心汇情况

海南善心汇于2016年5月27日在保亭黎族苗族自治县工商行政管理局注册登记，法定代表人为刘力华，注册资本1000万元，股东分别为张天明持股95%、杨志勇持股3%、刘力华持股2%。与深圳善心汇相同，海南善心汇3位股东实缴出资额也均为0。公司经营范围包括会议活动策划、文化活动策划、市场营销销售策划、广告策划、林业种植养护，观光农业、地产运营开发，同样不具备从事金融业务的资质。除此之外，公司对外投资海南同明远景房地产营销置业有限公司，疑似实际控制人为张天明，而股东实缴出资额同样为0。

据调查，2016年9月6日至9月23日，保亭县工商局共接到海南省工商局"12315"指挥中心转来的关于反映海南善心汇涉嫌违法活动的投诉举报2起、电话反映11起，经调查于2016年9月23日形成专门调查报告，认定海南善心汇涉嫌非法集资与传销、欺诈等违法行为，并于2016年9月30日将涉嫌非法集资犯罪的有关线索移送保亭县公安局。

3.昆明善心汇情况

昆明善心汇文化传播有限公司（以下简称昆明善心汇），于2017年3

月9日在昆明市工商行政管理局注册登记，法定代表人为张天明，注册资本1亿元，后变更为10亿元（认缴），股东分别为张天明持股95%、柳育辰持股5%。尽管公司年报未出，经推断认为股东实缴资本均为0元。

昆明善心汇下设昆明善心汇酒店管理有限公司、昆明安能洁科技有限公司、昆明善之旅旅游服务有限公司等子公司，同时收购了昆明同创互联网金融服务有限公司，并购同创大厦作为办公大楼，公司经营范围主要是承办会议及商品展览展示活动、组织文化艺术交流活动，以及设计、制作、代理、发布国内各类广告等，经营范围不涉及资本市场业务。

4. 初步结论

分析可知：第一，善心汇关联公司注册资本均为认缴出资，实缴资本为0，不论公司获利还是会员获利，都依赖于会员和资金的不断增加。第二，善心汇的活动都是在线上完成，涉及人数多达上百万人，资金往来情况复杂。第三，根据广东、海南相关监管部门的初步认定，善心汇涉嫌非法集资、网络传销，当地公安机关已介入调查。第四，昆明善心汇相关企业与深圳善心汇、海南善心汇关联性很强，三地实际控制人均为张天明。

2017年9月，经湖南省永州市人民检察院批准，永州市公安机关以涉嫌组织、领导传销活动罪，依法对深圳善心汇法定代表人张天明等多名主要犯罪嫌疑人执行逮捕。同时，经检察机关批准，全国多地公安机关也以涉嫌组织、领导传销活动等罪名对一批犯罪嫌疑人依法执行逮捕。目前，已查明张天明等人非法获利22亿余元。

（二）善心汇运营模式

互联网时代，使传销的门槛更低，注册成为善心汇会员，只需要花300元买一个善种子就能激活会员账户，开始在善心汇的活动。善心汇分为特困社区、贫困社区、小康社区、富人社区、德善社区5个社区等级，而对于这里的会员，一共有三种赚钱方式。

1. 静态收益——"布施"和"受助"

在善心汇中，打款行为称为"布施"，收款行为称为"受助"。在社区内投资，排单打款时需要用到至少1个善心币，善心币价格为100元/个；

然后系统按照排队时间安排"布施"，打款成功后，进入"受助"队列，等待收款。

特困社区主要针对丧失行为能力或有残疾证明的人群，该社区的投资额度为1000~3000元，每轮收益率为50%，排队打款和收款时间会酌情提前；贫困社区的投资额度也是1000~3000元，排单打款时需要消耗1个善心币，该社区没有"门槛"限制，每轮收益率为30%，排队"布施"时间1~10天，打款成功后，进入感恩受助队列，1~7天匹配收款，受益为300~900元；富人社区的投资额度为5万~30万元，每轮收益率为10%，打款等待期和收款等待期加一起，最长为45天，收益为5.5万~33万元（见表2-5-2）。

表2-5-2　　　　　　　　善心汇投资收益模式

	50% 特困区	30% 贫困区	20% 小康区	10% 富人区	5% 德善区
投资额度	1000~3000元	1000~3000元	1万~3万元	5万~30万元	50万~1000万元
收益	500~1500元	300~900元	2000~6000元	0.5万~3万元	协定
打款等待期	1~7天	1~10天	3~15天	5~30天	30~60天
收款等待期	7~10天	7~10天	9~12天	15~45天	15~60天
费用	100元	100元	200元	300元	500元

资料来源：根据网络资料整理。

以贫困社区为例，在贫困社区"布施"3000元，半个月后就可以得到3900元的所谓"感恩回报"，扣除入会费300元和购买善心币的100元，可以获利400元；一个月差不多能排上两次单，就能获利800元。如果一个家庭有5个人是善心汇会员，一个月就能获利4000元，这对于农村地区或贫困家庭，就属于脱贫了。

2.动态收益——发展下线

推荐朋友加入善心汇，可以获得系统独有的跳级制推荐奖，第一代拿6%的推荐奖，第三代拿4%的推荐奖，这个设置鼓励会员不断拉人加入。比如，甲推荐乙进来，甲可以拿乙每次排单的6%，以投资一单3000元为例，推荐人甲可以获得180元的推荐奖，若一个月排两单，就可以赚取360

元；乙再拉丙加入，甲没有推荐奖，乙可以拿丙的6%；丙再发展丁加入，乙没有推荐奖，甲可以拿丁每次排单的4%。不过，推荐奖并不能全部提现，只能提取一半，另一半奖金转为善心币，用于旗下酒店、商城、旅游景点等消费。

3. 做"功德主"——倒卖种子赚差价

直推10个人就可以做"功德主"，向公司交5万元后，购买善种子和善心币可以打七折：每个人注册入会时需要交300元获赠一个善种子，排单时需要花100元购买善心币，而成为"功德主"可以用210元善种子、70元善心币的价格购买到，再按全价收取会员费用，赚取中间的差价。

（三）善心汇真实情况

1. 善心汇并无实际运营项目

善心汇宣称盈利来源于自有的黄花梨生产基地和购物网站，但实际上都是欺骗群众的，用新会员的钱去填补老会员的窟窿，实际上就是庞氏骗局。

善心汇在宣传资料中一直表示自己有2000亩的海南黄花梨种植基地，在海南电视台的节目中，最终核实，功德林那块土地只有6亩，心灵庄园和黄花梨培训基地分别是178亩和33.7亩，加起来只有217.7亩，与其宣传差了将近10倍。而登录深圳市慧尚品爱购商城可以发现，网站页面很简单，里面根本没有设置购买的板块，购物网站形同虚设。

2. 崩盘只不过是时间问题

像善心汇这种金字塔骗局，只是一个人的钱转移到了另一个人的手里，中间没有实际的投资资产或产品的行为，"布施"的钱根本不能产生收益，这样的资金链极为脆弱，崩盘只不过是时间问题。很多人实际上已经意识到了这里的高风险，只不过为了高额收益，每个人都侥幸地赌自己不会成为"接盘侠"，于是善心汇就有了源源不断的会员，入局的人很难脱身，而更多的人则想在崩盘之前大捞一笔。

除此之外，善心汇设计将收益的部分换成善心币，会员可以用善心币去购买商城的产品，而商城里卖的东西自然都是高价的伪劣产品，拿善心汇手机举例，花4498元可以买一部手机加2个善种子，其中500元可以使用善心币抵扣，而即使是3998元买这部手机，也是不值的，销量却还有7800部。本质上，这也是它们拖延崩盘的一大手段。

3.张天明台前做慈善，背后个人敛财

在善心汇成员看来，张天明是一个慈善家、一个有社会责任感的企业负责人。在善心汇，张天明经常给公司管理人员上课培训；在善心汇专门为张天明做的宣传片中，张天明着一身唐装，举止得体、热心慈善，在员工和会员眼里，他是一个大师级的人物，而这些形象都是精心包装的。

首先，张天明会策划一些社会类的活动，比如说慈善捐款，有些社会媒体的采访，提高自己和善心汇平台的曝光度，让别人可以持续加入。其次，他会去全国各地考察一些贫困的农村，收购或入股一些濒临倒闭的农产品的企业。张天明不仅包装自己的慈善家形象，还要求善心汇的成员在外面向一些残疾人捐款，并保留好送钱、送物的视频，作为公司的宣传资料。最后，他还通过投资拍摄电影、承办演唱会等方式来提高善心汇的影响力。

在对外推广善心汇平台知名度的同时，张天明把会员注册的激活码包装成善种子，每个善种子300元，当善心汇的成员达到500多万名时，仅仅是售卖善种子一项，张天明的个人获利就数以亿元计。而善心汇平台获取钱财的手段，不仅是售卖善种子，还会售卖善心币、收取解冻费等，这些钱款绝大部分都由会员直接打款至张天明的多个个人银行账户，由其个人实际控制，张天明从会员身上抽头获利，高达十几亿元。用于所谓扶贫济困的资金，微乎其微。

四、MMM非法资金互助平台

（一）MMM资金互助平台的简介

MMM资金互助平台，也称作3M平台（MMM平台），全称是马夫罗季全球储蓄罐（Mavrodi Mondial Moneybox）。在其官网上，它这样定义自己："……以打破金融家控制，创建普通人的社区，无私互相帮助，是一种互助全球基金……注意！MMM不是银行，MMM不收您的钱，MMM不是网上高收益投资项目。MMM是一个互相帮助的社区（见图2-5-1）。"

资料来源：搜狐，http://money.sohu.com/20160427/n446374031.shtml。

图2-5-1　MMM平台网站首页

MMM平台来源于俄罗斯。20世纪90年代初，莫斯科的一个默默无闻的程序员谢尔盖·马夫罗季和他的两个兄弟，以家族姓氏首字母为名，创办MMM股份公司，注册资金均为10万卢布（当时约为1000美元）。当时的俄罗斯由于苏联解体的影响，渴望着经济复苏，马夫罗季正是利用当时大家的心理，打着投资石油的名义，以高投资回报为诱饵，来吸引投资者，试图建立起金额最大的投资基金。有数百万名的俄罗斯人曾参与到这个MMM金融金字塔。此项目仅存3年的时间，于1997年崩溃，谢尔盖·马夫罗季也因此坐了四年的大牢。2007年，马夫罗季出狱，并按原有模式重操旧业，欺骗国内外民众。2013年，MMM平台在印度登陆，但没过多久就被印度官方查封。

2015年5月，MMM平台进入中国，在短短几个月内获得超高人气。MMM平台中国区的网站简陋无比，没有办公地点，也没有营业执照，连网站备案号都没有，所有的业务都是在QQ群、微信群之类的地方进行的。

2015年11月，银监会等部门联合发布了《以"金融互助"名义投资获取高额收益风险预警提示》。其中，关于"××金融互助平台""××金融互助社区""××金融互助理财"这类基金特点的描述，完全符合MMM平台的特征。从2015年12月中旬开始，MMM平台庞氏骗局系统在中国本来已经崩盘了，但是2016年它通过微信、微博等又死灰复燃。2016年1月，人民银行网站再度挂出有关"MMM金融互助社区"的风险提示，提示明确提出"MMM金融互助社区"具有非法集资、传销的特征。

MMM平台的奖金制度有三项：分别是静态收益、推荐奖和管理奖。

静态收益是指投资额为60元~6万元的成员，能够在一个月内得到30%的固定收益，相当于一天1%。但是，按MMM平台的介绍，会员参与投资必须以马夫罗币这种网站内部货币为载体，可购买额度为60元~6万元，买入马夫罗币被称为"提供帮助"，卖出马夫罗币获利则被称为"得到帮助"。买入马夫罗币后，要经过15天的冻结期才能卖出马夫罗币套现，期限为1~14天。在冻结和等待出售期内，每天都有1%的利息，这也是MMM平台宣称能实现月收益30%的原因。

参与者发展他人加入可获得推荐奖（下线投资额的10%）、管理奖以及发展下线的管理奖：第一代5%、第二代3%、第三代1%、第四代0.25%，以此激励模式鼓励会员不断发展更多的下线。[①]

（二）MMM平台与善心汇的共性

善心汇和MMM平台都是假借普通人互相帮助的理由，进行网上的非法集资活动。二者均主要用高收益投资来吸引民众加入，并将这种实际上是网上非法集资的行为包装成普通人之间的互相帮助。

二者还通过推荐奖来鼓励已加入的成员发展下线，每发展一个下线，能够得到其发展下线的投资额的一定比例作为奖励。发展下线这一点实际上就是传销的主要特点。

---

① 百度.十大非法集资案件，数千亿资产瞬间蒸发[EB/OL]. [2018-06-01]. https://baijiahao.baidu.com/s?id=1594168680296647371&wfr=spider&for=pc.

（三）善心汇在MMM平台上的发展

善心汇创始者张天明在采访中承认，他是受到了MMM平台等的启发，创立了善心汇，并且他在MMM平台奖金制度的基础上，加以发展。

首先，MMM平台的投资必须通过马夫罗币这种网站内部货币进行，收益和奖励也是得到马夫罗币，将所获得的收益转为钱，则需要通过一个提现过程，也就是"得到帮助"。不过在中国区的MMM平台官网上，打款和提现教程中都选择了比特币作为投资。而善心汇，主要是通过人民币进行"布施""受助"，但是加入善心汇要先交300元的会费，并且每次投资都要100元的手续费。

其次，MMM平台只是一个统一的收益率30%，而善心汇在投资收益这一部分根据投资额和收益率，划分成五个部分，每个部分有不同的投资额度范围的规定，也有不同的收益率，善心汇成员可以根据自己的需求进行选择。

关于推荐奖的设计，善心汇也别出心裁地创造了跳级制度，奇数下层能有奖励，偶数层则没有，这也是在鼓励成员们积极纵向增加自己的下线集团。

善心汇还开发了一个新的项目——"功德主"，这个项目利用了人们都希望打折扣的心理，鼓励成员积极横向发展下线，从而达到扩张成员规模的目的。

五、合法网络互助平台运作与收关

为了更好地分析网络传销的组织结构和运营模式，我们将网络传销与同样基于网络互助形式的网络互助平台进行比较，探讨网络互助的合法形式。

网络互助平台作为一个新兴行业，快速发展的背后，其定位、发展和监管却仍在讨论之中。2016年12月16日，中国人民大学中国保险研究所主办的"首届网络互助高端论坛"召开，初步定义了网络互助。"网络互助不是保险，也不是慈善，未来有望发展成为国家多层次社会保障体系的补充。"论坛最后，水滴互助、夸克联盟、抗癌公社等9家网络互助平台共同签署了行业自律公约，致力于共同推动网络互助行业健康可持续发展。

1. 简介

网络互助平台是由互联网公司或科技公司基于互联网渠道推出的互助社群，主要包括重大疾病、意外事故等网络互助计划，部分还涉及家庭财产风险、车辆风险等领域。推出互助计划的公司招募会员、收取费用，如果会员发生约定的重大疾病、意外事故等风险事件，由所有会员分摊或再向会员募集互助金。

为了深入探究网络互助平台的组织形式和运营模式，以下选取了目前市场上主流的7家网络互助平台进行分析，分别是水滴互助、抗癌公社、e互助、夸克联盟、壁虎互助、17互助和斑马社，具体情况如表2-5-3所示。

现存的网络互助平台基本上大同小异，推出的互助计划范围主要涉及重大疾病和意外事故。行业优势上，各平台均强调自身的平台可靠、资金安全、事件真实和流程透明，并应保监会的要求（保监发改〔2016〕241号），各平台在官方网站或微信平台都有醒目的风险提示："互助不是保险，加入互助社群是单向的捐赠或捐助行为，不能预期获得确定的风险保障。"

表2-5-3　　　　　　　　主要网络互助平台简介

互助平台	公司名称	成立日期	推出计划	累计人数（人）	互助案例（起）	互助金额（万元）	融资
水滴互助	北京纵情向前科技有限公司	2013年8月2日	中青年抗癌计划、中老年抗癌计划、少儿健康互助计划、综合意外互助计划	5315815	201	2337.3	腾讯、IDG资本、高榕资本、真格基金等联合投资5000万元
抗癌公社（康爱公社）	众保（北京）科技有限公司	2014年10月22日	大病互助社群、医疗报销互助社群、意外互助社群	1456431	164	244.3	策源创投投资50万美元
e互助	深圳点烧信息科技有限公司	2014年4月2日	抗癌互助计划、意外互助计划、抗癌互助计划（少儿版）	2331003	554	8914.7	泛华金融控股集团发起

续表

互助平台	公司名称	成立日期	推出计划	累计人数（人）	互助案例（起）	互助金额（万元）	融资
夸克联盟	上海卓保网络科技有限公司	2014年7月21日	大病互助基金、意外互助基金、抗癌医疗互助基金、育婴安康互助基金、扶老太太爱心互助基金	1493347	499	5420.3	顺为资本、杉杉创投等联合投资1000万元
壁虎互助	北京必互科技有限公司	2015年2月2日	全民互助计划、互助伴侣、家财互助计划	—	275	—	未透露
17互助	杭州募协网络技术有限公司	2016年4月15日	全民重疾意外互助社群、80后孕妈婴宝互助计划	1260025	—	—	经纬创投、执一资本、晨兴资本、李治国等联合投资5000万元
斑马社	北京青云互帮网络科技有限公司	2015年9月14日	个性化互助产品设计	—	—	—	陶石资本、峰谷资本等联合投资500万元

资料来源：根据企查查、网络资料整理。

2. 运营方式

除某些互助平台推出的个性化互助产品外，其他互助计划的运营方式基本一致，具体流程如图2-5-2所示。我们将其总结为三个环节，即加入计划、事件核实与支付和退出计划。

（1）加入计划。用户根据自身的需求，选择重大疾病类、意外事故类或其他互助计划注册，即可成为会员、加入计划。各平台的主要区别在于是否预先交纳互助金，以抗癌公社为代表的平台无须预交，但这部分平台只占极少数，大多数互助平台需要交纳9元或10元的预付金，有些平台的预付金更高，如17互助需交49元。部分平台如夸克联盟，采取差别定价，不同的互助计划预付金不等。而像斑马社这类平台则提供个性化的互助产品设计和系统支持。

通常情况下，为了保证资金的安全，资金明细定期向全员公示，网络平台会将筹集的资金交由第三方银行托管。另外，也有与公募基金合作的，如17互助与中国红十字基金会合作。

一般加入互助计划后，需要经过一段等待期或观察期。大多数平台的观察期为180天或360天。

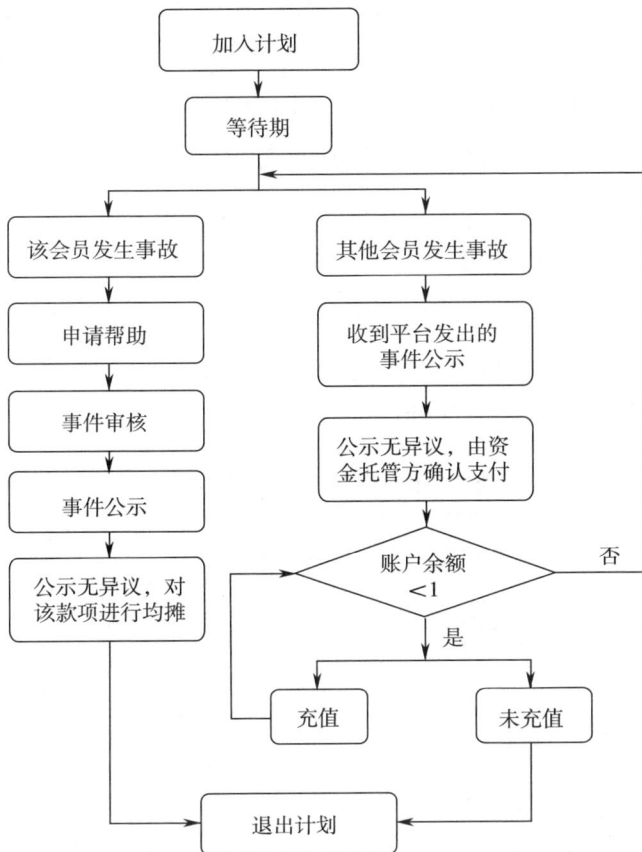

图2-5-2　网络互助平台的运营方式

（2）事件核实与支付。平台一旦发生互助事件，可分为以下两类：一是会员自身发生事故申请互助，由商保通、中瑞国际等第三方公估机构负责审核事件的真实性，确定真实后进行公示，若在公示期间无异议，即可对该款项进行均摊。收取预付金的互助平台从所筹集资金中提取，未收取预付金的则向会员筹集互助金。

二是其他会员发生事故时，会员会收到平台发出的事件公示。若无异议，公示期后，由资金托管方确认支付。由于互助金的给付由所有会员分摊，当会员的余额低于某一额度，或平台要求补充资金时，会员需要再次充值，否则就会退出计划。

互助金的支付主要按人数均摊，人数越多，每人分摊的金额越低（大多数平台设立的上限是3元）。有的平台根据年龄或保障内容，制定了不同的支付规则，但无论哪种赔付方式，用户规模都是关键。

（3）退出计划。目前，大多数网络互助平台均宣称可以随时主动退出。

3. 与互助式网络传销的区别

互助式网络传销与网络互助平台虽然都是基于互联网平台的集资活动，但除此之外，二者截然不同。我们从入会条件、入会的目的、平台特点、资金管理和监管五个方面进行比较分析。

表2-5-4　　　　　网络传销与网络互助平台的共同点和不同点

		互助式网络传销	网络互助平台
共同点		基于互联网平台的集资	
不同点	入会条件	交纳入门费	低成本加入，按实际发生损失分摊
	入会目的	以获得高收益为目的	以获得风险保障为目的
	平台特点	发展下线并组成层级，按照发展人员的数量计酬	单向的捐赠或捐助行为，不能预期获得确定的风险保障
	资金管理	私人账户管理	第三方托管
	监管	违法行为	目前监管空白

（1）特征。根据我国相关法律的规定，只要具备交纳入门费、发展下线并组成层级、按照发展人员数量计酬这三个特征，就可以认定为传销。网络传销剥去网络的外衣后，完全具备传销的三个特征。而网络互助平台以低成本加入，是一种单向的捐赠或捐助行为，不能预期获得确定的风险保障。当损失发生时，按照实际损失在会员间分摊，具有一定的公益性。

（2）入会目的。会员加入网络传销以获得高收益为目的，这也是网络传销包装宣传的重点。依靠发展下线形成层级，然后通过发展的人员、层级和金额计酬，属于典型的传销特征。而会员参与网络互助平台推出的互助计划，主要是为了获得风险保障。

（3）资金管理。网络传销的资金由私人管理。以善心汇为例，售卖善种子、善心币的钱款绝大多数都由会员直接打款至张天明的多个个人银行账户，由其个人实际控制。一部分骨干成员通过发展下线也获得了超高收益。而网络互助平台的资金由第三方银行或组织托管，独立于平台自身，一定程度上保障了资金的安全性。

（4）监管要求。根据我国相关法律的规定，网络传销作为传销的新形式，是一种违法行为。而网络互助平台目前尚处于发展之中，其定位、发展方向和监管还需讨论。目前，对网络互助平台的监管主要来自保监会。2016年5月3日，保监会有关部门负责人在夸克联盟等互助计划有关情况答记者问中指出，互联网公司不具备保险经营资质或保险中介经营资质，互助计划也非保险产品。2016年11月3日，保监会在答记者问中再次强调，在支持互联网保险和相互保险等新业态发展的同时，坚决查处诱导公众产生赔付预期的网络互助平台。对于定位于公益慈善组织的互助平台，应提供明确的风险提示，"捐助是单向的赠予行为，不能预期获得确定的风险保障回报"。2016年12月26日，保监会出台文件《中国保监会关于开展以网络互助计划形式非法从事保险业务专项整治工作的通知》（保监发改〔2016〕241号），要求各保监局开展以网络互助计划形式非法从事保险业务专项整治工作。整治活动后，近三分之一的网络互助平台倒闭，而水滴互助、夸克联盟、抗癌公社等幸存者今后的发展，还有待论证。

六、金融网络传销为何屡打不绝

（一）缺乏相关知识，难抵高额利诱

捕捉到人们逐利心理的传销组织像潜在的投资者发布大量隐含不劳而

获、低投入低风险高回报的信息，为了获取高收益，人们轻信金融传销组织打出的"稳赚不赔"，如"MMM金融互助社区"所提供的远远高于同期投资合理收益的日利率1%、推荐新人加入即使不投资也可获得10%提成等幌子，陷入传销骗局。

缺乏金融常识和金融风险教育的投资者无法依据自身状况判断选择适合自己的投资产品，不少人"投资就是赚钱"的理念尚未更新，缺乏相关投资技能导致无法在海量信息中挑选出有效信息，无法对于有效信息所阐明的投资风险和潜在收益之间关系进行正确解读，无法取得获得收益与规避风险之间的平衡。除了金融方面的知识，互联网、高科技等先进理念对于群众来说是非实物，标的物的虚拟化让具有猎奇心理、对未知领域盲目信任等投资者难以辨别传销本质，受害范围进一步扩大。

同时，相当一部分投资者虽然意识到了一些金融互助类项目是"金字塔骗局"，但高回报率、优厚福利的诱惑与束缚使抱持"空手套白狼"一类贪婪侥幸心理的人们希望在事发前，甚至法律最终裁决前取得一笔收益，不愿向监管当局进行反映、举报和做证，使法律定罪难度加大。如MMM平台在2015年11月撤资宣布资金盘失败重启后宣称新一轮资金盘按照投入额的10%解冻先前投入的旧资金，许多前期血本无归的参与者仍继续投入，心存拿回本金的幻想。

（二）市场尚未成熟，投资渠道狭窄

我国的资本投资市场仍然处于发育过程中，相关的专业理财产品和投资渠道门槛较高，金融创新能力和金融压抑等因素共同导致我国金融产品没有发达市场一般丰富，大资本与利益输出等运作导致投资市场乱象丛生。泛理财化是金融意识提高的人们面临当前缺失正规投资渠道而被迫作出的选择。除了传统的集资方式搭乘互联网的东风实现转身，不规范的互联网金融平台也为了在巨大的潜在投资市场获利纷纷涌现。

据处置非法集资部际联席会议办公室不完全统计，投资理财类非法集资案件占全部新发案件总数的30%以上，民间承办投融资业务的机构、P2P网络借贷平台、私募基金等均是金融领域非法集资的重灾区，而在互助保险、民办教育、地方交易场所等领域也逐渐冒出非法集资犯罪的苗头。

泛理财化背景下的网络平台非法集资组织结构以迎合国家、区域或行业政策为借口，举着"经济新业态""金融创新"等旗号用具体项目、担保或债权标的物辅以规范的业务流程和看似符合法律的合同文本作为烟雾弹，甚至投入一定资本运用媒体对产品进行包装、邀请知名人物进行宣传误导，编造虚假光明的投资前景，增大投资者的辨别难度。具体详见表2-5-3。

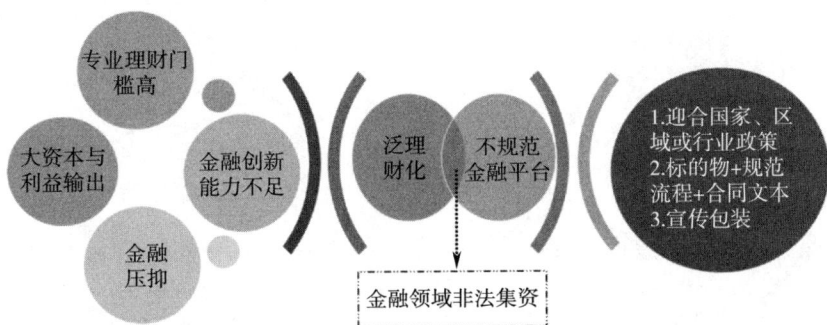

图2-5-3　市场尚未成熟，投资渠道狭窄

（三）线上、线下联动，参与者高智化

互联网金融传销宣传方式由线上或线下单线为主转变为线上、线下联动，借助互联网成本低廉、传播迅速、受众广泛等优点融合参与者口口相传、扩展下线的方式引诱更多群众入局。互联网金融传销组织参与者中出现越来越多高学历者，高层人员具备庞大的互联网和商业相关知识储备，能够轻车熟路地建立网站并进行宣传维护，围绕新金融运作模式、众筹融资、电子货币、互助理财等概念构建业务流程和资金运作系统，采取多种加密方式设置登录入口从而区分不同等级的投资者。为了进行有效的组织管理，传销组织还将自建一套自动化、无纸化办公系统，传销人员熟识网站运作以发展下线。传销组织在不断演化过程中越发严密，专业化程度不断提高，使其对投资者的迷惑性和控制力不断提高，大大降低了受害者主动检举揭发的可能性。

互联网金融传销因为互联网这一载体的隐蔽性，使传销组织人员无须暴露真实身份，仅凭借匿名身份、制作虚假公司证件或套用其他公司证件、在国外设置服务器或注册域名就能发布信息并接受反馈、构建一个虚拟标的吸引投资者通过第三方支付平台打款，将资金转移到境外，在取得款项或有组织成员暴露后关闭网站、注销账户就难以让监管部门下载打开交易档案，涉案金额难以明确，证据的缺失加大了对非法犯罪制裁的难度。具体详见图2-5-4。

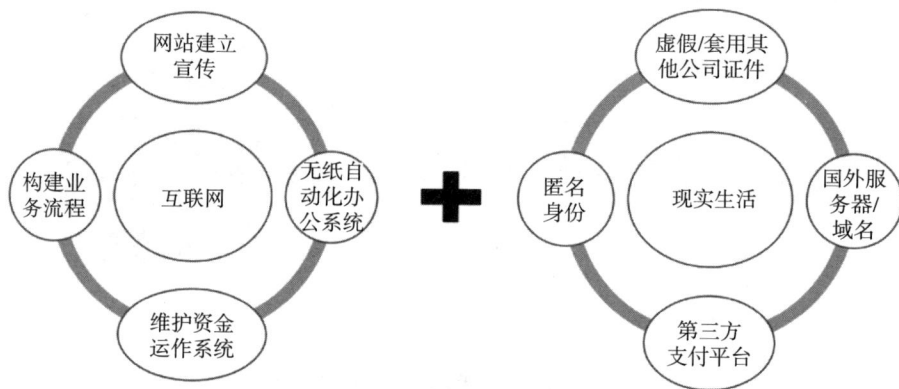

图2-5-4　线上、线下联动，参与者高智化

（四）违法成本低廉，监管被动困难

除了互联网金融传销本身的特点外，我国关于规范管制金融传销的法律缺失，使金融传销在法律之外的地带肆意滋长。金融传销常常涉及巨大的资金额度，影响广泛，扰乱金融市场秩序，相较于普通传销犯罪产生更为复杂的负面作用，但依然只能按照普通传销的法律条例定罪量刑。

同时，我国金融业侧重结构监管，监管的技术和手段未能与时俱进，对于金融互助类的微传销平台的涉案人员、案发地和案件本身性质等综合因素使监管者和监管责任难以界定。金融互助等微传销平台没有触及目前监管部门划定的占用资金、提供担保、资金池等带有滞后性的红线，传销组织的洗脑使该类平台的投资者认为投入资金颗粒无收是自身缘故，而有些部门以尚未接到报案为由不主动采取监管措施或者工商部门无法依照职权对可疑网站进行及时的监管，使金融互助传销春风吹又生。

第六章 众筹与非法集资

一、众筹概述

（一）众筹的概念

众筹（crowdfunding）即大众筹资或群众筹资，是一种面向群众募集资金，以支持发起的个人或组织的行为。众筹作为一种新出现的现象，国外学者对于其概念的界定存在一定差别（见表2-6-1）。

表2-6-1　　　　　　　　国外学者对众筹的概念界定

研究者/机构（年份）	众筹界定
Michael Sullivan（2006）	将众筹定义为群体性合作，人们通过互联网汇集资金，来支持由他人或组织发起的项目
Schwienbacher等（2010）	众筹目前处于萌芽阶段，是一个项目或创意向一群个体融资，而不是向专业金融机构
Belleflamme 等（2011）	众筹是一种公开招标，以募捐形式或某种形式的回报、投票权作为保证，新企业让公众通过互联网向其提供资金，以支持他们实现特定的目标
Bechter等（2011）	众筹融资过程就是借助社交网络向公众传递信息的过程，公众可以通过提供资金参与到项目中
Gordon等（2012）	众筹指公众通过投资选择要支持的项目，扮演项目评价的角色，是一种集体评价和大众筹资的独特组合
Julie 等（2012）	认为Belleflamme等人的定义过分关注与资本的交换，应更加强调公众在众筹过程中提供资本的同时还提供了知识产权
Molick（2014）	基于Schwienbacher等人的定义提出众筹是个人和组织通过互联网从相对数量较多的公众那里获得相对数量较少的资金，作为项目启动资金

资料来源：夏恩君，李森，赵轩维.国外众筹研究综述与展望[J].技术经济，2015（10）：10-16.

尽管不同学者对于众筹定义的界定并不统一，但是对众筹三个构成部分的划分基本是相同的：发起人，指具有创造能力但是缺乏资金的个人或组织；支持者，对发起人的创意或回报感兴趣并且有经济能力来支持的人；平台，可以连接发起人和支持者的互联网平台。

（二）众筹的主要类别

根据众筹项目的性质或特征不同，一般可将其分成四类：产品众筹、债权众筹、股权众筹和公益众筹。

产品众筹是现在多数众筹平台采用的模式，投资者将其资金投给项目发起人，筹资者用以开发某种产品或服务，等产品或服务对外销售的时候按承诺将产品或服务无偿或低价回报给投资者。该方式一般采用"团购+预售"的方法，把投资者看成是提前购买产品或服务的客户。

债权众筹是指筹资者向投资者允诺利息作为回报，从而筹集所需资金。一般采用这种众筹方式的是小微企业等很难从传统的金融机构获得贷款的机构或个人。P2P网贷平台实质上就是债权众筹。

股权众筹是指投资者将资金投入给筹资者，并因此获得该企业一定比例的股权作为回报。在股权众筹下，投资者获得回报的周期比较长，需要等到企业上市、分红或者被收购的时候才可以获得相应的收益。正因为如此，再加上股权筹资涉及的法律法规较多，这种众筹模式的风险相较于其他三种更大。

公益众筹是一种非营利性的，投资者不期望回报的模式。投资者将资金投给发起人，发起人承诺将资金用于某项公益事业。

近年来，中国国内各类众筹平台大量涌现，表2-6-2总结了2016年国内四种众筹模式的筹款情况。

表2-6-2　　　　　2016年四种众筹模式全年众筹情况

众筹类型	全部项目数	成功项目数	成功项目预期融资额（亿元）	成功项目已筹金额（亿元）	成功项目支持人次（万人）	代表平台
产品众筹	20765	13562	20.47	62.39	3466.58	京东众筹、淘宝众筹

续表

众筹类型	全部项目数	成功项目数	成功项目预期融资额（亿元）	成功项目已筹金额（亿元）	成功项目支持人次（万人）	代表平台
债权众筹	23150	23093	87.50	87.46	43.81	中e财富、维C理财
股权众筹	1609	1087	49.78	58.70	5.26	京东东家、长众所
公益众筹	13081	10695	20.40	8.89	10260.17	腾讯乐捐

资料来源：人创咨询发布的《2016年中国众筹行业发展年报》；零壹财经发布的《中国互联网众筹年度报告2016》。

（三）国内外发展历程

1.国外发展历程

众筹作为现代信息技术和互联网科技发展的产物之一，近些年来已经在世界范围内得到了快速发展。世界上最早的众筹网站ArtistShare于2001年开始运营，2003年10月开始发布众筹项目，被称为"众筹金融的先锋"。2005年以后，进入众筹发展的黄金阶段，许多众筹平台相继成立。表2-6-3列举了在国外发展历程中一些具有代表性的众筹平台及其特点。根据Massolution咨询公司披露的数据显示，2009年全球众筹平台的融资总额约为5.3亿美元，2011年约为15亿美元，比2009年增加了约3倍，年均复合增长率达到了63%。到2015年，估计全球众筹融资总额将会达到340亿美元，约为2011年的20倍。其中，债权众筹总额占的比重最大，为250亿美元，产品众筹和公益众筹总额为55亿美元，股权众筹为25亿美元。

表2-6-3　　　　　　　国外代表性众筹平台简介

成立时间	平台名称	国家	特点
2005年3月	Zopa	英国	借贷众筹的雏形
2006年8月	Sellaband	荷兰	全球最早获得成功、目前最大的文化类众筹平台
2009年4月	Kickstarter	美国	全球最大的众筹平台，纯大众化慈善网站
2009年9月	FundRazr	加拿大	第一个利用社交网络平台Fecabook直接融资的众筹网站
2010年10月	Crowdcube	英国	全球首个股权众筹平台

2. 国内发展历程

与国外的发展历程相比，众筹在国内起步较晚，但是发展迅速。2011年7月，中国第一家众筹网站"点名时间"上线，象征着中国众筹行业的开始。第二阶段是从2014年国内大型电商平台淘宝、京东等正式进入众筹市场开始的，依托其自身强大的平台资源，众筹行业整体规模急剧扩大，格局也发生重大变化，因此2014年也被称为中国众筹的元年。2015年4月至今是众筹发展的第三阶段，即众筹平台对创业公司的孵化阶段，即合作不再仅限于电商而是开始包括对创业项目的天使投资、A轮投资等。表2-6-4梳理了国内具有代表性的众筹事件。

到2015年底，国内至少有84家众筹平台停运、倒闭或者转型，约占全部365家众筹平台的23%，行业竞争日益加剧，中小平台的生存空间受到挤压。截至2016年，国内已上线608家众筹平台，其中问题平台和已转型平台至少达到271家，正常运营平台仅剩下337家，整体筹资规模在220亿元左右。

表2-6-4　　　　　　　　　　　国内代表性众筹事件

时间	平台名称	描述
2011年7月	点名时间	将众筹模式引入中国，期初包含各种类型的项目
2011年9月	追梦网	国内第一家具有公益性质的众筹平台
2011年11月	天使汇	国内第一家股权众筹平台
2013年2月	众筹网	目前国内最大的专业众筹平台，孵化大量明星项目
2013年12月	淘宝众筹	电商平台正式入场
2014年7月	点名时间	正式宣布脱离众筹
2014年7月	京东众筹	电商巨头参战，目前国内筹资总额最大的众筹平台

二、众筹与非法集资的界限区分

（一）四种众筹类型与非法集资的区别

对于非法集资，我国并未设定非法集资罪，而与之相关的可能涉及非法集资的罪名有如下七条：欺诈发行股票、证券罪（《刑法》第一百六十条），擅自设立金融机构罪（《刑法》第一百七十四条第一款），高利转贷罪（《刑法》第一百七十五条），非法吸收公众存款罪或变相吸收公众存款罪（《刑法》第一百七十六条），擅自发行股票、证券罪（《刑法》第一百七十九条），集资诈骗罪（《刑法》第一百九十二条），组织领导传销活动罪（《刑法》第二百二十四条）和非法经营罪（《刑法》第二百二十五条）。

2010年12月最高人民法院《关于审理非法集资刑事案件具体应用法律若干问题的解释》第一条规定，非法集资具有以下四个特点：（1）未经有关部门依法批准或者借用合法经营的形式吸收资金；（2）通过媒体、推介会、传单、手机短信等途径向社会公开宣传；（3）承诺在一定期限内以货币、实物、股权等方式还本付息或者给付回报；（4）向社会公众即社会不特定对象吸收资金。这四项特点可以概括为非法性、公开性、利诱性和社会性四个方面。从外在形式特征来看，众筹作为依托互联网、集众人资金力量的产品，似乎已经满足了非法集资的特点。但事实上，众筹和非法集资在各方面均存在根本区分。本文根据众筹的不同种类逐一进行了区别分析。[①]

1. 产品众筹与非法集资

产品众筹主要是承诺以实物或者服务的回报来取得投资，更多地是让投资者获得心理上的满足，一般与非法集资区分较为明显。

2. 债权众筹与非法集资

债权众筹容易涉及非法吸收公众存款罪或变相吸收公众存款罪。除了与股权众筹一样，容易触及"社会不特定对象"定义外，还容易触及利诱性。非法集资的主要要素就是经济性，其往往承诺高额的资金或实物回报。非法集资者往往承担着较大的资金回报压力，最终跳票和携款逃跑往往不可避免。债权众筹虽然也是建立债权债务关系，并且承诺给予回报，但这种回报是不具有兜底性质的。并且这样的投资并不以经济利益为唯一目标，而是主要以众筹的帮扶性质为特征。投资者在衡量经济利益的同时也考量项目的社会意义等。

---

① 张广明. 众筹融资的刑事法律风险及其防范措施探讨 [J]. 法制与社会，2018（8）.

3. 股权众筹与非法集资

股权众筹作为重点监管对象，其可能涉嫌欺诈发行股票、证券罪或擅自发行股票、证券罪。在股权众筹中，最容易触及的就是社会性和公开性。这里首先需要对社会性中的不特定对象进行定义。

根据《刑法》的规定，在社会不特定对象的范围中排除了"亲友和单位内部"，但在2014年3月的"两高一部"的最新司法解释中，又将以下两种情况下的亲友和单位内部人员认定为不特定对象："在向亲友或单位内部人员吸收资金的过程中，明知亲友或者单位内部人员向不特定对象吸收资金而予以放任的；以吸收资金为目的，将社会人员吸收为单位内部人员，并向其吸收资金的"。然而，众筹主要依托于互联网平台，将互联网平台上的好友认定为"亲友或单位内部人员"并不具有说服力。所以，评判股权众筹是否越界，更应该从投资人数和合格投资者的角度来界定。①

根据《私募股权众筹融资管理办法》的规定，要求"融资完成后，融资者或融资者发起设立的融资企业的股东人数累计不得超过200人"且只能采取非公开发行的形式。在实践中，股权众筹为了满足管理要求，采取了以下四种方式：（1）"领投+跟投"模式，将领投人和跟投人组成一个联合投资体共同作为公司股东来规避200人的标准限制。（2）将投资者限定为平台的实名注册用户。股权众筹作为具有一定风险的投资，世界各国都认定股权众筹的投资人为合格投资人。而非法集资的特征中的"不特定对象"应指普通投资者。因为普通投资者的风险识别能力和承受能力弱，是法律关注与保护的对象，而合格投资者具有一定的风险识别能力和承受能力，应排除在"不特定对象"范围之外。（3）限制投资者人数为200人以内。（4）仅仅向实名注册用户推荐项目信息，而不向社会公众宣传。

4. 公益众筹与非法集资

公益众筹作为一种非营利性众筹方式，并不会向投资者提供实物或资金回报，与非法集资的利诱性具有根本性区别。

---

① 姜涛. 互联网金融所涉犯罪的刑事政策分析 [J]. 华东政法大学学报，2014（5）.

（二）众筹与非法集资的不同特点

1.项目目的不同

众筹出现的最初目的就是集大众的力量来支持个人创意的实现，这些项目往往难以通过传统的融资渠道获得资金支持。众筹为中小企业融资提供了更宽阔的渠道，最终资金是用于支持实体的发展，而并非是获得金融收益。而非法集资主要是为了吸收公共存款进行集资诈骗等。

2.风险承受度不同

众筹不设定固定回报，而且多以实物和服务作为回报方式。在没有固定资金回报的情况下，筹资者能更好地集中在项目中，从而取得项目的成功，项目成功后也保证了给众筹者的回报，整体来看其风险较小。而非法集资往往许诺高的投资回报率，其项目在运作过程中往往承担着较高的资金压力，导致很多项目最终难以兑现，使参与集资者面临巨大的风险。

3.信息披露不同

众筹为了吸引更多的投资者的关注，往往有非常高的透明度。如股权众筹的前期，目标企业就会公布市场调查等信息，在筹集过程中也会定期披露公司财务信息和管理信息。这使众筹的监督工作更加完备。而非法集资为了以合法形式掩盖其非法本质，会较少披露信息或者用虚假信息欺骗投资者，其披露的信息往往也并不及时有效。

4.投资者参与度不同

众筹的核心理念就是"集众人之智，筹众人之力，圆众人之梦"，通过吸引对项目感兴趣的投资者，让他们参与到项目定位、产品研制、口碑相传的各个环节，从而更有可能实现项目成功。[①]投资者与项目、发起人之间联系更加紧密。而非法集资则是利用了集资中投资者的功利性，其中借贷的出借人并不参与运营，不了解项目的进程如何，而股权投资的投资者甚至从投资时即做好退出的准备。

---

① 张彩凤.众筹与非法集资的区分 [J].经营管理者，2016（32）：12.

三、众筹名义下的非法集资案例

（一）生鲜众筹与案例分析

1. 生鲜众筹简介

生鲜电商和众筹的结合在近几年一直是个很火的概念。生鲜行业代表着巨大的市场，同时由于标准化困难、成本风险高，生鲜电商的成长一直伴随着亏损。根据中国电子商务研究中心的数据，4000多家生鲜电商中，95%亏损，其中的7%是巨额亏损，最终只有4%实现账面持平，1%实现了盈利。在2016—2017年，有14家生鲜电商企业宣告破产倒闭。这主要与生鲜电商市场在冷链配送成本高、生鲜难保存易损耗、产品非标准化、消费者忠诚度培养难度大以及用户体验等方面面临的挑战有关。众筹模式的出现，激发了新的商业活力，仿佛一下子为生鲜电商带来了生机，但由于缺乏有效的约束，使生鲜与众筹相结合时，基于这一行业规模扩张的需要，往往导致不合规、不合法行为的出现，最终导致企业在短短时间内接连倒闭，造成很大的社会影响。

2.典型案例介绍

（1）水果营行案例[①]。

① 水果营行简介。水果营行全称为水果营行控股有限公司，于2015年6月在深圳前海注册成立，认缴注册资本10亿元，法定代表人为香港联合国际集团董事长谢国辉（后失踪），股东为伍慧、朱玉平两人，分别认缴注册资本5.1亿元、4.9亿元，是一家水果O2O电子商务企业。

该公司曾在全国20多个省（自治区、直辖市）有300多家门店、数千名员工，曾是国内生鲜电商中规模较大的企业。然而，自2015年12月开始，"水果营行跑路"和"资金链断裂"的传言四起，部分供货商称被拖欠货款四五百万元，已暂停对水果营行的供货。随后，南宁市多家水果营行出现持卡会员哄抢果品的现象，水果营行门店突然关停。此后，广州、

---

① 案例背景资料参考 . 中国电子商务研究中心 . 创富神话崩塌 水果营行一年扩张一朝倒闭 [EB/OL].（2016-01-05）. http://www.100ec.cn/detail--6303631.html.

深圳、东莞、杭州、南昌等城市的水果营行门店也相继关停，并引发多个城市水果抢购的乱象。

②水果营行经营模式①。从吸引眼球的迅速扩张到轰然倒塌，水果营行这个曾经万众瞩目的明星企业仅用了一年时间。这期间，诸如"合伙人众筹""逆向O2O""小业态商业模式""水果健康营养行家"等概念将企业层层包装美化，一度受到行业的追捧和赞扬。

合伙人众筹。水果营行采用的所谓合伙人众筹的融资方式，主要通过门店加盟形式推广品牌，单点投资额100万元，北京、上海、广州、深圳为120万元。直营店投资者为公司有限合伙人，不参与门店经营，不拥有门店股份，只参与分红。从完成付款第45天起，直营店的投资者将每月获得10%销售额的回报，直到取得投入本金的2倍为止。水果营行甚至还与一些投资者签订了补充协议，即使每月销售额低于30万元，水果营行仍按照30万元销售额给直营店投资者回报。

逆向O2O。O2O，即Online To Offline，是指将线下的商务机会与互联网结合，让互联网成为线下交易的平台。而水果营行的逆向O2O则计划先做线下店铺，再发展线上商城并形成互动。线下建立社区店铺，线下社区店铺再结合线上为线上服务，即通过线上下单、就近的线下社区店铺配送的方式，社区店铺除了作为体验点之外，还作为仓储点和配送点。每个线下店铺可以覆盖3公里范围的水果配送服务，1小时内即可实现送货上门。

小业态商业模式。水果营行赶上了小业态商业崛起的大势。2014年，小型社区零售店组成的小业态商业模式发展迅猛，相比之下的大型商业超市面临"瓶颈"，家乐福、沃尔玛等零售行业的巨头在内地关店超过35家，小业态有赶超大型商业超市的态势。归其原因，无论是试图将线上与

①　中国电子商务研究中心 ."水果营行"事件追踪 "预付式"消费 +"众筹"风险大 [EB/OL].[2015-12-21]. http：//www.100ec.cn/detail--6300476.html.

中国电子商务研究中心 . 玩众筹搞返现水果营行砸断了资金链 [EB/OL]. [2015-12-23]. http：//www.100ec.cn/detail--6300618.html.

中国电子商务研究中心 . 水果营行倒闭背后的死亡账本 [EB/OL]. [2016-01-08]. http：//www.100ec.cn/detail--6306317.html.

线下结合，还是通过三四线市场解决水果物流配送的"最后一公里"的难题，小业态的社区店铺天然具有方便、快捷、成本低的优势。而水果营行致力于建立社区店铺，也把自己的线下门店定位为小业态。

水果健康营养行家。水果营行还试图从文化上构建自己的品牌形象，希望将其打造成消费者心中的水果健康营养行家，而不是仅仅传统意义的水果零售商。水果营行的服务人员会给予不同类型的客户不同的建议，水果营行的每款果品都标明了营养成分、产地、适宜人群等介绍，服务人员会依据客户的家庭成员、营养均衡需求等，为客户提供"海底捞式"服务。

事实上，水果营行的商业模式仅靠玩表面的概念带来的红极一时注定难以持续，迅速扩张的"法宝"实则蕴含着巨大风险。

③深度剖析水果营行①。水果营行的倒闭主要涉及三方利益相关者，第一类是投资者和供货商，这类群体数量虽少，但涉及的单笔金额很大。第二类是交了预付款的会员，即使水果营行在其官网上声称的百万名会员数量有夸大之嫌，实际需要清退预付款的会员数量也十分庞大。第三类是被拖欠工资的员工，这是生计受到很大影响的一类群体。

这三大群体的每一群体背后，都从某些方面暴露着水果营行的资本骗局。实际上，水果营行从涉嫌非法集资开始，就已经注定失败。

投资者的背后。正如之前提到的，按照水果营行提出的合伙人众筹模式，直营店投资者为有限合伙人，不参与经营管理，只销售每个月营业收入10%的分红，直到取得投入本金的2倍为止，甚至不足30万元销售额的也按照30万元来分红，同时还获得投资额10%的原始股权的长期收益。即使水果营行每月销售额不足30万元，按照每月分红3万元，投资一个店铺120万元，直营店投资者的年化投资回报率也能超过30%，何况水果营行宣称的单店月销售额为50万元。而年化收益率超过10%的产品，我们通常就将其认定为高风险产品。而且对生鲜行业来说，承受的水果损耗率已经非常

---

① 中国电子商务研究中心.水果营行：烧钱催不熟生鲜电商[EB/OL]. http://www.100ec.cn/detail--6314009.html.

中国电子商务研究中心.生鲜电商的入口级产品？水果营行的离经叛道[EB/OL]. http://www.100ec.cn/detail—6289667.html.

可观，为10%左右，与此同时还要按约定进行分红，这意味着水果营行每月需要承受非常高的财务成本。不仅如此，水果营行曾投资拍摄了系列微电影《水果总动员》，并举行规模盛大的一周年庆典，并请来了知名歌手助阵，其在营销方面的支出可见一斑。

预付款的背后。该公司推行的会员制是预付费方式，以超低折扣优惠吸引大量消费者购买会员卡，如"充一送一""充一送二"等大幅度优惠，然而这些大幅度的优惠只会塑造虚假的客户黏性，经营一旦出现问题，就极可能形成银行式的挤兑风潮。实际上，用补贴和特价的方式来吸引消费者只是为了满足消费者"贪便宜"的心态。之前提到的"抢购潮"也正是预付卡造成的后果。

员工的背后。为激励员工给消费者办卡，公司规定所有门店员工的工资等于基本工资加提成。以门店为单位，一家门店每成功销售出一张2000元的会员卡，可以获得100元的提成，其中办卡员工获得提成的40%，剩余60%由店内所有店员共享。

快速的扩张。水果营行曾出现一天十店连开的盛况，与后来的门店的接连倒闭形成了鲜明对比。对于大多数O2O而言，其商业逻辑都是初始阶段扩大规模，通过补贴用户增加用户黏性形成垄断优势，然后切入到其他服务再寻找商业模式。但值得注意的是，水果作为一种极不标准的产品，在没有形成统一且高标准的服务流程和开店模式，以及人才稀缺的前提下，要实现连锁门店的扩张是十分困难的。以同为生鲜企业的百果园为例，该企业在2002年至2009年8年间仅开出100家门店。经过数年的实践总结，建立起一套可复制的水果连锁技术和零售标准，百果园才有了上千家店的规模。可见，忽视经营的基本规律，而将重点放在玩资本上是难以持久的。

自称小业态。根据媒体披露，水果营行选择门店都处在城市黄金地段，与水果营行声称的立足社区的小业态模式并不相符，高额的租金成本使其失去了其作为小业态的优势。

（2）田鲜蔬菜案例。

① 田鲜蔬菜简介。号称"中国安全蔬菜第一品牌"的田鲜蔬菜所属公司为广州田鲜农业科技有限公司，成立于2011年8月，共有53家门店，主要

分布于广州、佛山、江门和珠海四地。

按照田鲜蔬菜的说法，公司产品每个品种每个月由全球最大的检测公司SGS按照中国绿色食品标准检测合格，国内能够做到这一符合供港/出口标准的，目前只有田鲜蔬菜一家。根据田鲜蔬菜官网介绍，该公司在云南、宁夏、青海、甘肃等地拥有超过200个供港出口蔬菜基地，面积超过10万亩。

但正是这样一个实力雄厚的公司，却在2017年春节过后突然停止营业，多家门店人去楼空。而在门店倒闭之前，公司就出现蔬菜种类减少、持卡会员无法退卡、公司总部多次迁址等征兆。企查查资料显示，经广州市天河区工商行政管理局查实，田鲜蔬菜未在登记住所从事经营活动，依据《广州市商事登记暂行办法》第二十七条拟列入经营异常名录。

② 深度剖析田鲜蔬菜①。

托管加盟。田鲜蔬菜最初采用直营模式，截至2015年11月在广州共开设了21个自营体验店。从2016年2月开始，引入托管加盟模式，即只要投资10万元，便可认领一个店，投资者无须参与经营和其他投入，每个月可以按照该店铺80%的利润分红。2016年2月28日，田鲜蔬菜开了第一家加盟店，当年3月开店23家，4月新开店25家，并号称三年内开1000家店以上，五年内开2000家店。

合格店员承包及店员合伙人制度。在一篇题为《田鲜蔬菜的店员，为何年收入10万+？》的报道中，我们了解到田鲜蔬菜店员的薪资主要由底薪、绩效奖金、提成和合伙人分红等构成。只要店员做到日均销售蔬菜500斤，就可自动升级为门店合伙人，享受每月单店分红2000元的待遇，一年总收入可达12万元。

预付卡促销。与水果营行类似，田鲜蔬菜也大力推出充值卡的优惠活动，很多客户基于对店铺的信任以及受大折扣的优惠进行大额充值，充值额度最高甚至达千元以上。伴随着门店的关闭，很多消费者面临着钱收不

---

① 搜狐新闻. 田鲜蔬菜的店员为何年收入 10 万 +?[EB/OL]. [2016-05-10]. http://www.sohu.com/a/74664042_119890.

回来、维权困难的境地。

3. 非法集资的特征与案例启示

尽管国内的生鲜市场空间巨大，生鲜企业倒闭的消息却层出不穷。这与行业自身特性密切相关，如产品的高货损率、对物流运输的高要求以及揽客压力等。企业为了迅速发展采取的很多操作都触及了非法集资的法律红线，通过对以上两个案例的分析，我们可以发现其存在以下共同特点。

（1）店面迅速扩张，运营基础薄弱。水果营行曾出现一天连开十店的盛况，田鲜蔬菜也放豪言欲在三年之内开1000家门店。生鲜行业作为产品非标准化程度很高的行业，盲目扩张只能加剧企业前期的投入成本。对于没有明确完善运营和推广思路的企业来说，仅以高额回报率、超低优惠折扣作为噱头，一味扩张将导致巨额贴进成本且难以短期通过规模扩张实现实质性盈利，最终必将导致资金链断裂和企业破产。这两家企业令人费解的扩张模式显然是非常规的，有企业家精神的企业家绝不会这样做。企业出现危机后企业负责人并不是想着如何赔偿投资者、用户和员工，而是在资金链断裂之前就早有准备携募集来的大量剩余钱款潜逃，这很可能涉嫌非法吸收公共存款和集资诈骗罪。

（2）预付营销模式，线下大力宣传。预付卡消费在生鲜门店非常常见。案例中两家商家则都常打出"存一万送一万"等大力度优惠的幌子，吸引消费者预存大量现金。而这一点就涉嫌变相融资、非法集资，为之后卷款上亿元跑路的现象埋下隐患。此类非法集资主要有以下几个特征：借由广告、传单、店员推广、购卡者推荐等多种方式进行公开宣传；以购买预付卡、购物卡或预付消费等名义吸收社会公众资金；对购卡人作出承诺，在一定期限内返还购买资金、预付资金并有一定的利息支付。[1]利用预付消费进行非法集资实际上是变相作出高额回报承诺，这种行为有悖于消费服务的价值规律，使得资金链十分脆弱，一旦资金周转困难，将使各

---

[1] 吕泽君. 对我国股权众筹现行立法的思考——从非法集资与股权众筹的界限谈起 [J]. 法制与社会，2016(26).

方参与者遭受严重的损失。^①

（3）高回报吸引人，承诺还本付息。水果营行自造的概念合伙人众筹虽然类似于股权众筹，但根本不能归属于任何一类众筹类型，也背离了众筹的本质，即众筹者们并非看中水果店这一项目而是冲着高额的分红投资。而无论是水果营行的合伙人众筹还是田鲜蔬菜的"托管加盟"，两者都是通过向投资人承诺高回报率吸引投资者来融到大量开店资金。这本身就违背了不得承诺一定期限内向投资人保证还本付息的规定，属于非法集资。

（4）向不特定对象，超投资人限定。如果将水果营行所谓合伙人众筹当作股权众筹的一种特殊形式，那么即使每家门店只有一个投资者投资，全国开的300多家门店也至少有300个参与众筹的合伙人，违反《私募股权众筹融资管理办法》中关于投资者人数不得超过200人的规定，属于非法集资。名义上采取了会员加盟这种非公开的筹资形式，但却通过互联网大力宣传吸引不一定有风险承受能力的合伙人，可以界定为向社会上不特定的对象募资，也属于非法集资。

（二）房地产众筹与案例分析

1. 房地产众筹简介

房地产众筹，即"房地产+互联网+金融"这一新生模式，不但将互联网和金融这两个行业联系起来，还打破了地产商与普通大众之间的界限，是指由地产商、互联网金融平台或者建房人发起的、与房地产项目相关的众筹，其众筹标的可以是住房房产，也可以是营业性房产，包括住宅、公寓、别墅、写字楼、商铺、工业用房等，也可以是物业管理权益。^②起源于2012年12月8日在美国成立的网站Fundrise，投资者最少付出100美元即可众筹投资于住宅、商业公寓等不动产项目，共同拥有并获得该房地产的收益。

房地产众筹的三大功能可以概括为筹资、筹客、筹智，即地产商筹集到了开发、建设的资金，通过众筹在互联网上的宣传积累了客户，还可以

---

① 栾国鎏.商务部正加快修订《单用途商业预付卡管理办法》[N].国际商报.2016-10-19（3）.

② 牟里楠，李耀东.房地产众筹的模式演化与发展[J].金融博览，2015(17).

让投资者自己参与住房的设计。房地产众筹很难划归为传统意义上的某个众筹分类，根据回报不同分为营销型、理财型和建房型三大类，建房型最符合众筹的定义。

我国房地产市场一直受到政策的严格管控，与土地政策和城镇化进程密不可分，一二线城市楼市房价高企，供远大于求，但仍旧需要去库存。年轻的购房者们是在互联网发展时代下成长起来的一代，消费方式多样化，对众筹等参与购房或投资房产的接受度更高。地产商也希望通过互联网上的大数据进行精准定位和营销，将房源信息投放给有真实购房或投资需求的客户。

众筹发起者有传统房地产开发商（远洋、万达、万科），有房地产信息网站（搜房网、平安好房网），也有新兴众筹平台（无忧我房、团贷网）。我国首例众筹建房案例是2014年中关村募集200人在沧州买房，自2014年11月以来，房地产众筹在我国开始兴起。直到2016年，证监会等部门联合发布《众筹整治方案》，"房地产公司、平台和中介机构以股权众筹名义从事非法集资活动。"是监管层集中关注的整治重点。因此，自2016年以来，我国打"擦边球"的房地产众筹热度有所下降。[①]

2. 典型案例介绍

（1）营销型房产众筹。典型案例为"京东—远洋双十一众筹买房"，但由于是以众筹的形式进行"团购+预售"，且通过返还众筹参与者众筹资金或给予一定回报，涉及非法集资的可能性较小，主要是抽奖式营销可能涉及非法发行彩票的法律风险，在此不做更详细分析。

（2）理财型房地产众筹。简单来说，就是凑份子买房，待房子升值后出售，按投资份额分配回报，类似于房地产投资基金，但是，是借众筹的概念做投资的事儿。典型案例是"房宝宝"项目。

2014年6月17日，团贷网与东莞市中心别墅项目中信御园联合发起了第一期的房产众筹计划——"房宝宝"，该项目是由团贷网首家推出的住宅众筹产品。

---

① 零壹研究院 . 众筹服务行业年度报告 [M]. 北京：东方出版社，2015.

中信御园的住宅原价为3万元/平方米，网站与开发商谈判得到的价格为原价的7折。众筹参与者共同出资购买了别墅资产后，再等待网站将其转手卖出，必然是有差价的，之后众筹者将根据投资额分配售房与投资额差值的回报所得。该项目目前已推出五期，其中第一期443人、22小时筹集1491万元，第二期783人、9.5小时筹集1800万元，第三期548人、11分钟筹集1510万元，第四期1068人、22小时筹集1450万元，第五期1423人、11天筹集1490万元。

第一期"房宝宝"的认购总额为1491万元，两个月后，这套别墅以1600万元的价格售出，年化收益率高达43.86%（7.3%/2×12=43.86%）。

理财型房地产众筹运行模式如图2-6-1所示。

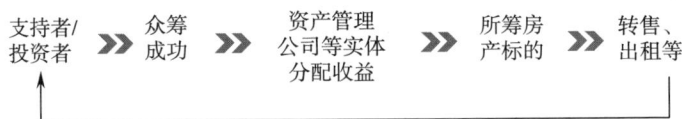

图2-6-1　理财型房地产众筹运行模式

（3）建房型房地产众筹。建房型房地产众筹是指向潜在购房者募资用于房屋开发建设，并最终向众筹支持者交付房屋。这种众筹方式更贴合众筹概念的本质，不过标的和回报都是房屋这一特殊的"产品"。典型案例为南京乐居众筹。

2014年9月23日，国内首家众筹建房投资平台——乐居众筹在南京成立。乐居众筹鼓励特定投资人群关注官方网站和官微官博等，发布信息来招募共同建房的会员，参与众筹建房计划，有意向的众筹参与者首先需要填写问卷并注册会员，接着需要参加电话邀约的沙龙，商讨项目预期定制价格范围。如果有合意的项目，可以交定金1000元并签订意向协议。当参与人数达到规定数量后，平台在与参与者协商后，开始拍地，所拍的土地应该在房屋建成后的价格比周边房价便宜20%左右的范围内寻找。取到土地使用权即拍地成功以后，参与众筹者要交纳"首付"，一般不低于30%，签订详细的购房协议。签订协议后平台继续负责寻找开发商，将建造房屋的项目承包给专业的房地产建造开发企业。工程进行期间内平台定期每三个月将进度披露给众筹参与者，公开建房报告。房屋建成后，取得房地产项目销售许可证，平台和众筹参与者方可签订正式购房合同，购房者也可凭正式合同去银行等金融机构办理按揭贷款购房。之后住户便可以入住，完成整个建房型众筹的流程。平台收取房价1%~2%的管理费。[①]

建房型房地产众筹运行模式如图2-6-2所示。

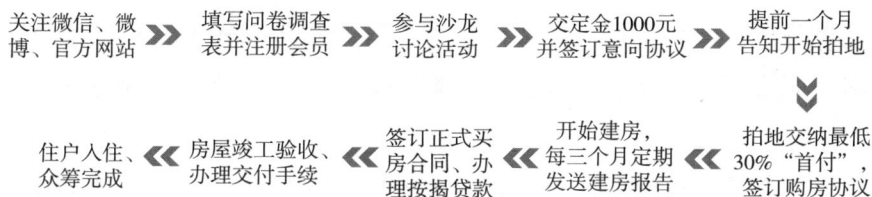

图2-6-2 建房型房地产众筹运行模式

3. 非法集资的特征与案例启示

不同的房地产众筹项目中多多少少都出现了非法集资的特征。

（1）未经有关部门批准进行集资。以营销推广型为代表的房地产众筹法律主体，尽管众筹平台和房地产商都经过了工商注册登记，但当时向社会公众募集资金的行为没有经过有关部门审批。南京乐居的负责人袁长喜表示，刚开始是投资产品，等乐居众筹拍地完成并盖好房，就可以销售，变成了购买行为。这种说法是在混淆投资和购买行为，一开始的投资行为就是在没有经过审批的情况下向公众募资，如果没有委托开发商，则很难拿到地，开发建设也很难，则其非法集资特征更加明显。

（2）承诺在一定期限内向投资人还本付息。虽然"房宝宝"负责人李明睿强调，"发起方不保证房宝宝产品的本金和收益，投资者需要自负盈亏"。但是声称全国首家专业房地产众筹平台的中筹网金，明确在项目说明中写道。众筹参与门槛极低（100元起筹），且整个投资过程由担保公司提供本金保障，本金无忧的前提下有机会获得10%以上的投资回报，预期年化收益率达15%以上。这样的说明无疑是向投资人保证还本付息，

---

① 王梦君.我国房地产众筹现状及其法律问题探析[N].山西青年.2017-01-08.

触及了红线。①

（3）向社会不特定的对象募资。为了宣传"房宝宝"项目，团贷网打出了"1000元买豪宅"的诱人口号，吸引社会上更多的不一定有风险承受能力的对象来参加众筹。而南京乐居项目看似是非公开并有门槛的，其主要依靠网络上媒体传播吸引项目会员参与众筹投入资金，名义上是会员制，但实际也可认定为向不特定的对象募资。有些项目甚至鼓励参与者将众筹信息分享到微信微博等社交网络上，以网络传播速度之快，项目宣传对象则变成了所有可接触的人，项目宣传对象为社会公众，则募资对象也不特定。

房地产众筹可能涉及的有关非法集资的法律风险还包括：《证券法》中关于发行证券的规定和《私募股权众筹融资管理办法》中关于投资者人数的规定。没有证券发行牌照的众筹网站提供中介服务的行为实质上已经触及非法发行证券的红线。

"房宝宝"的最低认购金额为1000元/份，而其筹资额高达1491万元，投资者人数也达到了443人。南京乐居项目则表示，"一旦片区报名人数达到300以上，众筹项目就可以启动"。更典型的是类REITs的万达"稳赚一号"项目。从表面上看，似乎是购买了普通债权，但其项目条款中三个月其投资者即可选择流通或者变现，这就相当于具有流通性的证券。另外，最低认购金额为1000元，但万达这个广场项目的资产盘子至少有10亿元的资金需求，即使不全是靠众筹融资，那么参与众筹的人数也很有可能超过200人，涉及非法集资人数限定。

但是，开发商在房地产股权投资基金的筹资模式中已经积累了经验，比如，将一个大标的拆分成许多小的标的，这就可以把每个项目的投资人数控制在200人以下，但这并没有达到200人是为了设置投资者准入门槛的内在要求，同时也没有严格的SPV机构来设立资产安全屏障，监管更严格则很有可能因人数限制被认定为非法集资。

---

① 李秀玲. 房产众筹界线含糊 [EB/OL]. [2014-11-27]. http://www.weiyangx.com/112858.html.

　　房地产融资本身也比较偏离众筹的基本范畴，众筹融资应当是小额度的，也应当是创新创意创造类项目。而房地产项目一般都是过亿元级别的资金量，众筹难度极大，很容易突破200人的限制成为非法集资，其实依靠众筹组成的股份群体也存在功能缺失，并不能有效达到众筹的目的，导致很多项目流产，这又涉及未及时返还众筹资金的跑路平台非法吸纳资金的风险。除此之外，房地产众筹另一个政策风险是非法集资投机炒房，"房宝宝"就涉嫌通过公众集资公开炒作投机房地产项目，成为房地产调控政策打压的对象。

（三）其他涉及非法集资的众筹案例简析

1. 轻松筹部分项目——非法集资诈骗、向不特定对象募资

　　网络公益众筹项目因为信息不对称风险频发，有人在轻松筹等公益众筹平台上"卖惨"博取同情获取"爱心款"，虚构病情、制造虚假证明，将众筹平台视为敛财的手段和捷径，甚至出现了专门虚假募集善款的灰色产业。罗一笑事件使人们对公益众筹更加谨慎，除此之外，轻松筹平台上还出现了夫妇众筹救女后晒出国游照片、安溪女子众筹为父治病后举家出国游等负面案例。腾讯公益"一元购画"，7个小时筹到1500万元的善款，因其捐款去向未公开而随即遭到质疑风波，随后被官方声明平息。2017年2月，民政部社会组织管理局接到有关举报后约谈轻松筹平台高管人员，被约谈当日，轻松筹便对被举报项目作出整改。公益众筹平台也面临着项目善款募集虚高、信息发布不规范、个人求助信息审核把关不严格、金额过于随意、支配不透明等问题。应明确骗捐者应当承担的民事、行政甚至刑事法律后果，法律规定3000元即构成诈骗罪，而众筹的方式使诈骗者涉嫌非法集资诈骗。

　　另外，虽然平台不对个人发布的求助信息进行任何推广，但求助者往往会选择将求助信息转发至朋友圈等社交网络上筹款，亲朋好友也会相继转发刷屏，这就和"向不特定对象募资"这一规定打了"擦边球"。

2. 汽车众筹平台聚创众筹——非法吸收公众存款、集资诈骗

　　聚创众筹成立于2015年11月，为济南舜康洲金融服务外包有限公司旗

下众筹平台，主要面向汽车产品众筹，包括二手车和平行进口车，运营模式为买卖车差价与众筹者分成。从2016年11月开始，平台无法正常提现，部分投资者去办公现场发现早已人去楼空，其在烟台设立的汽车交易市场也并没有一辆车辆待售，这是2016年涉案金额最大的汽车众筹平台。汽车众筹在2015年野蛮生长，于2016年底开始频频爆雷，主要以山东为主，一个叫作金福在线的平台上线9天就跑路了，暴露出自身极大的风险性。汽车众筹行业的问题平台大多是以模块式发展起来的小平台，很多平台在网站上承诺高收益，甚至高达100%，但实际上并无一辆可供出售或出租的车辆，车标也是假的。这些平台的建立目的就是非法集资筹钱，众筹的项目没有真实背景，反而以高收益率吸引投资者，部分平台以庞氏骗局的方式，以新贷还旧贷获取前期投资者的信任，非法诈骗更多投资者的更高额资金，而后卷款潜逃，涉嫌非法吸收公众存款和集资诈骗。

3. 美微众筹——非法发行证券

淘宝上一家 "美微会员卡在线直营店" 的店铺于2012年10月5日开业，消费者通过购买会员卡订阅电子杂志的同时，店家附赠美微传媒公司的原始股份100股。从2012年10月5日到2013年2月3日，共1191名消费者购买会员卡，附赠认购的股份总数为68万股，总金额达到81.6万元，美微传媒两轮筹资一共募集资金120.37万元。2013年2月5日，美微传媒店铺被淘宝官方关闭，阿里巴巴方面表示淘宝是商品交易平台，不允许利用淘宝店铺公开募股。随后，证监会约谈店主，要求美微传媒淘宝店向所有消费者，即购买原始股的众筹者全额退款。虽然该模式是以此适合大众的众筹试水，也比较接近众筹的本质，但这个门槛过低使参与者众多，证监会也宣布这种融资行为不合理。

第七章 社交平台理财与非法集资

一、社交平台与微信群集资概述

伴随着互联网技术的发展和智能手机的普及，网络社交开始在人们的生活中占据越来越重要的地位，与传统社交相比，网络社交突破了时空的限制，给人们带来了全新的社交体验。人们越来越多地在诸如微博、人人、微信、豆瓣这些社交平台上发出自己的声音。在社交平台给人们带来便利的同时，一些不法分子也开始利用这些平台从事非法集资活动。微信作为一个拥有10亿人用户的超级社交平台，不可避免地成为一些犯罪分子从事非法集资的平台。

截至2016年12月，微信及wechat合并月活跃用户数达8.89亿人。中国信息通信研究院统计，微信直接带动信息消费1742.5亿元，同比增长26.2%，相当于2016年中国信息消费总规模的4.54%（见图2-7-1）。

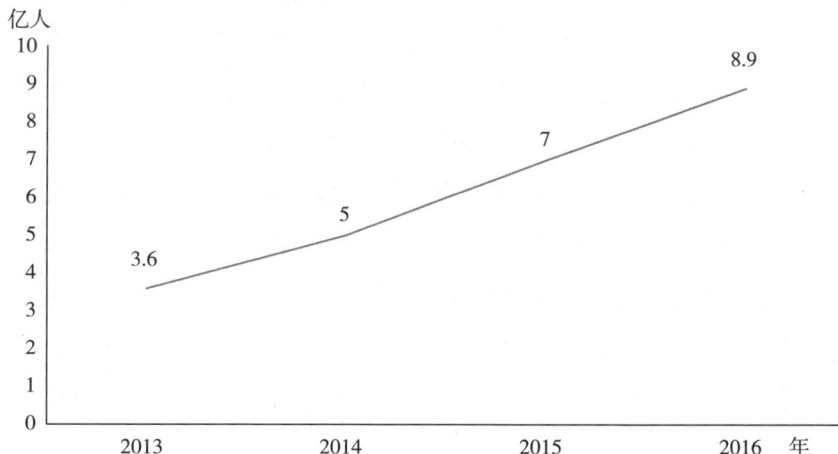

资料来源：腾讯财报，http://www.qq.com/。

图2-7-1 微信月活跃用户数量

与微信用户数量稳步增长对应的是微信用户黏性的上升。根据中国信息通信研究院的调查，2016年微信日均使用时长在4小时以上的深度客户占比较2015年增加1倍（见图2-7-2）。

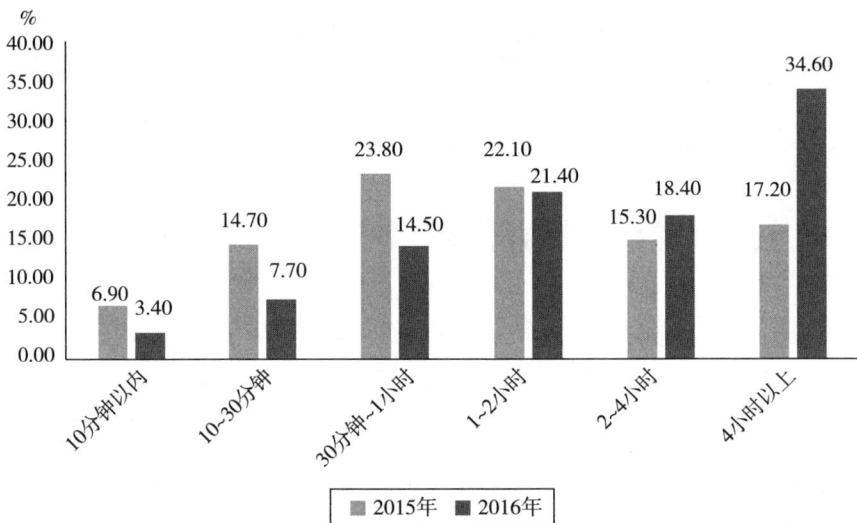

资料来源：《2016年微信经济社会影响力研究报告》，http://www.askci.com/news/chanye/20170417/13435696128.shtml。

图2-7-2　微信用户2015年、2016年日均使用时长

1. 微信用户关系变迁

在满足熟人关系链沟通后，微信好友中的"泛好友"越来越多，微信整体关系链进入稳定期，新增好友更多来自工作环境。根据中国信息通信研究院的调研，2016年，表示好友数量在200人以上的被访者比例近45%，其中好友数量达到500人以上的用户占被访者比例的13.5%，微信作为一个沟通工具，近年来不断帮助用户拓展关系链的上线。

作为弱关系链条的核心枢纽，微信群也成为职业社交的重要载体。企鹅智库调研平台统计，四成以上用户表示，自己加入百人以上微信大群主要是为了企业内部的沟通；基于工作需求拓展人脉而加入百人大群的用户也占到了34.2%。但也有37.3%的用户表示自己是在被动情况下被他人拉入群，如微商广告。目前，80.9%的受访者对微信在工作中的定位核心为沟通、社交推广工具。

2. 微信发展中存在的非法集资风险

微信用户数量的稳步增长、用户黏性的增强及社交关系的转变，给了不法分子可乘之机。传统非法集资为实现投资宣传效果，通常采用广告、传单、宣讲和网站宣传等方式，宣传成本较高，且容易被执法部门察觉。

区别于传统宣传平台，在隐蔽性方面，微信作为私人聊天软件，强调私人隐私和信息安全，必然存在一定的监管真空，非法集资者通过在微信群或私人聊天窗口宣传非法集资产品，不易被监管部门监管。在宣传成本方面，传统的电视广告、传单、宣讲会以及开设网站等方式，均需要投入大量的人力、物力成本，而建立微信群或者利用泄露的用户信息加好友选出几乎是零成本，成本的降低必然使得犯罪门槛降低，非法集资案件数量剧增。在用户流量方面，上面分析了微信活跃用户数量已达9亿人，几乎涵盖我国大部分人口。另外，微信客户还具有一定的筛选作用，将非智能机使用者等不使用微信用户排除，剩余的客户一般都具备一定的投资能力，有助于非法集资者瞄准目标客户，缩小宣传范围，提高成功率。微信的商业转型，尤其是微信钱包即财付通的发展，与银行卡直接绑定，在便捷了用户日常支付的同时，也便于用户投资，相比传统投资烦琐的操作步骤和学习过程，在非法筹资策划者的煽动下，利用微信支付的便捷性，投资者更可能冲动投资。

在传统的投资关系中，无论是借贷还是购买金融产品，原本都应审慎进行，考察风险，签订规范合同。然而，有了朋友圈，即便只是"泛好友"，简单的几句聊天，熟人的几句宣传，当陌生人纷纷在朋友圈里以"朋友"的称呼存在，很多人对微信朋友圈很是信赖，觉得朋友圈都是熟人发的消息，不会欺骗自己，天真的投资者放下防备，奉上资金，在被骗后，有时也碍于熟人面子，不愿揭发报警。微信群、朋友圈非法集资由此越发猖獗。

3. 非法集资的种类及其在微信中的发展

根据筹集资金的媒介不同，当前我国常见的非法集资可以归纳为如下七种形式。

（1）以金融资产为媒介筹集资金。该方式下，非法集资方通过发行或变相发行有价证券或债务凭证等金融产品（如股票、基金份额、企业债券、期货等衍生品），吸引投资者认购其金融产品，并从认购方获得资金。在微信、QQ群最早出现的理财群中，宣传的投资产品就是石油、铜等大宗商品现货交易，由私人成立所谓大宗商品现货交易平台，所谓投资老师指导理财群成员进行投资，靠投资者亏钱来与平台获利并分成。

（2）以实物资产为媒介筹集资金。非法集资方将房地产、土地使用权和物业等实物资产的处置权划分为等额份额，并出售给投资者，以此筹得非法资金。为吸引投资者投入资金，通常还会承诺高额利息、定期返利、售后返租、售后回购等。

（3）以彩票为媒介筹集资金。与一些非法集资机构打着票据贴现、货币市场投资等旗号，将非法筹集的资金投资于彩票不同，以彩票为媒介的非法筹资则直接以彩票发行获得收入。正规彩票资金属于财政部的管辖范围，是政府的一种特殊的融资手段，而未经批准发行彩票则属于非法集资范畴。

（4）以商品经销合同为媒介筹集资金。传统的方式是通过销售商品后返租，集资方可以获得大笔现金流，以筹得资金。在微信非法集资案中，有一类诈骗也是以商品经销为媒介，通过朋友圈代购为噱头，低价代购，待付下代购金后，谎称商品被海关扣下，要付高额的关税，若付则损失高额关税，换来不知真假的产品，若不付则损失原货价。

（5）以项目开发为媒介筹集资金。微信理财群中常常会出现类似"××新型项目群""××众筹理财项目"之类的名字，号称投资植树、投资建房项目，从防范意识较低的投资者手中募钱，等钱到手后，或是借口项目失败拖延还款，或是直接拉黑投资者从此销声匿迹。

（6）以电子虚拟产品或电子商铺委托经营为媒介筹集资金。该种方式在微信中发展成各种吸引流量的微信公众号，通过公众号吸引客户，进行虚拟产品宣传。比较典型的一种是成立类似"交通违规查询"之类的公众号，利用公众交通违规后的侥幸心理，提示客户违规交费，多数客户并不会进一步与公安机关核实自己是否违规，也就正中下怀了。

（7）以互联网投资基金为媒介筹集资金。不少微信非法集资方给自已取名为"××资产管理""××基金理财",通过简单注册一个所谓官网来蒙蔽消费者,其余资金支付均通过微信转账实现,连合同都是微信聊天里发送不规范的电子合同。一开始按期支付返利利息等,利用好友用户口口相传且不少人对微信好友防备不足,用户增加,最终资金链断裂,卷钱逃跑。

二、微信群非法集资案例

(一)编造虚假投资项目集资

1. 模式分析

有的微信理财群首先用一个看上去高端的项目和一个极高的回报率吸引人,甚至有自己的官方网站和微信公众号,投资收益保证稳赚不赔,要求是必须交纳大额会费。一个典型的例子就是LCF项目。

2. 案例分析

(1)玄乎而漏洞百出的宣传。据微信群的宣传:"LCF项目是罗斯柴尔德家族在中国打造的首个综合项目,让利10亿元!烧钱做广告,打造大数据!三年后成为物联网的商业帝国!有自己的银行、保险公司、物流公司、网上商城、铁路和矿山等多元化的综合产业链,罗斯柴尔德家族是当今国际上最大的金融帝国,其资产是比尔盖茨的800倍,是马云的800倍,据一些电视台报道,罗斯柴尔德家族实在是太强大了,富可敌国!世界第一大虚拟流通货币将由罗斯柴尔德家族开盘(简称LCF项目)。"

这段宣传使用罗斯柴尔德家族、中央台为自己背书,然而首先据群内人士所述,宣传中的LCF家族就是罗斯柴尔德家族了。那么,LCF是罗斯柴尔德家族的中文拼音luosichaierde family的缩写吗?事实上,罗斯柴尔德家族的英文是Rothschild Family。其次,所谓罗斯柴尔德家族是当今国际上最大的金融帝国也不过是《货币战争》一书的误传,事实上,罗斯柴尔德在历史上确实显赫一时,不过经过了第一次世界大战和第二次世界大战,犹太家族的身份使家族的资产严重受损,现在只是一个未能上市的小型家族银行，家族中最出名的反而是红酒品牌"拉菲"。罗斯柴尔德银行的官方网站已经发布官方新闻明确地辟谣，其声明全文如下：

针对LCF项目的声明：

我们近日获悉一项在中国自称"罗斯柴尔德家族LCF项目"的非正规集资活动。该集资活动宣称其为投资电子货币或物联网的基金项目。有关该集资活动的网络广告显示活动网址为www.hlcf586cn.com。我们特此澄清并提请投资者留意：该"罗斯柴尔德家族LCF项目"未经许可在其集资活动中冒用了我公司"Rothschild"及"罗斯柴尔德"名称。Rothschild & Co.与该集资活动没有任何关联。[①]

另外，官方电视台也并没有关于罗斯柴尔德家族富可敌国的报道，也没有任何可靠消息表明罗斯柴尔德家族发行过任何的数字货币。全球巨头公司中目前只有IBM计划推出自己的数字货币，但这种数字货币是基于对业务的深度开发，与比特币、瑞泰币、莱特币这些传统的加密货币不同，并未对外发行，目前也只是处于测试阶段。LCF项目的组织通过复制各种罗斯柴尔德家族的报道和活动伪装自己，其本质不过是利用大家对这个被神化了的家族的实际情况一知半解。而且根据罗斯柴尔德官方网站的公告，现在公司的主营业务方向已经转向提供金融咨询服务，很难想象这样一个公司会大举进入物联网购买地产、矿山和铁路等固定资产。

再看他们的微信公众号，所谓官网是一个没有认证的个人账号，一个不知其所云的微信号，至于功能介绍，还是那段宣传，却出现多处标点符号错误，一个如宣传中那样高大上的项目会犯这种低级错误吗？

---

① 资料来源：罗斯柴尔德公司官网，https://www.rothschild.com.

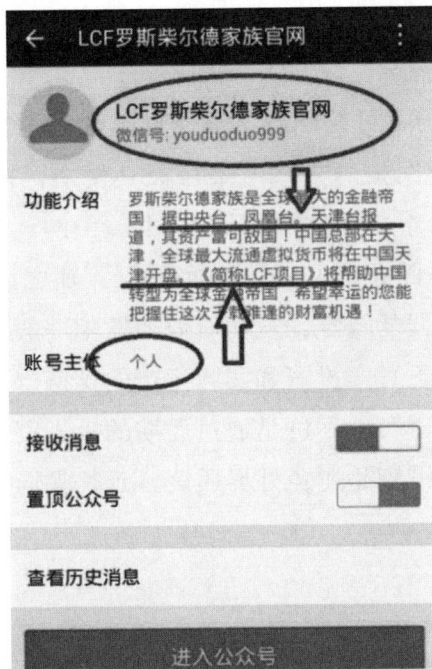

图2-7-3　LCF罗斯柴尔德家族官网微信号截图

（2）低风险、高回报的反投资规律。众所周知，风险与收益成正比是投资亘古不变的定律，庞氏骗局则往往反其道而行之。骗子们通过强调较高的回报率吸引不明真相的投资者，而完全淡化投资的风险因素。所谓的LCF项目宣称"注册就送3000积分、2000积分、1000积分，1积分=3元，赚钱，快！LCF项目目前注册就能赚！不需投资！投资LCF项目最快一个月赚30万元，推广市场还会赚更多的利润，以后接下来每个月还是赚不停！"就是强调"投资必赚，绝无亏损"，以远高于市场平均回报的投资路径为噱头，而绝口不提投资的风险因素。

（3）拆东墙、补西墙的资金腾挪回补特征。由于根本无法实现承诺的投资回报，骗子们只能依靠不断加入的新客户或其他融资安排来实现老客户的投资回报，这对资金流提出了相当高的要求。因此，骗子们总是力图扩大客户范围，拓宽吸收资金规模，以获得足够的空间用于资金腾挪回补，保证资金链不发生断裂。LCF项目宣称，先期注册的用户是0投资，后期小投入，老客户得到了预期的投资回报，会吸引更多的客户投资，蛋糕不断做大，使资金链断裂的风险不断降低，骗局得以持续的可能性不断增强。

（4）投资诀窍的不可知和不可复制性。他们的投资技巧并不为人所知，极力把获得投资回报的方式渲染得极其复杂，描述得天花乱坠，例如，采用虚拟流通货币，在物联网设置A网、B网、C网三网大财富，使生财之道看上去似是而非却又仿佛切实可行，辅之以前期稳定的超额回报，营造人人都能赚钱的错觉，从而有效地欺骗一般投资者甚至专业投资者。事实上，由于缺乏真实投资和实际生产的支持，骗子们根本没有可供仔细推敲的"生财之道"，不过是通过后期的投入资金弥补前期的超额回报。投资诀窍的复杂模糊是避免外界质疑、延长骗局持续时间的有效招数之一。

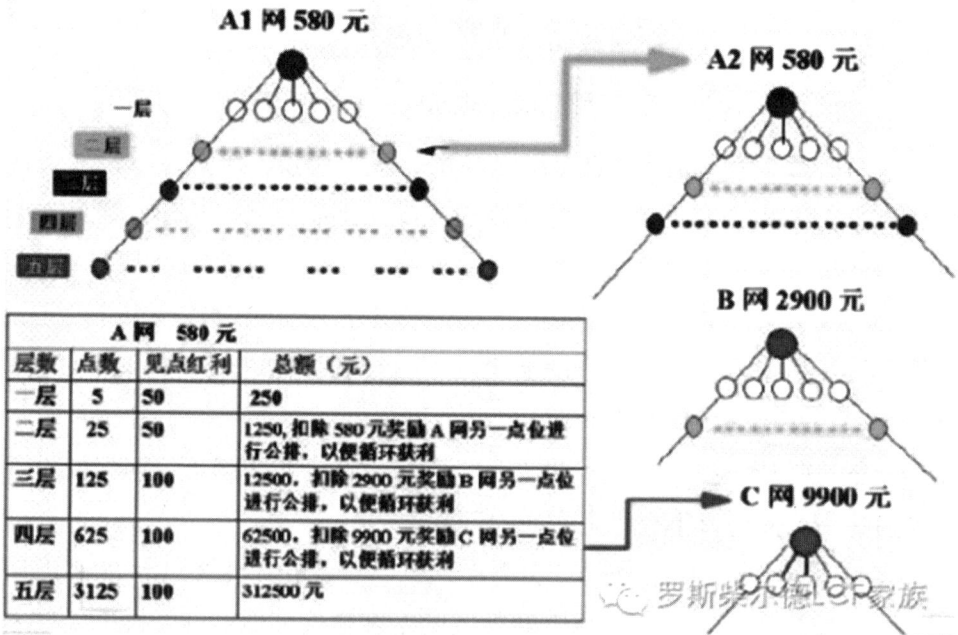

表格内容：

A网 580元			
层数	点数	见点红利	总额（元）
一层	5	50	250
二层	25	50	1250，扣除580元奖励A网另一点位进行公排，以便循环获利
三层	125	100	12500，扣除2900元奖励B网另一点位进行公排，以便循环获利
四层	625	100	62500，扣除9900元奖励C网另一点位进行公排，以便循环获利
五层	3125	100	312500元

资料来源：知乎."LCF项目"就是一个彻头彻尾的骗局" [EB/OL]. [2017-11-07]. https：//zhuanlan.zhihu.com/p/22784412.

图2-7-4　骗局示意

（5）投资者结构的金字塔特征。为了支付先加入投资者的高额回报，庞氏骗局必须不断地发展下线以维持稳定繁荣资金链，一般通过利诱、劝说、亲情、人脉等方式吸引更多的投资者参与，从而形成"金字塔"式的投资者结构。塔尖的少数知情者通过榨取塔底和塔中的大量参与者而获利。最终仅有塔尖的知情者获利，塔中和塔底的大多数参与者血本无归。

（二）销售虚假理财产品集资

1.模式分析

一些微信理财群通过发售虚假的理财产品，用高额回报吸引朋友投资，最终必然面临资金链断裂，投资者血本无归的结局。

2.案例分析

银川市"90后"小伙马阳阳（化名），通过在微信朋友圈宣传一个外地上市公司的理财项目，在不到一年的时间非法集资1000多万元。目前，已被兴庆区检察院批准逮捕。

马阳阳（化名），石嘴山人，2009年从学校毕业后，辗转在石嘴山、银川，从事过广告、保险等行业的工作，2015年以来一直在家待业。

2015年，马阳阳无意中从网上了解到，一家叫深圳融通基金管理有限公司的上市企业，其理财产品受到很多人的青睐，而且有较高的投资回报。马阳阳从中发现"商机"，于是在网上购买软件，搭建起一个虚拟平台，自称深圳融通基金管理有限公司北京分支机构宁夏负责人，他以深圳融通基金管理有限公司宁夏分公司的名义，宣传金融产品"融通基金理财100"，以投资十天可获得20%~30%的高额利息为幌子，通过微信和口口相传的方式面向社会不特定人群发展投资客户。

起初，马阳阳按照承诺，返还投资人允诺的利息收入，很多尝到甜头的投资者又将朋友拉入圈中。随着投资额不断扩大，马阳阳下调利息到15%~20%，最终共有200多人参与该平台进行投资。2016年7月，网站平台突然关闭，马阳阳消失，手机也关机，大量投入的资金无法兑现，投资者们才意识到受骗。

这些承诺了高收益的理财产品，大多没有所对应高收益的投资项目，最终只能是资金链断裂的结果。而且，高收益的产品理应对应着高风险，而这些微信理财群却宣称可以保证一个极高的收益率，这本身就不合理。因此，这个事件告诉我们，没有天上掉馅饼的事情，对于宣称无风险的高收益投资项目要保持警惕。

（三）非法吸收公众存款放贷

1. 模式分析

这一非法集资的手段与过桥贷款类似。首先，犯罪分子以高利息为诱饵吸引受骗人加入微信群并向受骗人借款，待收到受骗人的款项之后再以更高的利息向他人放贷。通常在这类案件初期，由于借款人能够及时还款，犯罪分子能够按时足额支付受骗人利息，受骗人一般不会察觉，反而可能向犯罪分子提供更多的借款。但是如果借款人经营不善，无法按时偿还本息就会导致整个资金链条的断裂，最终受骗人的资金将血本无归。

2. 案例分析

"珠江汇"是2013年11月1日成立的一个微信群，成为"珠江汇"成员需要符合一定的条件，群内成员通过该平台进行联系，相互间可以进行资金拆借，成员间的借贷要求是当月还款。

2014年1月至7月底，犯罪分子冯达理利用"珠江汇"，以支付高额利息为名，先后向群内成员尚某甲、张某甲等多人多次循环借款，并支付每月3分的利息，之后以更高额利息，有时月息4~5分，有时月息6~7分出借给何某、程某夫妇等人，借款高达1亿多元，全部用于和品集团的生产经营。

初期，经营生意的何某夫妇能按时还款，但是从2014年7月开始，何某夫妇由于经营不善，未能及时还本付息，导致冯达理资金链断裂，不能及时归还集资来的款项，导致其与微信成员间的借贷关系难以维系。

至案发前，冯达理非法吸收公众存款累计人民币3.5亿元，造成受骗人尚某甲、张某甲等40多人共计人民币3400万元无法归还。2014年8月5日，冯达理到公安机关投案自首。

（四）以"金融互助"为名集资

1. 模式分析

犯罪分子首先在微信朋友圈中宣传某种"以小博大"的"互助投资"方式吸引投资者加入微信群。待投资者加入微信群后，犯罪分子要求投资者支付一定的资金给"群主"，并宣称"群主"为轮流坐庄机制，人人最后都能成为"群主"获得高额的投资回报，并且引诱投资者继续拉人进群，其本质是用后来人的资金支付前人的回报，是一个庞氏骗局。

2. 案例分析

这里以"野狼互助"为例分析"金融互助"模式非法集资的手段。

"野狼互助"首先通过微信朋友圈发布诸如"投资2000元就能快速获利6.7万元""一次投入3000元，20天左右回报8.2万元后出局""掏300元，半小时赚1350元"等消息，引诱投资者加入微信群。投资者加入微信群后，部分群内人员开始推送鼓动信息和游戏规则，如图2-7-5所示。

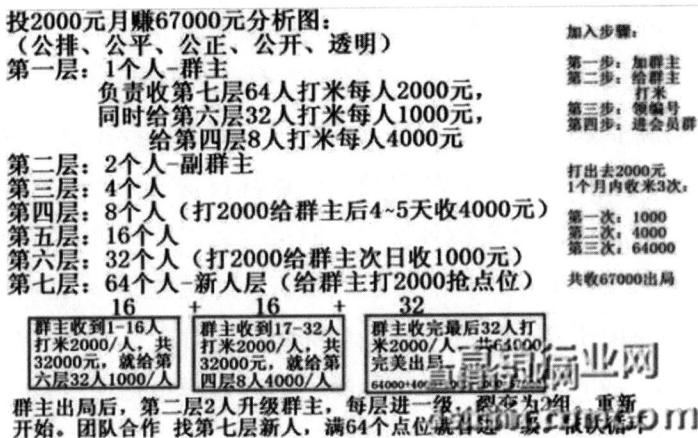

资料来源：野狼模式揭秘："庞氏骗局"再现微信朋友圈，http://www.chndsnews.com/baoguang/2016/0322/63132.html。

图2-7-5 微信诈骗细节

微信群内发布的游戏规则显示：团队共有七层，第一层为群主，1个人；第二层为副群主，2个人。依次类推，到第六层为32人，第七层为新人层，可收64人。参与该项目需一次性投入2000元，才有资格从新人层开始排位。新人层排满前16个点位后，收到的32000元平分给第六层的32人，每人1000元。新人层排满32个点位后，之后收到的32000元平分给第四层的8人，每人4000元。新人层64个点位全部排满后，后面收到的64000元分给群主，群主随之出局。副群主晋升为群主，该群也由此分成两个群，然后重新开始新人层的排位。根据这套规则计算，从新入群到成为群主被振出局，依次获得1000元、4000元、64000元收入，而投入仅为新入群的2000元，最终可获利67000元。不难看出，投资者获得的回报完全依靠新人的投资支付。

除了传销模式固有的危害之外，"野狼互助"这种模式本身也存在极大的危害和风险。仔细推敲就容易得出，想要从新人到成为群主出局，并不是一件容易的事。从最底层的新人开始，每上升一层就要64个新人加入。那么做到群主就需要至少384人加入，再到出局至少需要448人参与投资，才可能获得理想回报。更何况这还是最理想的状态，由于"野狼互助"是裂变式的，一个群主出局，就会分裂成两个群，而这些分裂出来的群之间互为竞争关系，所以64名新人想要全部出局，涉及的人群将非常庞大。如果没有新人加入，后面进群的会员最终将血本无归，成为欺诈的最大牺牲品。

此外，"野狼互助"模式的资金安全也没有保障。新人投入的资金都是直接通过微信转账的方式直接转给群主，然后由群主进行分配。资金缺乏有效的监管，群主身份无从识别，一旦其卷款消失，投资者根本无力维权。虽然个人投入的资金相对较少，但集合起来数额可观。而不法分子也正是利用个人投入低这一特点，迷惑投资者，诱使其参与，其危害性不言而喻。最后，由于新人进群的资金全部由群主分配，那么完全可以由一个没有投入任何钱的人自己当群主开群，然后通过推送这种模式拉新人入群，显然，这是一种赤裸裸的欺诈行为。

三、微信投资理财群的非法集资认定

（一）非法性

非法集资是违反国家金融管理法规的规定，向社会公众吸收资金的行为，区别于从前的未经有关机关批准，突出了非法集资行为的违法性。

微信投资理财群中出现的投资理财项目，首先需要判定其是否是非法性质的，这主要从集资主体、集资项目和批准单位等方面进行判断。根据有关规定，合法集资主体仅限于股份有限公司或有限责任公司，或其他依法设立的具有法人资格的经济组织；合法集资必须目的正当，主要用于企业的设立，扩大再生产或经营；合法集资行为的发生须按公司法及其他有关集资的法律、法规规定，严格按照法定的方式、程序、条件、期限、额度、募集对象进行；合法集资的准机构一般为中国人民银行或国务院证券主管部门。

根据以上标准，出现在微信理财群中的集资项目凡是在批准上不符合上述规定的均可以认定为非法集资项目。

（二）高回报率

非法集资一般会作出定期还本付息的承诺，以吸引公众存款，且承诺的收益率非常高。

在微信投资理财群中出现的非法集资活动，大多数具有高回报率的特点。一般来看，支付宝公司的天弘基金年化收益率在4%左右，这在短期金融理财产品中已经相当可观。在银行类的理财产品中，一般短期收益率也集中在3%~4%，长期理财产品可能达到5%左右。信托类投资产品预收益率可能达到8%~11%，但实际远远达不到这一水平。

与上述合法的理财产品相比，微信投资理财群中的项目收益率极高，根据公安部已经处理的案件来看，许诺的年利息低者16%~18%，高者达到30%~40%。这已经大幅超过社会平均利率水平，当我们在微信群中遇到类似畸高收益率的项目时一定提高警惕，这可能就属于我们提到的非法集资项目。

此外，我们还需要认识到，正规的合法理财产品，其利息的发放和本金的偿还都有固定的标准和时间安排，不会出现随意发放的情况。但非法集资项目为了吸引和欺骗消费者，在项目的前期会给集资参与者较高的收益率，后期则会出现偿还不利的情况，这需要我们引起警惕，很可能遇到的是非法集资的诈骗团伙。

（三）社会性和公开性

微信投资理财群中出现的集资项目，一般来讲都是属于面向社会公众的，微信群中的成员彼此之间并不认识和了解，当我们身处这样的微信群中的时候，必须意识到这就是在针对不特定对象进行集资活动，很可能属于非法集资项目。

我们国家对于向社会不特定对象集资监管非常严格，有严格的审批程序和流程，在监管上也非常慎重，对于集资项目的宣传方式也有要求，绝不可能通过私下隐秘的微信群的方式来进行，微信群的隐蔽性一般情况下都是非法集资用于掩护自身犯罪活动的手段，需要我们提高警惕。

四、微信群中非法集资的防控措施

在我们的实际生活中，中老年人由于缺乏金融知识，对于风险敏感度不高，对于微信等现代交流方式缺乏防范意识，很容易成为诈骗的目标。因此，加强宣传教育是防控非法集资的重要手段。具体方案包括以下八个方面。

一是谨记高回报伴随高风险。大部分人在微信群中参与集资项目时，一般都是被其中的高利息和入股分红所吸引。但其实当你看中的是别人许诺的利息时，别人看中的是你的本金。因此当遇到类似情况时，一定要注意提高警惕。

二是不要单独决策，要与他人商量。一个人的决策很容易被骗子左右，陷入某种误区，难以看到其中的风险。而且一个人决策遇到骗局后，由于不好意思，羞于与家人说，造成报案不及时，损失扩大，精神上也遭受较大压力。因此，大家一定要多人商量后作出决策。特别是在微信群中，一人受到蒙骗后很容易当时就作出投资的决策，给骗子提供可乘之机。

三是不要贪图小利发展下线。有些人购买理财产品后，收到收益后会接受骗子"返点"的诱惑，将项目介绍给身边的亲戚朋友，介绍更多的人进群，成为骗子的帮凶，让身边的人也受到损失。

四是审慎选择投资理财对象。在微信群中遇到的投资理财项目，要做好相关的信息查询工作。我们在各省的工商行政管理部门可以查看企业的注册信息、注册资本、股东、注册资本等信息，还可以查看企业的不良信息。要在充分了解和判断的基础上作出决定。

五是查询融资企业需要具备的金融资质。我国金融企业实行准入制，从事金融业务需要许可证。如果遇到融资项目，要先在监管机构的金融许可证信息网上的查询平台查询融资企业是否具有许可证，如果不具备就不要参与集资，以免受骗。

六是对融资项目本身要进行审核。很多非法集资项目包装了非常高大上的旗号，如生态庄园开发、修建养老公寓、投资机场高速建设等，一般人很容易受到蒙蔽。但其实每个项目都需要审核，在投资前先查询和审查其是否经过许可。

七是遭受损失要及时处置，切忌拖延。如果一旦产生不能定期归还本金或者利息的情况，不要轻易相信对方的解释，要及时向公安机关报案，立案机关会根据案情需要查封或冻结集资者的财产，避免进一步扩大损失。

八是维权要理性，不要采取过激手段。当发现自己受骗时，要及时寻求专业法律帮助，采用合法手段维权，不要自行行动，以免遭受更大的伤害。[①]

---

① 资料来源：防骗大数据.防范非法集资十条预警信息 [EB/OL].http://www.najiaoluo.com/shenghuo/4697764.html。

第八章　互联网非法资产管理平台与非法集资

一、互联网资产管理行业现状

（一）互联网资产管理的定义

根据中国人民银行颁布的《关于促进互联网金融健康发展的指导意见》[①]，互联网金融的主要业态有：互联网支付、网络借贷、股权众筹融资、互联网基金销售、互联网保险、互联网信托和互联网消费金融。

尽管官方对于互联网金融的分类没有互联网资产管理这一类别，但它已经分散在其他类型的产品和服务中。资产管理指的是委托人将自己的资产委托给受托人，由受托人提供理财服务，进而获得投资收益的行为。而互联网资产管理则是一种利用互联网进行的资产管理。总体上说，互联网资产管理是一种代客理财的互联网金融模式，而网络借贷、股权众筹融资分别是通过债权或股权为标的的互联网金融模式。

（二）互联网资产管理的分类

1. 互联网资产管理的发展历程

随着互联网及移动互联网的快速发展和普及，许多传统行业与互联网技术深度融合以促进产业升级，增强其创新能力与产品竞争力，更好地迎合市场需求，"互联网+"应运而生。其中"受人之托，代人理财"的资

---

① 详见中国人民银行官网。

产管理行业更需要把握住当下机会，依托互联网平台及大数据、云计算等技术扩大客户群体，满足多层次的财富管理需要。

互联网资产管理是互联网金融发展到一定阶段的产物。在互联网金融发展初期，P2P、第三方支付平台、宝宝类货币基金在市场中占据主要地位，此阶段行业整体规模较小，客户数量有限，各个业务之间基本处于独立，业务类型较为单一。

而随着互联网金融行业规模的迅速扩张，投资者数目的急剧扩增，资金的大量流入使得资金需求端，即纯信用模式下的优质借款人的数量增长无法跟上资金供应端的增长速度，此时互联网金融行业，尤其是P2P陷入严重的"资产荒"①。此时为了满足投资者的投资需求，各大互联网金融平台开始寻找新的模式，互联网资管行业开始兴起。

根据互联网资管的发展过程，可以把它分为三个阶段：第一阶段的互联网资产管理是仅仅将互联网作为销售渠道，将线下的资管产品通过互联网进行线上销售，扩大客户范围并节约相应成本。第二阶段的互联网资产管理则是通过应用互联网相应技术，如云计算、大数据等对已有数据进行分析，智能化为不同需求的客户提供不同方案的资产管理策略，如已经出现的智能投顾。第三阶段可能需要放在数字货币的框架下讨论。在这个阶段数字货币用一套去中心化的方法，用密码、算法、公共总账解决交易中的信任问题，成为新的流通手段和价值贮藏工具，最终这套机制对资产管理行业会产生变革性的影响②

2. 互联网资产管理的类型

互联网资产管理可以根据其业务模式分为以下五个类型。

（1）被动型智能投资。被动型智能投资模式指的是互联网金融资产管理平台通过信托、证券等金融机构合作获取金融资产权益，通过借助金融机构风控技术及信用支持，整合不同类别的资产来设计满足客户风险与

---

① 晨晓光.互联网金融与资产管理的业务模式 [EB/OL]. [2017-02-01]. http：//www.360doc.com/content/17/0201/12/36163859_625777827.shtml.

② 肖风.互联网资管 3.0 时代是数字资产的管理 [EB/OL]. [2014-08-08]. http：//finance.sina.com.cn/money/fund/20140808/183319957512.shtml.

收益偏好的投资产品。被动型智能投资平台通过线上测评的方式来获取用户的风险偏好，并利用智能化策略算法向用户推荐投资策略。该模式具有个性化配资、低服务门槛、低交易费用、透明程度较高等特点[①]。其具体操作模式如图2-8-1所示。

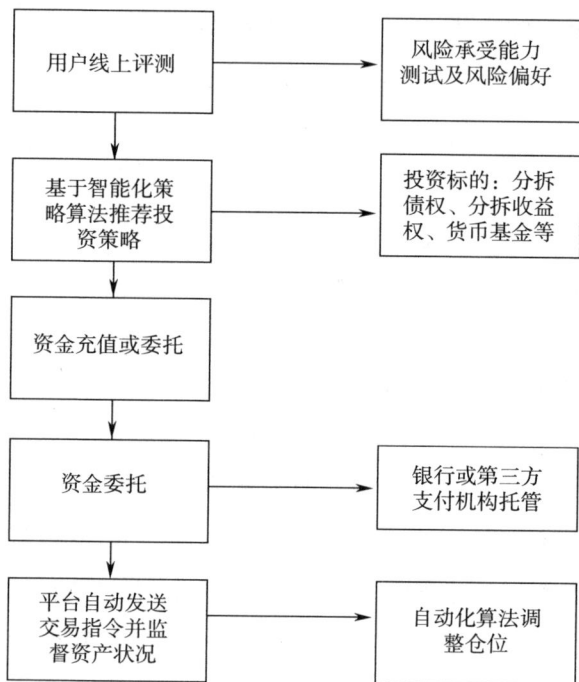

图2-8-1　被动型智能投资

（2）策略共享型组合投资模式。策略共享型组合投资模式指的是平台通过线上测试来获得用户的风险偏好，并根据相应数据分析及智能匹配向用户推荐符合其风险偏好的投资组合供其跟投。这种模式将网络社区概念融入资产管理，降低了策略分享和获取的成本，有效扩展了资管服务的时空范围，同时使其资产管理服务更加隐形和自动化，也提升了客户对资产管理的参与度与主动性。

（3）O2O服务模式。O2O服务模式指的是平台通过在线上提供免费的资产诊断服务来获取客户量，再通过线下进行收费的专家咨询服务，为不

---

① 鄂春林.互联网金融资产管理：业务模式与发展路径 [J]. 南方金融，2016（8）：9-15.

同类型的客户提供全方面、一站式的互联网资产管理服务。这种模式利用互联网媒介获取客户流量，有效地降低了成本，并实现了线上行为养成到线下需求满足的有效链接。其具体服务模式如表2-8-1所示。

表2-8-1　　　　　　　　　　　O2O服务模式

服务类别	服务项目	收费模式	盈利及收益模式
线上智能化服务	收入支出分析	免费	1. 吸引客户，培养财务管理习惯 2. 培育有资管需求的客户
	用户资产状况分析		
	投资账户整合分析		
	用户负债状况		
	用户总体财务状况报告		
线下个性化服务	投资顾问远程视频支持	按类型收费	满足客户个性化需求
	线下资管咨询服务		
	税务优化管理及咨询		实现平台盈利
	财务咨询服务		

（4）账户智能管理模式。账户智能管理模式指的是通过智能化管理账户的方式来实现资产管理的优化，平台通过向投资机构或投资顾问提供智能化账户管理服务来便于投资顾问规模化扩展用户。该模式将传统的资产管理服务由线下转为线上，并以智能化辅助工具为切入点来绑定资管双方。其具体模式如表2-8-2所示：

表2-8-2　　　　　　　　　　账户智能管理模式

服务对象	服务项目
投资顾问	客户引流
	客户投资账户整合管理
	预设投资组合管理
	自动交易及调仓功能
	投资业绩报告生成
	客户收费管理
投资顾问的服务客户	客户在线测评及投资组合智能推荐
	投资账户查询
	投资绩效报告查询
	在线交流平台及社区

（5）量化投资模式。量化投资模式是基于高频交易、量化投资分析等技术为客户定制相应的投资策略。服务模式主要有以下流程：客户接受风险能力测试，并部署交易策略，与此同时平台提供自动化高频交易能力并实时监测资产状况，根据客户的量化策略进行服务。其具体操作如图2-8-2所示。

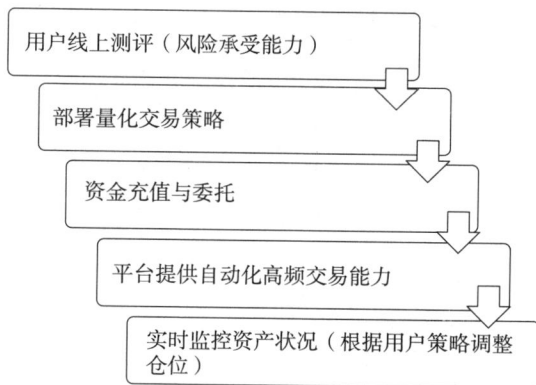

图2-8-2　量化投资模式

（三）互联网资产管理行业现状

1. 互联网资产管理行业的发展态势

前瞻产业研究院发布的《2017—2022年中国资产管理行业市场前瞻与投资战略规划分析报告》显示，2012—2016年，我国资产管理规模实现快速增长。2012年，我国资产管理规模为27万亿元；到2016年，资产管理规模已达到116万亿元，年均复合增长率高达43.97%。与此同时，2016年我国网络资产管理已接近2.8万亿元，平均单用户投资6300元，网络资产管理市场规模稳步扩张①。

---

①　数据来源于艾瑞咨询。

资料来源：前瞻产业研究院发布的《2017—2022年中国资产管理行业市场前瞻与投资战略规划分析报告》。

图2-8-3　2013—2020年中国网络资管规模

2. 当前互联网资产管理行业的特征

在看到网络资产管理市场规模稳步扩张这一态势的同时，不可否认地是，目前互联网资产管理行业尚处于初步发展阶段，相关的法律界定也尚未明确，缺乏完善的监督体系与具体的法律法规，相关企业资产管理水平良莠不齐，同时不少投资者也因盲目投资而受到财产损失。网络资产管理行业的发展并未与整体资管市场发展保持一致。目前，互联网资产管理行业有以下三个特征。

（1）潜在市场的规模巨大。一方面，经济快速发展带来财富的迅速积累，高产阶级的人数及资金量均有大幅度上升。兴业银行与波士顿咨询公司发布的《中国私人银行2017：十年蝶变十年展望》研究显示：2011年家庭可投资金融资产在3000万元以上的超高净值人群仅为11万户，所拥有的可投资金融资产占全部个人可投资金融资产的16%；到2016年，这一人群的数量已超过30万户，资产占比上升至24%。高产阶级可投资金融资产的大幅度上升带来了巨大的投资需求。另一方面，在数字金融、普惠金融不断发展的大背景下，资产管理的客户群体发生了较大变化——由之前少数金字塔尖高净值群体逐渐扩展到目前的全客层群体，极大地拓展了互联网财富管理的服务需求、潜在用户规模和应用场景[1]。

（2）行业较为分散，参与主体众多。虽然存在合法、合规的灰色地带，但越来越多的社会主体从事以资金为标的的金融资产管理：一是有更多的传统金融机构开始拓展互联网资管；二是有巨大的流量和相当客户规模的电商平台向个人金融服务领域延伸，实现多元化发展；三是非金融业的实业企业，利用自身的线下客户基础及独特的产品使用场景切入互联网资产管理行业；四是P2P互联网借贷平台继续向互联网资产管理平台转型升级。

（3）资管水平不齐，风险程度大。目前，互联网资产管理行业尚处于初期发展阶段，行业水平参差不齐。部分资产管理平台缺乏必要的资产管理能力、客户管理能力、技术能力及内控管理能力，而使客户面临较大的风险敞口，同时互联网资产管理的客户群体相对年轻，缺乏风险意识，难以理性地看待风险与收益，促使部分互联网资管平台单纯通过高收益来吸引流量，更加使市场处于一种混乱波动的状态，加大了资产违约的信用风险。与此同时，目前国内仅有半数的机构能提供3种及以上大类投资产品，当机构仅能提供有限的投资产品类型时，将难以"一站式"地满足客户对资产配置的多元化需求，进一步加剧了风险。

3. 当前互联网资产管理平台的非法经营问题

在目前的互联网资产管理平台中，存在着不少非法经营问题。资产管理产品依靠互联网，在商业模式、产品设计、业务流程等方面持续创新，构建更加多元、透明、高效的"互联网+资产管理"生态链，可以在降低经营成本的同时，填补市场需求空白。但值得注意的是，开展金融业务须符合相应的前置许可，并严格按照行业的专门法律、法规、规章、政策等进行经营。其中，对于资产管理业务经营有明确的监管要求，经营主体开展此类业务需符合特定的设立条件、投资范围、合格投资者制度、禁止性行为要求等条件。[2]因此，在资产管理产品的设立、发行、交易、销售等

---

[1]　中国金融新闻网. 2017互联网财富管理白皮书 [EB/OL]. [2017-08-07]. http：//www.financialnews.com.cn/cf/201708/t20170807_122318.html.

[2]　郭君磊等. 互联网理财平台的风险及合规建议 [EB/OL]. [2018-08-19]. http：//www.360doc.com/content/17/1226/17/16244952_716486003.shtml.

环节，均需要获取相应金融监管部门的审批和对此发放的相应牌照，否则就会属于非法的金融活动。

事实上，部分互联网资产管理平台在业务创新过程中绕开了现有的金融监管体制，违背了"线上与线下相一致"的监管原则。而发生在互联网资产管理领域的违法违规情况大多数都是会构成非法集资罪和诈骗罪。目前，已经被认定为非法网络资产管理的平台均受到相应的惩罚或倒闭，但由于互联网资产管理行业中企业所涉及的跨界经营，相关资产形式界定较为模糊，许多资产管理平台仍处于灰色地带，非法资产管理现象仍旧存在。

二、互联网资产管理平台的非法集资类型

（一）互联网资产管理平台违法情形概述

当前互联网资产管理平台涉及的违法类型众多，大多是借助"互联网+"概念，企图绕过当前监管机构对金融执业的严格要求，在监管尚未覆盖到的空白地带开展业务。在互联网资产管理平台现已发生的违法案件中，绝大多数都被司法机关认定为涉嫌非法集资，总体上可以分成以下两类情形。

1. 横向

开展资产管理业务通常可以具体分为面对少数投资者具有私募性质的资产管理业务和面对社会公众的公募性质的资产管理业务。当前，对于私募类监管机构实行备案制，因此资产管理平台开展业务受到的限制较少，而公募类业务则需要相应监管机构的审批，对监管平台有严格的要求。根据互联网资产管理平台是否对其资产管理业务进行相应的备案和申请审批，判断其具有相应的资产管理资质，这样可以将其分为不具有资产管理资质而违规开展资产管理业务的平台，此类平台由于其根本未对其资产管理业务进行备案和审批，所以发生跑路现象的可能性极大，同时会给投资者带来极大的风险，造成极其不良的影响；或者是具有相应的资质，已对资产管理业务进行了备案和审批，但是在开展业务方面不规范，此类互联网资产管理平台往往已经在相关金融监管部门备案和获得批准，但是在开

展业务过程中，为了扩大业务规模或者提高利润水平，在开展业务的流程当中往往会有不规范的地方，但是由于其资本金实力、风控水平等方面有了一定保障，违规经营造成的后果不如前者的影响巨大，但是也会对市场产生冲击。

2. 纵向

根据互联网资管平台在开展业务的流程上，在资管产品的设计、宣传和销售等环节上，无论是否具有相应资质的互联网资管平台，均会涉及违规，拥有资质的互联网资管平台会因为扩大业务规模，追求更多的利润等原因涉嫌违规，而不具有资质的互联网资管平台可能单单是为了吸引更多的投资者，诈骗更多的资金。

非法集资类型详见图2-8-4。

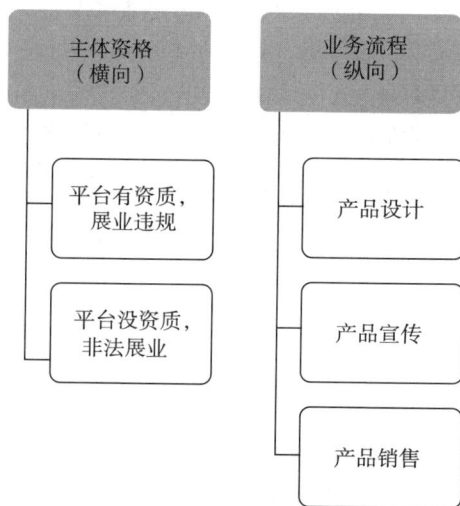

图2-8-4 非法集资类型

（二）互联网资产管理平台非法集资类型

1. 平台有资质，展业不规范

传统持牌资产管理机构的目标群体除了机构投资者外，主要集中在中高端群体和高净值客户，服务范围十分有限，不能很好地满足普通大众对于金融服务的需求。同时，当前市场环境的低利率情况以及行业竞争的不断加剧，导致资产端收益率持续下行，寻找市场上收益率相对较高、风险相对可控的优质资产变得越发困难，呈现出"资产荒"的局面。资产管理行业只有通过更加有效地拓展获客渠道和扩大资产管理规模，才能弥补由资产收益率下行对盈利带来的负面影响，保证行业的利润水平。

由此，互联网资产管理平台借助互联网优势，突破法律、法规的严格规范，将线下对特定对象发行的私募产品或者是信托计划等通过线上向非特定公众销售，或者向特定对象销售但人数突破法定人数限制。同时，未严格执行投资者适当性标准，向不具有风险识别能力的投资者推介产品，或未充分采取技术手段识别客户身份，未揭示投资风险或揭示不充分[①]。

一些互联网平台和地方金融交易所合作，违规进行资产管理产品交易，使其带有公募的特点，这些平台中包括百度理财、京东金融等大型互金平台。资产管理平台、金融交易所及资产管理产品情况详见表2-8-3。

表2-8-3　　资产管理平台、金融交易所及资产管理产品情况

平台	对接的金融交易所	具体产品
百度理财	西安百金互联网金融资产交易中心	百盈、百富
恒大金服	普惠金融交易中心（大连）	恒存金
苏宁金融	南京金融资产交易中心	财富安享（理财计划）
万达财富	普惠金融交易中心（大连）	万惠金
理财通（腾讯）	招银前海金融资产交易中心	招前民鑫
京东金融	普惠金融交易中心（大连）	易宝盈

2. 平台无资质，违规展业

互联网资产管理平台想要从事金融资产管理，申请开展公募业务，需要公募基金牌照。根据《资产管理机构开展公募证券投资基金管理业务暂行规定》，应当符合下列条件：具有3年以上资产管理经验，最近3年管理的产品业绩良好；公司治理完善，内部控制健全，风险管理有效；最近3

---

① 李仁杰．互联网＋资产管理"时代已至 [EB/OL]．[2017-10-25]．http：//www.financeun.com/News/2016119/2013cfn/113815297500.shtml.

年经营状况良好，财务稳健；诚信合规，最近3年在监管部门无重大违法违规记录，没有因违法违规行为正在被监管部门调查，或者正处于整改期间。注册资本要求，资产管理机构实缴资本或者实际缴付出资不低于1000万元。

但是某些互联网资产管理平台并不具有相应的牌照，借助于互联网的方便快捷、受众广，违规开展资产管理业务，最后造成严重不良影响。当前涉嫌非法集资跑路的互联网资产管理平台绝大多数都是没有相应资产管理资质的互联网资管平台。

3. 展业过程中违规

（1）产品设计。在互联网资产管理平台发行的某些产品，是属于私募产品的，而根据规定，私募类产品的投资对象是具有特殊要求的，不能公开向社会公众全体发行。同时，私募类产品要求不能公开进行信息披露。但是互联网资产管理平台往往会采用明星代言、电视广告等形式，类似中晋系的违法资产管理平台已经具有公开宣传和公开募集的性质。因此，对于这种借助互联网优势将私募公募化，传统的监管制度已经失效了。我国的传统的监管模式是机构监管，不是功能监管。互联网资产管理平台如果没有去申请相应的牌照或进行备案，那就会处于无人监管的状态。

（2）产品宣传。互联网资管平台无论是否具有相应的业务资质，为了扩大业务规模都会在产品宣传过程中有意地忽视风险提示，过分强调收益水平，以此来促使投资者进行投资，某些严重的违法违规案件甚至会直接对投资者承诺超出正常水平不合理的收益同时几乎不承担任何投资风险。在互联网宣传流量的帮助下，传播范围会更加广泛，而投资者自身的识别能力有限，对此无法判别。而那些跑路的资产管理平台，更是依靠允诺高收益的方式，吸引了大量受骗者投资了巨额资金，造成了严重的不良影响。

（3）产品销售。金融产品的收益水平和风险水平是相匹配的，而产品销售就是要把与投资者风险承受能力相适合的产品销售给投资者。因此，在现实中，金融监管机构往往会对产品的投资者进行限制，这种限制是为了实现产品风险与投资者风险承受能力相适应。但是在互联网资产管理平台的实际的产品销售过程中，为了扩大业务规模，往往会忽略对投资者的风险提示，不考虑相应投资者的风险承受能力以及产品发生违约风险的可能性，把高风险的产品卖给了低风险承受能力的人。而此类情况当产品不能如期兑付时，就会造成严重的后果。

三、互联网非法资产管理平台案例——中晋系

（一）中晋系非法集资案例简介

中晋系案例是一起错综复杂的互联网金融非法集资案件，截至案发，累计有2.5万余名投资者购买过中晋系产品，总金额高达399亿余元，其中未兑付金额超过52亿元，社会影响极其恶劣。

案件最主要的责任人徐勤，从一个无名小辈，在短短三四年间，成立了庞大的中晋系以及国太系两大派系公司，非法吸收金额累计高达近399亿元。

2011年，徐勤用从亲友和4个合伙人凑来的500万元资金，租下金茂大厦31楼一间办公室，注册上海中晋财务咨询有限公司。

起初，他以每月2%的收益率，短时间内从约40名投资者那里，募集到了5000万元人民币。第一桶金到来后，徐勤的野心变得更大，他想要募集50亿元资金。为了完成目标，他花重金包装中晋公司。中晋扩大经营场所，从最初的金茂大厦扩展到环球金融中心、外滩5号等。与此同时，中晋用10%~25%不等的高投资回报来吸引投资者，甚至在2015年推出了收益率高达400%的产品。为了扩大集资，徐勤还成立了220多家有限合伙企业。徐勤伙同公司高管，先后在多地成立了120多家所谓的实体公司，也就是国太控股公司，通过买虚卖虚，粉饰业绩。

以中晋系从事信息技术的羽泰公司为例：

羽泰公司本身不具备任何研发能力，在外找到一家同样从事信息技术的第三方公司，与羽泰公司签下100万元的合约，号称购买羽泰公司的产

品。同时，中晋系的母公司国太控股将与这家公司再签一份110万元的采购合同，实际上两个合同的买卖都不需履行，国太控股出合同金额10%~20%的钱给第三方公司，贴钱给羽泰公司增加业绩。

这种左手倒右手的游戏，使120多家国太系旗下的子公司都是亏本经营。中晋系每天支出近500万元，一个月就是1.5亿元。短短5年时间，徐勤站上了财富之巅。

2016年4月4日，徐勤在上海虹桥机场被上海市公安局经侦总队截获。徐勤称，当时他正准备飞往香港商讨借壳上市事宜，其余20多名核心高管也于4月5日被全部抓获。

在4月4日当天，上海市公安局经侦总队对涉嫌非法吸收公众存款和非法集资诈骗犯罪的国太控股（集团）有限公司、中晋股权投资基金管理（上海）有限公司、上海中晋一期股权投资基金有限公司、中晋资产管理（上海）有限公司等进行了查处。

根据上海警方4月6日的通报，中晋系公司先后在上海和其他省份注册50余家子公司，控制100余家有限合伙企业，利用虚假业务、关联交易、虚增业绩等方式骗取投资人信任。而极具讽刺意味的是，事发当天中晋合伙人微信号居然还发布消息称："中晋一期基金50亿元完成募集，共募集资金52.6亿元。"

5月13日，中晋系35名高管和业务经理，因涉嫌非法吸收公众存款罪，被检察机关批准逮捕，由公安机关执行。

最终，上海市人民检察院第二分院发布公告称，国太投资控股（集团）有限公司及犯罪嫌疑人徐勤涉嫌集资诈骗罪一案，已由上海市公安局侦查终结移送该院审查起诉，于2016年10月13日依法受理。[①]

（二）中晋资产平台运作模式

中晋资产的主要产品即为中晋合伙人项目，这个项目发展相当迅猛，

---

① 搜狐.中晋资产案首现宣判：在案扣押、冻结款将发还投资人 [EB/OL]. [2018-08-20]. http://www.sohu.com/a/214677865_117933.

在2~3年内吸引了13万名投资者，募集的资金总额超过了340亿元，大多数投资者的投资金额在50万~100万元，最多的达到200万元。

中晋的合伙人分为一般、战略、高级、超级、永久、明星等数个递增级别。这些级别按照投资金额划分，最低为5万元，而较高级别的高级、超级及永久合伙人的投资规模则为1亿元（不过后来有统计资料显示，永久合伙人的投资金额在610万~650万元不等，并非所要求的1亿元）。

虽然中晋的产品在推出时销售火爆，每次都能吸引很多人排长队购买，但事实上这个合伙人项目的运营方式并不光鲜。据一位曾经任职于中晋资产并及时脱身的高管透露，"2013年至今，中晋系的资产运作模式，一直是流向国太控股旗下各非实业公司的自我融资骗局"。[①]

以中晋一期为例：中晋合伙人制度的运作方式如图2-8-5所示。

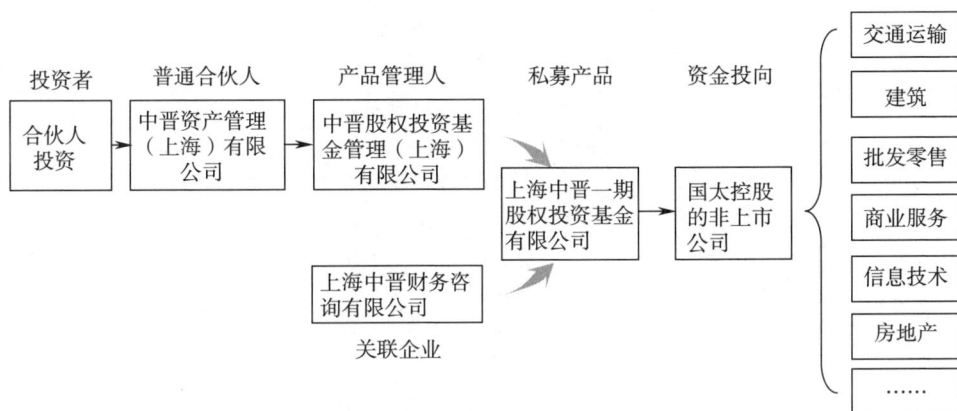

图2-8-5　中晋合伙人制度的运作方式

在整个中晋系的合伙人骗局中，中晋资产管理（上海）有限公司不仅充当了销售产品的角色，还充当了普通合伙人的角色。各个投资者按照其投资额度的大小被列为相应级别的合伙人，然后中晋资产将筹集来的资金交由中晋股权投资基金管理有限公司来管理，最后成立"中晋一期股权投资基金"及"中晋二期股权投资基金"。其中，"中晋一期股权投资基

---

①　汪峥.中晋帝国真相：一个完美包装的皮包公司[EB/OL].[2017-10-23].http://money.163.com/16/0413/08/BKH5201C00254O2B.html.

金"由中晋资产、中晋基金及中晋财务于2013年12月在上海出资成立,至今对外投资的有限合伙企业已多达221家,共募集资金52.6亿元。2014年6月,这三家公司再次出资成立上海中晋二期股权投资基金有限公司,但是直到中晋崩盘前夕都一直没有对外投资。

中晋一期股权投资基金成立后,按照产品合同上列示的资金投向为"国太投资控股(上海)有限公司控股子公司的股权投资、进行流动资金借款(主要为银行委托贷款)",根据很多投资者的说法是投向一些非上市实体公司的可转债项目,而这些公司正是国太控股所有的一些非上市公司,这些公司涉及各行各业,地产、金融、黄金、餐饮、科技、旅行社、航空设备、汽车租赁、服装设计等,近乎无所不在①。中晋系旗下公司情况详见表2-8-4。

表2-8-4　　　　　　　　　　中晋系旗下公司情况

	资产公司	中晋资产管理(上海)有限公司
	财务公司	上海中晋财务咨询有限公司
	基金公司	中晋股权投资基金管理(上海)有限公司
	支付公司	上海千悦企业管理有限公司
	保理公司	中晋商业保理(上海)有限公司
	担保公司	太原中晋科创融资担保有限责任公司
黄金公司	黄金定制公司	中晋黄金(上海)有限公司
	黄金销售、进出口公司	中晋黄金(香港)有限公司
	信息公司	上海羽泰信息技术有限公司
保险公司	保险经纪公司	北京东方华信保险经纪有限公司
	保险代理公司	北京钰诚保险代理有限责任公司
	博物馆	上海国太展览有限公司
	俱乐部	中晋合伙人俱乐部
	典当行	上海中晋震坤典当有限公司
	拍卖行	上海蒂爵拍卖有限公司
	健康金融	上海中晋堂健康科技有限公司
	金融公益	上海中晋公益基金会

资料来源:21世纪经济报道,http://m.21jingji.com/article/20160407/herald/ff5629962b486b48c2b98004b688f51c.html。

---

① 翁榕涛.审判"中晋系":非法集资400亿后,金融骗局如何才能根除[EB/OL].[2017-10-23].http://news.pedaily.cn/201706/20170630416313.shtml.

（三）中晋资产欺诈手段

中晋资产从成立到崩盘总共只有短短3年的时间，可是它却一度成为管理数百亿元资金的超大资产管理平台，推出的产品经常令投资者自愿排长队抢购。在中晋系所有公司运营的过程中，主要运用了以下两种手段来诱导、欺骗投资者。

1. 全面包装欺骗投资者

中晋资产为了让投资者相信它的实力，采取了多种方式进行包装：

一是用广告彰显公司实力。一般的资产管理公司对成本控制要求很严格，不会在广告宣传上大肆开销，而中晋资产却恰恰相反。中晋资产冠名了上海当地有名的相亲节目"相约星期六"，甚至还举办过中晋资产内部人员的专场进行炒作，提高知名度。此外，中晋资产还冠名了国际帆船赛、成立了中晋帆船队，让印有中晋资产标志的大船在黄浦江上日夜游巡，加深在客户心中的印象。中晋资产作为一家金融公司，竟然还请了明星来代言，实属罕见。而且中晋资产的办公地点也选在了上海外滩金茂大厦、环球金融中心等高档写字楼中，诱导投资者认为它们实力雄厚。

二是自称"国资系"骗取客户信任。中晋资产不仅说自己有着深厚的国资背景，甚至还和一个基金会联合推出了"国太金牛奖"，每年评选出在公益事业上有杰出作为的组织，然后自己花钱对它们进行奖励。除此之外，中晋资产还和银行建立了银企合作的关系，还宣称自己是警民合作单位，与派出所有着密切的联系。中晋资产甚至美其名曰有"国资背景"，但事实上就是一个迷惑投资者的烟雾弹。

三是在金融业务方面夸大其词。中晋资产首先宣称自己业务覆盖面广，在保险、黄金等领域都有自己的子公司。然后中晋资产还宣称自己有20亿元的风险备用金，风控能力强。此外，中晋资产还拿私募基金管理人证书来做文章，宣称自己的业务能力是监管机构认可的，具有完备的、高水平的资产管理资质，是个全牌照的金融机构。可事实上，我国法律有明确规定，我国各监管层给出的金融机构备案证书仅仅就是一个备案，这并不代表有关部门和机构对这家私募基金管理公司的业务水平或投资能力的认可。但在实际产品销售过程中，中晋资产利用这些备案、文件手续等夸张炒作，引诱投资者投资，构成了欺诈行为。

四是利用港股上市公司佯装实力雄厚。中晋资产是由国太控股全资控股的子公司，国太控股同时还拥有3家香港上市公司，容易让人以为中晋实力雄厚。但是在香港股市，存在一种叫作"仙股"的股票，就是指股价低于1元的股票。而中晋拥有的3家上市公司正是这样的"仙股"公司，也就是说，想要成为这些"仙股"公司的大股东并不需要投资很多钱，而一旦成为它们的大股东，就可以用香港上市公司大股东的身份来忽悠投资者。所以国太控股投资这些香港上市公司更像是拿钱去做的一个广告宣传，而不是什么资本运作。

五是利用互联网手段进行营销。有人认为，中晋诈骗案爆发的导火索就是中晋一美女高管在微信朋友圈上的炫富营销。中晋的员工经常在微信等网络平台上高调炫富，以此来使客户相信中晋拥有雄厚的实力，把钱投入到中晋之后就能够像那些员工一样致富。然而，事后查明大部分人炫耀的资产都是虚假的，并非他们所有，他们的疯狂炫富只是工作需要，只是为了迷惑手下的客户而已。

2. 违规募资及虚假投资

中晋资产的产品主要是中晋合伙人项目，与中晋股权投资基金一起成立中晋一期、中晋二期股权投资基金，属于私募投资产品。我国法律已作出明确规定，私募基金的销售起点是100万元，不允许拆零销售，因为要求购买私募基金的投资者都是合格投资者，可是中晋合伙人项目的最低起购金额是5万元，已经违反了法律规定。此外，私募基金在销售过程中只能进行私下推介，不允许在公开媒体上做广告和宣传，可是互联网平台早已成为中晋宣传产品的主阵地。按照规定，私募基金不能够承诺保本和固定收益，然而中晋资产的产品不仅承诺了最高达到40%的收益，他们的业务员还会在私下上调收益给客户，以此来筹集更多的资金。中晋资产的这些筹资行为，早已违反了相关法律规定。

对于中晋合伙人项目筹得的资金，目前可统计的资金流向如图2-8-6所示。

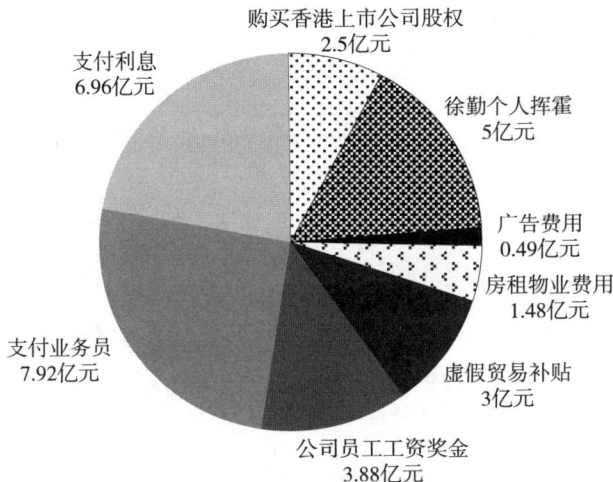

资料来源：嘉丰瑞德.拿投资人的钱穷奢极欲 中晋骗局我们该学到点什么[EB/OL]. http：//money. hexun.com/2016-05-17/183904504.html，2016-05-17.

图2-8-6　中晋系募集资金用途

　　虽然中晋资金的主要流向如图2-8-6所示，但是中晋宣称的名义流向是非上市公司的可转债项目。截至中晋案发日，中晋一期股权投资基金已经向外投资了221家公司，覆盖了金融、黄金、餐饮、科技、旅行社等各行各业。然而事实上，这些公司绝大部分都是国太控股旗下的非上市公司，这就相当于国太控股中晋筹集资金，筹资以后又投入到国太完全控股的项目公司，这具有很大的自融嫌疑。此外，这些公司的大部分都是空壳公司和皮包公司，事后警方按照公司的注册地去调查，发现有的其实是一片联合办公区，一个公司就是一张小桌子和一个工位，完全不可能是能够承接私募股权投资的规模；还有一些公司的注册地竟然是上海某医院的体检中心。由此可见，这就是一个典型的庞氏骗局。

　　由图2-8-6能够看出，中晋合伙人项目筹得的资金实际流向除了用于支付利息外，还有一个流向，就是中晋员工的高额工资以及徐勤的个人花销。中晋员工的基础工资不高，然而那些高级业务员以及高管，月收入能够达上百万元，这与中晋的奖励机制有关。中晋的奖励机制不是拿提成，而是拿利息的扣点。比如，中晋某产品核定的收益是40%，当产品销售完之后，就按照40%的收益打到业务部门的负责人手中。业务部门的负责人从中抽取一定的收益后再往下分，下一层的业务负责人再抽一点，再传到具体的经办业务员手中，经办业务员又会抽掉20%~30%的年化收益。也就是说，投资者将近一半的收益都落在了业务员手中，最后投资者拿到的大约10%的年化收益，其实是整个40%年化收益的1/4。因为这样的工资机制，中晋的业务人员只要管理的资金足够多，带的队伍人数多，月收入百万元不成问题。因此，中晋的高级业务员和高管会大力发展下线，大力筹集资金，最终整个中晋内部组织与传销组织无异。而且，中晋的实际控制人徐勤通过内部人控制手段挪用了大量的公司资金，个人挥霍达5亿元。

四、互联网资产管理平台存在非法集资漏洞的原因

从业内知名百亿元级理财平台到彻底崩盘，轰动业界的中晋系非法集资案给了社会各界一个惨痛的教训。中晋系非法集资案是互联网金融野蛮生长的结果，是一起金额高达400余亿元的庞氏骗局，这起案件的发生给予了我们很多启示。目前我国法律和监管体系的更新、健全速度无法跟上互联网金融的发展速度，造成了一些法律真空地带和监管漏洞，这就要求我国尽快完善法律和金融监管体系；而且中晋系非法集资案的发生也与投资者金融知识缺乏、风险意识薄弱、盲目跟风等原因有关，这意味着我国的投资者需要进一步提高自身金融理财方面的素养；此外，国太控股、中晋资产等公司都不完全具备成立金融公司的资质，其中存在诸多虚假成分，这说明我国监管部门需要进一步提高金融机构的准入门槛，加强对年轻金融机构尤其是年轻的互联网金融机构的审核力度。

（一）法律及监管体系原因

互联网金融具有创新性、跨部门性、联动性的特点，同时也沿着"创新—监管—再创新—再监管"的道路发展，从一定程度来说，是一种摸着石头过河的试错过程。在这一过程中，法律和监管体制的发展并不能完全适应互联网金融的发展。

从法律角度来看，对互联网资产管理的政策一直倾向于积极鼓励与支持引导，但至今尚未公布详细的监管条例、法律法规，并不能进行有效调整，一些业务游离于法律监管之外，处于监管的灰色地带；且法律法规的立法位阶较低，没有相应的法律作为核心来建设互联网金融法律体系，只有各部门出台的部门规章，并不能做到全面进行规制。

从监管体系角度来看，我国现行的互联网金融监管体系是在沿袭传统的金融监管体系的基础上形成的。其基本内容是对传统金融机构互联网金融业务的监管由原来传统金融机构的对应监管部门监管，对新兴互联网金融机构相关业务的监管，则是由人民银行出台具体管理办法或作出风险提示。在互联网金融发展的初期，这一体系是能够满足发展需要的；但随着互联网金融的快速发展，这一监管体系却暴露出了诸多问题。

与互联网资产管理平台相关，互联网资产管理业务与许多类型的传统金融资产领域发生重叠时，如何让互联网资产管理在底层金融资产满足传统监管需求的同时，又有创新发展的空间，监管当局一直在不断摸索前行。在摸索期间，对互联网资产管理平台的监管框架会不断调整，使互联网资产管理平台的定位和发展持续受到影响，也为非法资产管理平台利用不完善的法律和监管体制自我发展提供了生存的缝隙。

（二）金融体系原因

我国一直存在一定程度的金融压抑，利率未能实现完全的市场化，利差依然存在。随着实体经济对金融综合经营需求日益加强，体制内综合经营在分业监管格局下越来越难以实现，互联网作为金融综合经营的低成本拓展方式，其在理念和技术方面的创新层出不穷，在服务实体经济、推动普惠金融发展方面发挥了积极的作用，行业规模不断扩张，得以迅速发展。随着公众财富的积累，理财需求增加，互联网资产管理平台的发展也是顺应公众需求的产物，在这其中非法资产管理平台也应运而生。

（三）投资者原因

互联网资产管理的主要客户群体相对年轻，资产总量相对较少，金融风险意识较为缺乏，面对不同类型的金融产品经验不足[①]。投资者对风险与收益的看法不够理性：一方面信奉高风险高收益，认为互联网资管平台的风险高过银行、证券公司等持牌的传统资管机构，希望得到高于传统机构的收益率；另一方面又盲目将平台视为信用中介，要求平台实现刚性兑付，对本息损失零容忍，这违背了风险收益相匹配的基本规律。另外，当出现兑付问题、平台跑路时，投资者会转而寻求政府买单，明示性救助机制缺失，社会普遍存在刚性兑付和政府兜底的预期，道德风险较为严重，这一问题在监管者中也有存在。

针对这样的客户群体，一些意图从事非法资产管理的平台寻求到了可乘之机，利用客户对高收益的片面追求，设计复杂的组织架构迷惑消费者，如利用虚假业务、关联交易、虚增业绩等手段骗取投资者信任，变相承诺高额年化收益，实为庞氏骗局，此以中晋系为典型代表；另外有许多互联网资产管理平台为吸引流量，通过高收益的业务模式来满足客户不合理的需求，但实际上缺乏核心能力且风险控制机制不完善，盲目扩张，无法持续发展，最终不得不为维持平台运作转而寻求非法途径。

---

① 王志峰，方竞. 互联网资管行业发展与监管 [J]. 清华金融评论，2016（9）.

第九章　消费返利平台与非法集资

一、消费返利概述

（一）消费返利

消费返利是指在消费者购物的同时，商家给予消费者相应的现金返还，该模式多应用于现代电子商务企业。通过这种模式，消费者得到一定的优惠，同时消费者还可以借助消费返利平台，得到相应的推广平台的费用，从而实现消费创业。

消费返利的主要特征是：通过互联网第三方平台介入商家和消费者的交易过程，许诺线上在平台的消费会部分返回，或线下现金消费赠送等额积分等形式，诱导消费者在平台注册会员进行消费，诱使商家加盟平台回流货款。从理论上来说，消费返现平台会更多地吸引商户和消费者使短期的资金链不至于断裂，并且随着规模的扩大，利润的来源也会变得更加丰富，如广告收入、会员收费等。

（二）消费全返

消费者在签约商家实现消费后，返现单位向消费者全额返还消费额。其具体操作为：一是返现单位先与大量的线上或线下商家签订合作协议，由协议约定全额返现中签约商家参与返现的具体比例，即由返现单位介绍的消费者到签约商家消费后，签约商家按消费额支付给返现单位的销售佣金（返现）的具体比例（各行业不同，通常15%左右）。消费者作为返现单位的注册会员用户，到签约商家消费后，即可享受返现单位的全额返现，实现零消费。

在消费全返模式下，消费者消费与收回全部消费额之间通常存在一定的时间间隔。

二、消费返利平台非法集资现状

（一）消费返利平台的发展概况

消费返利网站诞生于2000年左右，以Fatwallet、Ebates、Extrabux等为代表的线上Coupon论坛为消费返利平台的雏形，消费者可以在论坛上发布交易信息、进行商业推广连接，但网站并未提供佣金返利（cash back），2003年左右，随着电子商务的发展和线上购物的普及，线上商城为了刺激销售，提升消费者购买欲和商城知名度，纷纷启用消费返利等运营促销模式。在此土壤下，Ebates、Extrabux等网站得到再次发育，开始全面提供比较购物、购物返现、导购资讯、网购社区等服务。

国内消费返利巨头易购网和返利网则分别成立于2004年和2006年，当时国内诸如淘宝之类的国内电子商务平台刚刚进入成长期，整体市场规模较小。到2009年，腾讯、网易相继推出了自己的返利平台，购物返利大战正式拉开序幕，返利网站曝光频繁并且快速发展。

2015年，随着"新零售""新消费"概念兴起，线下门店开始试水线上返利平台，接入其流量提升商品社会化流通速度。当年10月，返利网联合中信银行，共同推出国内首款"互联网+"线下消费返利卡——中信返利联名信用卡，用户持该卡在线下签约商户刷卡消费，可以直接获得1%及以上的返利。根据返利网披露数据，截至2017年2月中旬，该平台线下业务的累计交易额已经突破100亿元。

然而，由于开设返利网站门槛低、监管松，在利益驱使下，少数网站开始从传统的CPS（Cost Per Sale）[1]模式转向圈钱炒作。此类网站打

---

[1] CPS（Cost Per Sale）：以实际销售商品数量来换算广告刊登金额。对于B2C商家而言，返利网站是一个获取用户和订单及提高知名度的新型市场推广渠道和媒体。

着"消费能致富"的旗号，以"消费全返""购物返本""你消费我买单""消费投资""消费创富""积分高额返现""三角消费返利"等营销模式吸引用户，通过变相收取入门费、分级复式计酬等手段，层层发展传销下线，披着"消费返利"的外衣，逐渐发展成为实质性的非法集资，其主体也成为传销组织。

（二）非法消费返利平台主要运营模式

1. 收取入门费

此类平台要求会员及加入者交纳入门费或者通过其他手段变相收取入门费，依靠发展下线营利。例如，太平洋直购网要求消费者交纳7000~7000万元不等的金额以成为不同等级的渠道商，获得对应数量的虚拟PV（Page View）[①]。渠道商通过招募下线、售出PV，获得对应等级的返利。后期入门费的包装则更加隐秘，福建天建、福建万商设置直销模式中的双轨制和对碰奖等制度，消费宝则依托五代积分奖励变相收取入门费。

2. 要求发展下线

消费者可以在网站上免费注册成为其会员，并到线下实体联盟商家进行购物。而商家依照先前与网站的约定，根据会员的消费额上交一定数额的中介服务费（10%~17%不等）至网站，网站再按照一定比例的折扣返还消费者。在市场拓展过程中，会员和商家均可以进行双向发展。发展的会员或商家如达成交易行为，第一介绍人可以得到一定比例的宣传推介返点。但由于网站宣传的返利比例高甚至可以宣传消费全返，消费者为"薅羊毛"而产生大量虚假消费行为，商家也由于能够获得利润而经常性联同消费者抬高物价创造虚假订单。代表网站如万家购物、百分百返利、返本一百等平台。

三、互联网时代的非法消费返利平台快速发展的原因

消费返利本身是常见并且合理的促销手段，商家将原本用于获得客

---

① PV（Page View）：页面浏览量。

户的支出让利给消费者，也即将获客成本以现金或者积分的形式返还，例如，购物满500减100，已为普通大众所认可，互联网时代淘宝、天猫、京东等电商网站也时常推出类似促销活动，其互联网化发展之初也是健康的。但部分企业利用这个糖衣外包推出了消费全返的电商网站，宣布要颠覆几千年来人类商业规则的模式，"财富永动机"必然不可成立，但却有前赴后继的民众上当受骗。我们认为，在互联网浪潮的裹挟下，新一批万家购物式的非法集资平台更具迷惑性，也更有破坏力。

（一）消费者对消费返利模式习以为常，心理接受度高

在消费成本不断提高的背景下，普通群众对于消费返利这种营销模式提出的购物"省钱"甚至"不花钱"等理念，变得容易接受，容易抱着试试的态度。

（二）互联网媒介打破原有空间限制

借助互联网平台吸引更多缺乏金融知识或警戒心的民众。会员制"线上推广+线下发展"的综合运用，既利用了互联网快速传播且无地域限制的优势，又通过会员和加盟商家进行线下的推广，每个加盟商家都可以将其线下消费客户发展成为下线。

（三）商品金融化，虚拟货币模糊金钱概念

一部分平台从过去的实物买卖，转变为没有实质、特定性的商品。另一部分平台则在法定货币之外推出虚拟货币。以某商城为例，客户以现金充值或消费赠送的方式取得银果，取得银果之后每天又可以根据一定比例获得新的银果，银果可以变现或用于购物，这些平台套用积分和利息概念迷惑普通群众。

（四）平台经合法注册，官方背书性强

目前，国内域名注册仅90~120元／年。而各类企业注册核名费、刻章、验资报告费、营业执照办理费等工本费相加不到2000元即可注册成为

合法正规的电子商务公司，在工商局网站拥有合法正规信息。由于在工商局网站有可查询的企业基本信息，此类平台在其市场推广过程中，商家、会员、消费者都对其抱有较高的信任，且前期公司运行过程中并不会出现资金崩盘的情况，会员都能得到返利，致使其减少对平台的质疑，拼命为其在线下发展推广。同时，不同于线下返现对资金的需求，借助电商平台消费者的返利仅返在电商网站的账户上，且有前期资金支持，可以延迟崩盘期，让消费者数量能够在指数爆发后才出现资金链断裂，网站方可以聚集更多资金。

四、万家购物案例分析

（一）基本情况

万家购物是2010年成立的一家"一站式"购物平台，曾经是地方政府扶持的高新技术产业，享受国家三年免税的特殊优惠政策。[①]原本是一家正常的网购消费返利网站，后发展变质成为变相的网络传销行为。

2010年5月，应建成、杨江峰、邵康、胡伟4人组建万家购物。在建立亿家电子商务有限公司之前，应建成曾做过七八年直销。成立之初，亿家公司的注册资本为500万元，第一年也只是营业额165万元的第三方导购网。

2011年，公司年营业额目标飙升至100亿元。

2012年5月底，万家购物实体联盟店遍布全国31个省（自治区、直辖市）的2300多个县（市），9万多家加盟商，近200万名会员，其中拥有分红权的高级会员75万多人。

2012年第一季度，万家购物每天的营业额达到了3亿元，在全国范围内，这个数字超过了京东商城，仅在淘宝之后。

2012年6月，万家购物因涉嫌网络传销，被金华警方查封。

---

①　百度百科. 万家购物 [EB/OL]. https：//baike.baidu.com/item/ 万家购物 /7298797?fr=aladdin，2017-10-18.

2012年6月11日，金华市工商行政管理局、金华市公安局发布通告，万家购物因涉嫌组织、领导传销活动罪被立案查处。

2012年6月12日，金华市政府举行新闻发布会，认定万家购物涉嫌网络传销，遍布全国31个省（自治区、直辖市）的2300多个县（市），是目前已知全国最大的网络传销案件。

2013年8月7日上午，浙江省金华市婺城区法院对全国瞩目的万家购物全国最大网络传销案作出一审判决。被告人应建成犯组织、领导传销活动罪，并犯故意伤害罪；数罪并罚，判处有期徒刑十五年，并处罚金二百万元。婺城区法院对该案的杨江峰、邵康、叶飞林等其余14名被告人分别作出相应判决。宣判结束后，应建成等15名被告人未当庭提出上诉。

1."天天分红"的旗号

万家购物网站的宣传标语为"你消费，我返钱，零成本购物""消费多少返多少""消费致富""消费=存钱=免费"，在通货膨胀压力大的经济背景下十分吸引消费者。网站声称其每天都会把前一天实现的消费总额的10%用于给消费者返利，只要在万家购物网站或者其加盟商户处消费满500元，就能成为VIP会员、得到1个分红权并瓜分这消费总额的10%，依次类推，每个分红权每天最多可返利1元。如果消费者消费了500元，一天可收到1元钱，账户累计100元后可以取现。理论上说，500天后，消费者便可收回全部消费款，就可以实现零成本消费。[①]具体返利流程如图2-9-1所示。

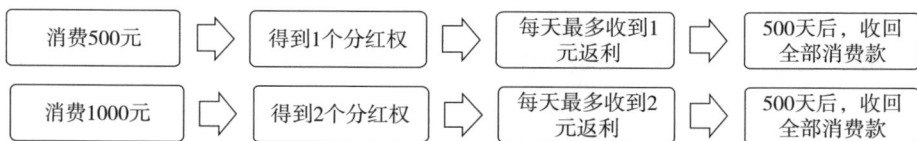

| 消费500元 | ⇨ | 得到1个分红权 | ⇨ | 每天最多收到1元返利 | ⇨ | 500天后，收回全部消费款 |
| 消费1000元 | ⇨ | 得到2个分红权 | ⇨ | 每天最多收到2元返利 | ⇨ | 500天后，收回全部消费款 |

图2-9-1　许诺消费者返利流程

2.16%佣金漏洞

根据万家购物网站返利模式的规定，加盟商户每销售金额为500元的

---

① 钱江晚报."万家购物案"昨日一审宣判 董事长应建成被判有期徒刑15年[EB/OL].（2013-08-08）[2017-10-18]. http://qjwb.zjol.com.cn/html/2013-08/08/content_2268758.htm?div=-1.

产品，需向万家购物上交16%的佣金，万家购物拿出10%作为返利，其余6%用于公司开支和盈利。加盟商户必须以1600元的整数倍投入佣金，500天内返完。[①]刚开始，加盟的商户确实每天能拿到相应的返还金额，但随着万家购物网站资金链逐渐断裂，加盟商收到的钱越来越少，甚至完全收不到钱。具体返利流程如图2-9-2所示。

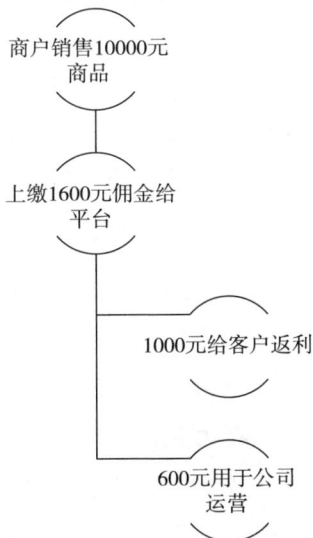

商户销售10000元
商品

上缴1600元佣金给
平台

1000元给客户返利

600元用于公司
运营

图2-9-2　许诺加盟商返利流程

3.六代计酬体系

新会员注册万家购物网站时，需要填写一个邀请人。消费者进行消费后，邀请人就可以从该用户的消费额中获得一定比例的提成。会员和加盟商拉拢足够多的客户和商户后，就有机会成为金牌代理人和金牌代理商，二者均能获得下线消费额1.5%~3%不等的返点。会员至管理层的六个层级中，层级越高，返利越多。正是由于这样发展会员的制度，使万家购物逐渐衍生为一个网络传销的手段（见图2-9-3）。

① 曹晓龙.“消费返利”陷阱 [N]. 新金融观察，2012-09-03（18）.

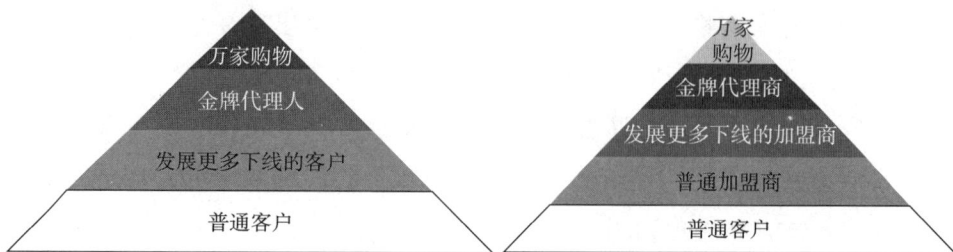

图2-9-3　万家购物衍生发展层级

4. 日营业额3亿元

随着返利刺激带来的几何级快速增长，不到两年时间，万家购物已经发展出近200万名会员与10万家加盟商户。2012年峰值时，万家购物一天的交易额约3亿元，这个数字仅次于淘宝，甚至高于京东，在全国所有电子商务网站中排名第二。但是，当时万家购物网站每天访问的IP数仅为4.5万个左右，相当于每个IP地址每天消费近7000元。这是由于网站发展至后期大量投机者虚假消费以赚取利润。

5. 应实现最小营业额643.25万亿元

根据第三方机构的数据分析，如果万家购物继续运营，在每日1元的返利模式下，2013年，网站应实现最小营业额14.21万亿元，2014年应实现最小营业额643.25万亿元。2011年，全国社会消费品零售总额18.39万亿元，按照当年17.1%的增长速度，到2014年，这个数字也只有29.53万亿元，不足万家购物理论年营业额的1/20（见图2-9-4）。[①]

---

① 钱江晚报．"万家购物案"昨日一审宣判 董事长应建成被判有期徒刑15年 [EB/OL]．（2013-08-08）[2017-10-18]．http：//qjwb.zjol.com.cn/html/2013-08/08/content_2268758.htm?div=-1.

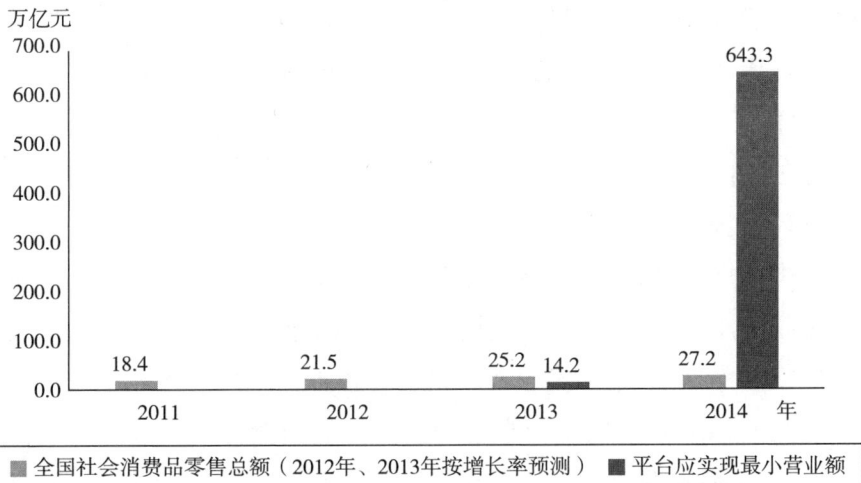

资料来源：《钱江晚报》，http://qjwb.zjol.com.cn/html/2013-08/08/content_2268758.htm?div=-1.

图2-9-4　全国社会消费品零售总额与万家购物应实现最小营业额对比

（二）运作模式

1. 商业模式

加入门槛：会员想要在万家购物注册时，必须填写邀请人，没有邀请人无法注册。正是这样的邀请制使万家购物和其加盟商发展下线的模式得以成立。邀请人在邀请新用户注册，且新用户成功消费了之后，就能获得一定的返利，额度在新用户消费额的1.5%和3%不等，这就类似于传销不断发展下线而使上线受益的模式。

佣金转嫁：加盟商和万家购物之间的协议是，加盟商将销售额的16%上交给网站，但在实际过程中，加盟商会把这16%的佣金成本转嫁到普通消费者身上，加盟商告知消费者消费后可以返利，但需要替加盟商交纳16%的佣金，交纳后注册登录万家购物账号，每天收取购物额10%的返利，但返利提现时需要交纳20%的手续费。这16%的成本就相当于传统传销中的入门费，是把消费者拉入泥潭的开端。

假消费的演变：由于交纳了16%佣金，即可获得返利这样的模式存在，很多加盟商和消费者开始谋求更大的收益率，即只交佣金，不真消费。加盟商伪造假单，只交纳佣金，也照样可以收取消费返利。本来消费500元，需要交纳80元佣金，才能获得一年365元的返利，年收益率为62.9%；但由于假单模式活跃又无人监管，逐渐演变成了只需交纳80元，就能获得每天1元的返利，年收益率达到456.3%。[①]消费者还以为自己捡到了大便宜，加大投入，殊不知已经落入传销的旋涡。

2. 盈利模式

万家购物在正常经营时期，盈利模式是不断地吸引会员进行消费而保持高额赠送的持续，并将商家交纳的16%的佣金中的6%用于网站运营。类似于向水池中注水，进水管较大而出水管较小，才能使水池中的水逐渐上升。[②]返利网站运营本质是用未来的消费者的消费盈利贴补现有的消费者返利，"拆东墙补西墙"，但由于返利期不确定且一般较长，网站可以实现资金的留存。

借新债还旧债这样的方法本就不可取，稍有疏忽就可能演变为庞氏骗局。万家购物的盈利主要靠的是时间价值，类似于民间的高额融资。即使存在时间成本，要想以80元的利润在500天后返还给消费者500元，那要求年盈利率达到400%左右才行，并且这其中还不包括该公司的运营成本。

现实生活中，大量的投机消费者和加盟商合谋，只做假单不真实购物，只靠交纳16%的佣金和发展下线获取分红权，这样的模式加快了万家购物资金链断裂的过程。到了后期，公司的资金无法支撑运营，就纷纷走上了纵容假单，诱导投资的道路，从而发展成为传销。而对于万家购物来说，它们从不公布每天到底发生了多少消费、提成了多少又赠送出多少资金等关键信息，外界也无从核实、监督。账户信息、资金使用都是由网站说了算，资金安全存在很大隐患。

（三）平台的宣传、营销方式

万家购物初期把自己包装成电商网站，消费者可以在网站上购物，适

---

① 乔加伟. 百业联盟消费返利链条断裂 逾10亿本金悬空 [N]. 21世纪经济报道，2012-06-06（009）.

② 经济参考报. 趣购网涉嫌庞氏骗局 与"万家购物"高度相似 [EB/OL]. （2016-08-26）[2017-10-18]. http://www.ebrun.com/20160826/189155.shtml.

应了目前人们的消费习惯，逐渐打出"购物满500返500，满1000返1000""消费=免费=存钱""多买多返，红利不断"等对普通消费者极具诱惑力的标语，甚至号称买一辆3000元的电动车，20个月就可以全款返还购车款，相当于20个月后免费得到一辆电动车。因此，当许多贪图便宜的消费者看到如此诱惑力的标语就会选择在网站上购物。

万家购物还很会包装自身，在外界看来，公司获得了很多奖项，不仅曾获得金华市政府三年免税的特殊优惠政策，其董事长还曾应邀出席金砖国家三亚峰会论坛。这些奖项让消费者相信了网站及其运营模式的合法性。

许多消费者认为，即使网站崩盘，返利拿不到，至少也不吃亏，因为在网站上购买的商品仍然拿到了。但是，网站上销售的商品价格普遍高于市场价格7%~8%，消费者其实是为网站提供了这7%~8%的利润。

（四）从企业角度分析网站能够"成功"的原因

1. 擅长包装自己，适应消费者消费习惯

万家购物提出的消费返利运用了电子商务常用的经营模式，适应当下人们的消费习惯。消费者已经适应在电子商务平台进行交易时享受各种返利优惠，所以面对这种包装时降低了警惕。

2. 利用互联网媒介虚假宣传

万家购物官网宣称，公司将于6月中旬在北京举办电子商务高峰论坛，国家有关部委领导和主流媒体精英将亲临大会召开论坛会，并将邀请某明星出任公司的形象代言人。[①]通过这样在非主流媒体上发布公司撰写虚假新闻，假称有央视等企业站台、知名明星宣传，以此提高群众信赖度。

3. 隐蔽性强逃避监管

万家购物一开始发展是正规的，只是在后期发展变质，被有些网站、

---

① 21世纪经济报道."消费返利"骗局调查 [EB/OL]. [2018-08-25]. https：//wenku.baidu.com/view/2fad01abfd0a79563c1e727a.html.

公司、商家利用，成为非典型传销，由购物返利变成了投机返利，涉嫌传销。

相对于传统传销，这种以消费返利为外壳，行网络传销之实的运营网站手段具有很强的隐蔽性、诱惑性、欺骗性、交叉性和演变性。

（五）从加盟商角度分析网站能够"成功"的原因

1. 贪利心理

加入万家购物，参与100%返还现金的活动，吸引来了众多消费者，所以即便有16%的佣金，商家整体还是赚钱的。甚至有一些商家会将16%的佣金转嫁到消费者头上，即提高商品价格。至于风险方面，万家购物承诺，所有风险由万家购物来承担，甚至明确告诉消费者活动和商家无关，因此许多商家觉得自己没有风险，不在意这是否是一个骗局，都纷纷加入其中。

2. 羊群效应

羊群效应是指当别人都去做这件事情的时候，如果你不去做，就脱离了羊群，最终会孤单，因此就会跟随大众，最终导致更加严重的羊群效应，这在金融市场上体现得非常明显。

当万家购物开始兜售万家模式时，有很多商家十分犹豫。他们意识到这似乎是一个骗局，因为如果万家购物从商家获得的16%营业款无法实现给消费者的100%返还，其卷钱离开，消费者会来找商家，这将会对商家的信誉造成极大的影响。但当这部分商家看到同行加入后，向消费者承诺买多少返多少，生意火爆，不得不选择加入。

（六）从消费者角度分析网站能够"成功"的原因

1. 贪利心理与尝到甜头后放下的警觉

万家购物以"消费500返500""消费1000返1000""你消费、我返钱、零成本购物"等诱人广告吸引大众眼球（见图2-9-7），消费者出于贪便宜心理加入其中，尤其是一些基础金融知识缺乏的落后地区消费者或中老年群体。有一些持有怀疑的消费者抱着试一试的心态购买商品，在确实收到前几期返利后，降低了警觉性。

资料来源：中国质量新闻网，http://www.cqn.com.cn/news/xfpd/szcj/dflb/436711.html。

图2-9-5　万家购物诱惑力标语

2. 侥幸心理与责任推脱心理

根据统计，在参与非法集资和传销的群体当中，80%以上的人都知道是骗局，因为零成本消费不符合经济学规律，即商品是有成本的，零成本获得商品一定是因为有他人为你承担了。那么在这种大部分人知道是骗局的情况下，为什么还会参与呢？主要就是源于侥幸心理和责任推脱心理。

侥幸心理是指，当看到大家都去做的时候，认为自己不会成为最后一环，不会成为最后去承担成本的那部分人。出于这种心理，这一部分已经参与其中的消费者可能还会不断推广发展下线，将自己获利的骗局维持下去，或鼓动亲朋好友进行虚假消费、虚假报单，并不顾及其模式是否具有合法性和可行性，也不考虑是否存在恶意欺诈、虚假宣传、虚假广告等现象，甚至多数人抱着赌博的心理，赌所选公司在一定时期内不会倒闭。

责任推脱心理是指，消费者意识到有大量人参与其中，所以一旦发生被诈骗的情况，可以找政府要说法，认为政府不会对大量消费者受诈骗的案例坐视不管，认为自己的钱会被追回来。相当于赚钱是自己的，亏钱政府可以替自己讨要。

（七）案例涉及的违法行为分析

1. 涉嫌消费欺诈和合同诈骗

利用虚抬交易标的原价或者对标的进行虚假标注、虚假宣传，以此产生的额外利润抵扣消费返利金额，即将16%的佣金转移至消费者身上，由消费者承担，从而构成消费欺诈行为。

2. 涉嫌传销

万家购物后期已经完全不存在实质性的消费行为，商家不卖东西，消费者不买东西，依靠虚假报单获得返利。万家购物健康的返利模式是建立在消费的基础上，当消费这个源头被掐灭时，就变成了"拆东墙补西墙"、不断发展下线，质变为传销。

3. 涉嫌非法吸收公众存款的非法集资

在高利润的诱惑下，涌现出大量以投资、盈利为目的的虚假交易，进而演变成非法吸收公众存款或者变相吸收公众存款罪。

第十章　网络私募基金与非法集资

一、网络私募基金概述

（一）私募基金

私募基金是一种通过非公开方式面向社会特定投资者募集资金并以基金方式运作的集合投资制度。私募基金运营方式可分为两种：一种是基于签订委托投资合同的契约型集合投资基金，另一种是基于共同出资入股成立股份公司的公司型集合投资基金。我国市场中常说的私募基金，往往是相对于公募基金（向社会不特定投资人公开募集资金，且受政府相关部门严格监管）而言的。二者在募集资金的对象和方式、信息披露制度、资金投资品种和比例限制及业绩报酬机制等多方面有明显区别，进而导致了二者在投资理念和机制、风险承担上有着较大的差异，此处不作进一步说明。与本书研究目标相关，需指明如下：相关监管部门对于私募的监管规定相对宽松，因此私募基金的投资方式更加灵活；私募不必像公募那样定期披露详细的投资组合，因此其投资更具隐蔽性，受市场追踪的可能性更小，投资收益可能更高。

私募基金在我国的发展时间虽然短，但发展速度比较快，这是在我国经济实力增长和市场经济结构提升的大背景下所必然出现的结果。根据中国证券投资基金业协会的备案数据，截至2017年底，私募基金行业管理规模为11.1万亿元，同比增长41%，增幅约7.93%，较2016年底增长了3.21万亿元，增幅约40.68%。其中，证券类私募规模为2.29万亿元，相比2016年底累计缩水0.48万亿元；而股权、创投类私募实缴规模却持续增长，较

2016年增长了2.4万亿元，至2017年底达到7.09万亿元，是目前私募规模增长的主要推动力。[①]

（二）互联网金融对私募基金业务的机遇与隐患

互联网金融对私募基金业务发展的重要影响在于发展模式的改变，随着互联网技术进步带来的便利性，更多的客户从线下走到线上，私募基金也开始积极拓展互联网的接口。从目前的业务模式来看，私募基金主要可以与电商平台、第三方支付、大数据、众筹等技术相结合，实现"互联网+"时代下的红利。

电商平台依托于信息技术的发展，是个人或企业提供网上交易交流并进行商业服务的虚拟平台，具有整合交易咨询、协调交易过程、加强资金与实物流通、促成交易效果等重要功能。一方面，私募基金可以依托电商平台，为企业和投资者提供虚拟的交易环境，降低交易成本。使得企业能够快速有效地确定交易对象，大大减少私募基金寻找潜在客户的成本。另一方面，投资者可以随时进行交易，在线咨询、在线查询，甚至在线办理申购和赎回，享受互联网平台的安全与快捷。例如，目前的私募排排网等平台，可以实现私募产品向合格投资者展示和交流平台。

目前此方面的发展还受到监管的限制，但一旦相关部门积极鼓励私募基金创新，电商平台的交易模式将大大提高业务效益，降低其经营成本，促进私募基金网络化发展。

第三方支付独立于客户、商家和网站，作用在于解决违约风险，为交易双方提供担保。第三方支付可以推动私募基金托管方式转变，进而为私募基金与投资者建立信任的桥梁。第三方支付可以连接银行体系，通过银行账号和第三方机构的对接，降低投资者交易成本和基金运营成本的同时，大大提高了投资的安全性。第三方支付机构一般资金实力强，拥有较高的信用水平，可以为私募基金提供信用担保。资金通过银行系统流入基金，同时基金的资金便受到相应的监管，一旦出现风险，及时冻结资金。

---

① 中国证券投资基金业协会网，http：//www.amac.org.cn/tjsj/xysj/smdjbaqk/392717.shtml。

第三方支付有必要也有希望成为资金托管的机构，监管部门对于这一方面也持支持态度。

大数据金融是通过对数据库中客户长期的浏览记录与交易记录的分析和筛选，掌握客户的消费习惯和个性化需求偏好，进而推测客户的消费行为。大数据可以推动私募基金组织框架与业务模式的进化，通过对基金的销售数据、客户持有份额及其交易数据、网络浏览记录等信息的分析，挖掘潜在的客户群体，同时也有利于基金针对不同客户的需求进行个性化产品服务创新。

互联网金融不断发展，网络金融出现新式的融资模式：众筹，是指发起人为其项目提出资金募集，资金出让人根据自己的偏好，向发起人提供资金，项目发起人对投资人给予回报。现代众筹大多是通过互联网方式发布筹款项目并募集资金，快速匹配资金的需求者与提供者，提高资金配置效率。私募基金可以作为众筹项目的发起人，首先确定一个具有明确目标的项目，确定其目标收益和回报期，之后通过中介众筹平台或电商平台向投资人募集资金，同时投资者也可反向通过众筹平台寻找符合自己需求的项目。项目达到目标后，基金向投资者返还投资收益。私募基金众筹商业模式：首先，对机会的识别和发现；其次，价值匹配能明确合作伙伴，实现价值创造；最后，价值获取是众筹的核心逻辑，众筹的开拓者成为创新利益的分享者。但我国众筹发展较晚，与之相关的法律法规尚不完善。私募基金发展众筹非常容易陷入非法集资风险和公开发行证券的陷阱中。

私募基金在利用互联网平台进行宣传时，存在由于运营不当而导致涉及非法集资的风险。在募集推广和投资运营的阶段，都有可能存在与非法集资模糊的边际。但是正规的私募基金绝对不是非法集资，两者存在本质的区别：[①]

一是组织方式不同。私募基金一般有公司制、合伙制等，有股东会或者合伙人大会、董事会、监事会、投资决策委员会和风险管理委员会等组

---

① 中证网．如何有效辨别私募基金与非法集资？［EB/OL］．［2018-08-19］. http://www.cs.com.cn/tzjj/tjdh/201808/t20180819_5860102.html.

织和机构，委托合格私募基金管理公司投资运营。而非法集资一般没有这些组织和机构，通常是组织者加网头再加集资者，属于上线发展下线组织结构。

二是募集对象不同。私募基金只能面向特定对象募集，包括合格的机构投资者和合格的自然人投资者。而非法集资通常向社会公众即社会不特定对象吸收资金，没有合格标准，不做人数限制，涉及人数众多。

三是募集方式不同。私募基金只能以非公开方式募集，通常由基金管理人与特定投资者进行个别协商。而非法集资通常通过媒体、推介会、传单、手机短信、传销等方式进行公开宣传，特别是组织者发展网头，网头发展同事、朋友、亲属等，以吸取公众资金。

四是基金管理方式不同。除基金合同明确约定外，私募基金应由商业银行进行托管，由基金管理公司按照基金出资人事先约定的投资规则管理。而非法集资则通常是通过网头把钱汇入非法集资组织者的私人账户，任由组织者个人处置、分配甚至挥霍。

五是认购金额限制不同。目前，法律法规要求合格投资人私募基金份额认购金额在百万元级别，而非法集资则不限制认购金额。

六是资金运作方式不同。私募基金一般的投资对象是非上市股份公司的股权，投资期限一般较长，属于中长期投资的资本运作。而非法集资一般没有投资项目，使用资金通常以月、季度、半年、一年为期，以收钱和发钱方式维持资金链，完全属于非法谋求巨额暴利的集资诈骗。

七是获利方式不同。私募基金投资不得承诺保本或给予固定回报，出资人要自负盈亏。而非法集资通常以高息、返点等作为诱饵，承诺在一定期限内还本付息或给予固定回报。

（三）私募基金相关监管政策

2014年6月30日，中国证券监督管理委员会审议通过《私募投资基金监督管理暂行办法》，明确要求私募基金的合格投资者要具备相应风险识别能力和风险承担能力，并对其资产规模作出明确金额要求，可见私募行业的门槛之高。而互联网金融可以通过操作模式创新，大大降低投资门槛要求。具体操作就是通过互联网平台，以较低成本募集多个投资者的资金并打包，最后由专业投资公司投资购买私募基金产品的双信托模式。该办法还明确规定：私募基金管理人及其销售机构不得通过报刊、电台、电视、互联网等公众传播媒体或者讲座、报告会、分析会和布告、传单、手机短信、微信、博客和电子邮件等方式，向不特定对象宣传推介。

2014年6月27日，《关于基金管理公司设立及相关业务资格申请有关事宜问题》出台，该项政策对私募基金放开了部分公募基金业务，表明私募基金经过一定的渠道可以参与公募基金管理业务。在此之前，私募机构产品的发布需要通过信托、银行等金融机构，而不能直接募集资金。

2015年2月，我国第一部涉及众筹行业的监管法规《私募股权众筹融资管理办法（试行）（征求意见稿）》出台，对于融资者通过股权众筹平台以非公开发行方式进行的股权融资活动，针对股权众筹平台、融资者、投资者、备案登记、信息报送等方面给出了明确的规范性要求。

就目前监管要求，私募基金网络化融资发展可能性如下：一是网络认证会员制通过审核的特定对象；二是通过双层信托模式吸纳更多的投资者，绕开私募的高门槛，释放小额投资者的高收益需求；三是借助中介平台吸纳普通投资者。

二、网络私募基金非法集资典型案例

（一）证监会重拳严惩中逢昊投资基金[①]

中逢昊投资基金管理（北京）有限公司（以下简称中逢昊）成立于2009年，是一家PE投资公司和基金管理公司。经中国证券投资基金业协会审批，于2014年正式获取私募基金管理人资格（编号：P1003821），成为国家认可的可以从事私募证券投资、股权投资、创业投资等私募基金业务的金融机构。

---

① 北京市金融工作局. 北京私募机构中逢昊四项违规 证监会重拳严惩 [EB/OL]. [2018-08-28]. http://www.bjjrj.gov.cn/gzdt/c12-a1751.html.

2015年3月，证监会稽查人员在"两个加强、两个遏制"专项检查中发现，中逢昊在登记备案、合格投资者、资金募集、投资运作方面涉嫌违反《私募投资基金监督管理暂行办法》的相关规定，即对中逢昊启动立案调查。调查期间，北京证监局接到群众举报，得知中逢昊发行的"保理债权分级计划1期"产品未按期兑付，涉及投资人200余名，涉及金额2000余万元，另有2.3亿余元兑付情况不详。北京证监会立即将涉嫌犯罪线索抄报北京市公安局。

经办案人员调查发现：中逢昊未按规定登记备案，部分网络宣传信息与实际情况严重不符。同时，合格投资者制度落实不到位，存在大量投资低于100万元的个人投资者。中逢昊在资金募集过程中存在利用互联网途径进行公开募集，夸大宣传的违法行为。中逢昊在从2014年备案之后只发行了4个产品，但是在其官网宣传上增加了许多虚假的8%~13%的固定高收益的案例。此外，该机构未按合同约定向投资者进行基金运作的信息披露，未按规定披露与项目公司的关联关系。

由于中逢昊上述违法违规行为，导致监管机构和投资者无法真正、全面地了解公司项目运行的信息，风险积聚。投资者由于被公司在网络上进行的虚假夸大宣传所吸引，导致投资者作出错误的投资决策，最终造成巨大的财产损失。

2016年1月，中逢昊的兑付风险显现，涉嫌非法集资的犯罪线索凸显，涉及的人数及资金量都非常巨大。同时，公安机关接到群众举报中逢昊非法集资报案后，决定对中逢昊立案侦查，北京证监局立即与公安机关建立联动机制，互相配合。

在旗下产品发生兑付风险后，中逢昊时任总裁、拟认定的违法行为主要责任人员胡东旭突然失联。胡东旭自从与监管机构谈完话后就一直以生病为由没来上班，公司事务由副总裁何江风暂时负责。最终稽查人员联系到长年住在国外的实际控制人曹津逢，经证监会工作人员反复劝说，曹津逢于2016年2月回国，前往监管机构汇报了公司目前的情况，并承诺要调配资金解决目前的兑付问题。

2017年3月，公安机关经过调查认定中逢昊涉嫌非法集资，将曹津逢依法逮捕。同时将该案移交检察院审查起诉。

（二）"信托100"——降低门槛伪公募

2014年4月，一款名为"信托100"的产品通过在互联网上线，将信托的门槛从100万元降至100元人民币，美其名曰让理财变得简单而触手可及。而我国法律规定，对信托产品起投门槛为100万元，这究竟是在各式各样下金融产品中的金融创新，还是游走于法律空隙的违规产品，争议不断。

首先，从相关监管部门的表态情况来看，这种操作模式是违法违规的。从性质上来说，信托一直以来都是属于私募的性质。在我国的法律法规的框架下，信托产品并不具有从私募转为公募发售的条件。"信托100"贸然把投资门槛下放，模糊了合格投资者和不合格投资者的身份界限，本质上是把私募产品转向了公募，将会把风险扩散到那些风险承受能力不强，且分辨能力不高的小额投资者身上，这样对投资者利益保护和金融市场维稳都是一种伤害和冲击。

其次，从现行法律条文的规定来看，"信托100"的种种行为已经触碰逾越了监管的"红线"。从规定上来看，信托计划不仅仅其受众只可以是100万元以上的大额投资者（《信托公司集合资金信托计划管理办法》银监会令2009年第1号），而且在各类份额之中也会有人数方面的约束，包括100万~300万元的50人、300万元以上投资者以及机构投资者人数没有限制等。其目的就是阻止投资信托产品风险的财务承受能力之外的投资者进入，防范并降低风险。根据银监会下发的《关于信托公司风险监管的指导意见》规定，"投资人不得违规汇集他人资金购买信托产品，违规者要承担相应责任和法律后果"。"信托100"的行为已经踩了"不得违规汇集他人资金购买信托产品"的地雷。这一系列规定直接揪出"信托100"这类产品的痛点，凑份子钱、众筹、"伪公募"这种先做公众集资再投入信托然后把公募从线下搬到网上的行为是违规操作行为。就算"信托100"声称自己只是个中介，现有规定是，如果要进行代理销售信托产品，一般都应该要先取得相应的代理资格，例如，商业银行可以代理销售信托产品。而且，先直接与信托公司签订代理销售协议，后采取在银行柜台定向公开募集才是代理销售产品。"信托100"不仅仅没有跟信托公司直接签订协议，也并不具备销售信托产品的资格，这是明显不符合监管规定的。

最后，从现实中的种种迹象表明，"信托100"存在着非法集资的嫌疑，2014年8月之前，"信托100"资产规模在短短几个月已突破1亿元，但其注册资本只有1000万元，存在资本不足风险。该公司在短短四年的时间里变更过11次，但有关部门通过网站披露的公司地址去寻找负责人的时候，却发现是另一家公司，经营地点不固定且存在虚假披露的情况。通过互联网发售宣传产品，它宣称自己能有24%的收益，但是有投资者声称，不仅投资过程不正规，甚至收益是与网站平台协商后进行分成，部分投资者本金都无法赎回。并且有一部分资金是直接打进了公司负责人账户，没有通过商业银行进行托管无法保证资金安全，对此公司负责人傅佳欣并没有明确地给出答复。最危险的是"信托100"跟投资者之间是一种"代持"的关系，如果出现风险公司并不会负责。且涉及的业务复杂，同时从事股权投资、P2P网贷、众筹等业务，很多投资人和业内人士质疑其资金投向，却没有投资信息披露，而且对于组合类的投资，资本在不同项目之间、不同账户之间的腾挪有很大的空间，导致风险在不同业务之间传导。一旦监管层对它下处罚或禁令，或者项目出现风险，投资者的利益及资金安全将很难得到保障。

（三）案例问题总结

从以上两个涉及非法集资的私募基金案例来看，在运用互联网推广，招募投资者及基金运营过程中，存在如下问题：

第一，涉及非法集资的网络私募基金在吸引投资者的过程中，违反私募基金管理法规，公开向社会宣传，以虚假或夸大项目为幌子，以保本、高收益为诱饵，向不特定对象募集资金。

第二，无视私募基金投资金额及人数的要求限制，利用组合降低投资门槛，期限错配，募新还旧；突破或变相突破法定投资者人数限制等。

第三，未按合同约定向投资者进行基金运作的信息披露，未按规定披露与项目公司的关联关系等问题。

（四）网络私募基金非法集资识别经验推广

1. 私募主动找上门，宣称稳赚不赔

根据《私募投资基金监督管理暂行办法》，私募基金管理人或私募基金销售机构不得通过短信、互联网、电子邮件等公开或变相公开方式向不特定投资者宣传推介。同时，不得向投资者承诺投资本金不受损失或者承诺最低收益。

私募基金作为一种金融产品，必然面临投资风险，不可能稳赚不赔。很多私募基金在销售过程中淡化风险提示，甚至全然不提，承诺保本保收益，误导投资者，骗取投资者的钱财，并且可能涉嫌非法集资，损害投资者的合法权益。因此，投资者在决定购买前，应充分了解拟投资私募基金的风险特性和投资运作方式，不可因为其高收益的承诺就盲目投资，谨防上当受骗。

2. 私自降低门槛，低于百万元都能投

根据《私募投资基金监督管理暂行办法》，私募基金只能销售给合格投资者，且投资于单只私募基金的金额不得低于100万元。个人合格投资者须具有相应风险识别能力和风险承担能力，且金融资产不低于300万元或者最近三年个人年均收入不低于50万元。

私募基金具有高风险性的特征，合格投资者标准过低容易将不具备风险识别和承担能力的公众投资者卷入其中，进而引发非法集资，损害投资者合法权益。若私募基金投资门槛低于法律规定，则很有可能涉及非法集资。

3. 风险评估必须有，未做先投是诈骗

根据《私募投资基金监督管理暂行办法》，私募基金管理人或私募基金销售机构销售私募基金的，应当对投资者的风险识别能力和风险承担能力进行评估，并制定风险揭示书，由投资者签字确认。

4. 私募基金需备案，投前务必先确认

在确定投资购买私募基金之前，应到中国证券投资基金业协会网站

（www.amac.org.cn）首页"信息公示"栏目，查询该私募基金是否已经备案，然后根据《私募投资基金监督管理暂行办法》等相关法规核实该私募基金是否依法合规，做到谨慎投资。

5. 万法归宗之要义，"天上不会掉馅饼"

一是要认清非法集资的本质和危害，提高识别能力，自觉抵制各种诱惑。坚信"天上不会掉馅饼"，对高额回报、快速致富的投资项目进行冷静分析，避免上当受骗。

二是对于拟投资的私募基金，应通过中国证券投资基金业协会网站查询私募基金管理机构是否登记，了解其诚信记录，关注信息公示，综合判断私募基金管理机构的资信状况。

三是对股权类私募基金拟投资项目进行必要的了解和调查，判断项目的真实性、合法性。①

根据《刑法》和《最高人民法院关于审理非法集资刑事案件具体应用法律若干问题的解释》等有关规定，一旦社会公众参与非法集资，参与者的利益不受法律保护，经人民法院执行，集资者仍不能清退集资款的，由参与人自行承担损失。所以，当一些单位或个人以高额回报兜售基金、股票、债券和开发项目时，一定要认真识别，谨慎投资。

三、网络私募基金未来发展

以私募基金本身的概念来说，是私下寻找目标投资者的基金，法律也规定私募基金不得像公募基金一样公开宣传，如今私募基金利用互联网进行金融创新本身已经有些行走于概念和法律的边界。但是互联网去中介化和普及性等好处给予了这项金融产品服务的提升和买卖方信息搜索的便捷，提升了私募基金公司的募资效率。这样的结合是值得鼓励的发展，不应该因为这种创新的结合超出了原有的概念，产生不少非法案例就否认。

---

① 搜狐 . 私募基金投资者权益保护：基本常识、问答、风险警示案例 [EB/OL]. [2018-08-25]. http：//www.sohu.com/a/107771474_362816.

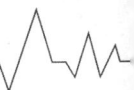

所以在2016年中国证券投资基金业协会颁布的《私募投资基金募集行为管理办法》中也肯定了互联网平台开展私募基金募集业务模式。综上所述，参与各方如何紧跟金融创新更新业务监管、投资意识以及概念从而避免非法集资现象的发生，才是真正应该讨论的。

为了解决非法集资问题，控制好私募基金和互联网结合的风险，应该是整个关系链上每一个环节都得到合适的规范和完善。其中，最主要的是对于互联网平台身份的确认和行为的规范，以及到位监督和检查私募基金或投资者与平台的信息真实性和资金流动。除此以外，还包括投资者自我意识的提高以及对私募基金的规范。

第三篇
互联网金融背景下
非法集资治理

第一章　国外互联网金融非法集资的治理经验

发达国家如欧洲和美国的互联网金融发展较早，虽然目前尚未建立起互联网金融领域较为完善的法律体系和监管机制，但其已经积累了较多的经验。因此，在我国互联网金融监管体系建立的发展道路上，借鉴和学习全球发展较好的国家已有的监管和治理经验，能够大范围地拓宽我们的研究视野和思路，对我国建立和发展完备的监管体系和机制有重要意义。

一、P2P网络借贷平台的监管经验

2005年，全球出现首家P2P网络借贷平台——英国Zopa，经过十几年的发展，如今在一些欧美发达国家已经形成了相对完善的监管体系和监督机制。

1. 美国P2P网络借贷平台监管体系

Prosper作为美国第一家P2P网贷平台，于2005年正式创设运营。2014年 Lending Club在纽约证券交易所挂牌成为全球首家上市的 P2P平台，目前 Prosper和 Lending Club资产规模居全球前两位，2016年 Lending Club资产规模达到5.16亿美元。在美国，仍尚未制定专门针对P2P平台的信贷法律法规，目前的监管是将其归为证券，并援用证券监管办法予以监管。

（1）以美国证券交易委员会为核心，多部门多层次监管。2008年10月，美国证券交易委员会（SEC）认定，P2P网贷平台诸如Prosper和Lending Club这些的运营行为属于证券销售，为"销售附有投资说明的借贷凭证"的机构，要求这些P2P在SEC登记注册。由于SEC注册具有较高的准入门槛，大量小型P2P公司因无法提交完备的材料以及高昂的费用而被迫退出市场，美国P2P行业逐渐形成两巨头垄断的形态。同时，联邦贸易委员会（FTC）、消费者金融保护局（CFPB）、联邦存款保险公司（FDIC）分别从市场竞争、资金管理和消费者保护的角度对P2P平台实施监管（见表3-1-1）。

表3-1-1　　　　　　　　美国P2P平台监管部门及分工

监管部门	监管职责	P2P监管集体措施
联邦贸易委员会（FTC）	确保国家市场行为具有竞争性，且繁荣、高效地发展，不受不合理的约束	监管P2P平台非公平竞争和欺骗行为；处理P2P投资者投诉
消费者金融保护局（CFPB）	对提供信用卡、抵押贷款和其他贷款等消费者金融产品及服务的金融机构实施监管，保护金融消费者权益	收集整理投资者投诉的数据库；以消费者金融保护法律为依据，保护投资者权利；对P2P消费者投诉案例负有监管责任
联邦存款保险公司（FDIC）	为存款提供保险、检查和监督并接管倒闭机构，以维持美国金融体系的稳定性和公众信心	对P2P平台关联银行（WebBank）承保，监督P2P公司流经银行的款项

资料来源：黄震，邓建鹏，熊明，任一奇，乔宇涵. 英美P2P监管体系比较与我国P2P监管思路研究[J]. 金融监管研究，2014（10）：45-58.

除了要满足SEC的监管要求之外，P2P平台还需在州一级的证券监管机构登记，以获得在美国各州范围内向居民销售贷款凭证的资质。由于各州的监管标准存在差异，甚至存在矛盾。一家公司为了经营同一个项目，需要在SEC、各州和特区监管机构进行多次登记申请，平台承受较高的合规成本。

严格烦琐的监管流程，一方面抑制了不规范的P2P平台快速蔓延，但同时加重了P2P平台的运营成本，反映在借款利率上容易造成逆向选择。2013年，SEC发布针对众筹P2P融资平台监管的征求意见稿，随后发布《创业企业融资法案》，按照新规，小企业网贷平台可以注册为资金门户，注册流程更简单，从而降低合规成本，降低P2P平台运行成本。

（2）严管信息披露，保护投资者利益。美国要求P2P平台在发布产品信息时要进行充分的信息披露，同时要求P2P平台向SEC提交平台及产品的日度运营管理信息。在2013年的新规中，SEC对符合要求的网贷平台给予登记豁免权，但同时对免予登记的平台在投融资额度方面实施更加严格的

限制，对信息披露的监管是保护投资者的重要手段。同时，对借款方的信息披露有严格的要求。美国依托其完善的信用体系，对借贷个人及企业有完整、可靠的评分体系；此外，借款企业还须向网贷平台和投资者进行详尽的信息披露，包括业务范围、所有权状况、资本结构和财务状况、主要经营者和管理者的姓名及背景、商业前景预测、实质性风险评估、目标发行额、所得款项的预期用途、发行价或者定价方法等。随着借贷金额的增大，对企业财务报表审核机构有更严格的规定。

（3）重视投资者风险承受能力。美国的监管体系对于投资者设立了适格性规范，以此来保护投资者。对普通投资者在交易数量、收入资产规模及投资占比均有详细的规定。通过这些措施规范，风险承受能力较差的投资者得以被控制和排除，从而使所提供产品的风险与投资者自身的风险承受能力相匹配。对投资者的这些资质要求规范，使在美国P2P平台的投资者中，拥有优势的机构投资者占有较大的比例。

2. 英国P2P网络借贷平台监管体系

英国是P2P平台的发源地，在发展的最开始，英国没有建立明确的法律法规对其进行监管，在一段时间的成长之后，依靠行业自律发展出了全球第一个P2P行业协会，并制定了相应的行业规则。目前，英国市场以Zopa、RateSetter、FundingCircle、ThinCats、LendInvest、Madiston LendLoanInvest、Wellesley&Co 和MarketInvoice 8家P2P平台为主导，各公司目标市场存在一定的差异性，避免了各大平台之间的无序竞争。

政府监管机构与行业自律组织共同监管。在英国，目前P2P行业的监管由英国金融市场行为监管局（FCA）和P2P行业自律协会（P2PFA）共同进行引导和规范（见表3-1-2）。

表3-1-2 英国P2P网贷平台监管部门及分工

监管形式	监管机构	成立时间	监管情况
政府监管	金融市场行为监管局（FCA）	2013年	颁布了全球第一部P2P行业法规，并于2014年4月开始监管P2P行业
行业自律	P2P行业自律协会（P2PFA）	2011年	由三家龙头P2P公司自发成立，受到英国政府认可，出台十项协会原则

资料来源：黄震，邓建鹏，熊明，任一奇，乔宇涵. 英美P2P监管体系比较与我国P2P监管思路研究［J］. 金融监管研究，2014（10）：45-58.

（1）FCA于2013年4月1日成立并承担金融消费者保护职能。FCA设立三大操作目标：①金融消费者保护目标：确保对金融消费者的适度保护；②诚信度目标：保护和提升英国金融市场的诚信度；③竞争性目标：从金融消费者利益角度出发促进金融市场的有效竞争。2014年3月，FCA发布了全球第一部P2P行业法规——《关于网络众筹和通过其他方式发行不易变现证券的监管办法》，对P2P平台的最低资本、客户资金管理、信息披露、合格投资者等各方面进行了细致规定。具体来说，最低资本方面，要求P2P的静态资本金不得少于5万英镑，但在2017年4月1日前（缓冲期间）可以为2万英镑；客户资本管理方面，对客户资金提出了第三方（银行）单独存管的要求；信息披露方面，要求平台需就投资产品的收益、风险等向客户披露准确、无误导的信息[①]。

表3-1-3　　　　　　　　　　　英国FCA监管职能

监管内容	具体措施
加强金融消费者保护	制定金融机构必须履行基本义务的11项原则； 在所有监管环节始终将金融消费者保护置于核心地位
大力推进建设有效竞争的金融市场	组建世界上第一个专司促进金融市场有效竞争的新部门； 对不同市场的竞争性进行深入分析和研究； 动用所有可利用的权力和资源实现竞争性目标

资料来源：黄震，邓建鹏，熊明，任一奇，乔宇涵. 英美P2P监管体系比较与我国P2P监管思路研究[J]. 金融监管研究，2014（10）：45-48.

（2）P2PFA是2011年由Zopa、RateSetter、FundingCircle三家P2P龙头企业自行成立的行业自律协会，提出10条P2P运营法则，涉及最低运营资本要求、客户资金隔离、信息披露等方面，从P2P平台运营的角度予以规范，协会成员必须遵守。协会成员为Zopa、RateSetter、FundingCircle、ThinCats、LendInvest、Madiston LendLoanInvest、Wellesley&Co 和MarketInvoice 8家P2P平台，大约覆盖英国P2P网络借贷市场95%的份额。

通过对英国和美国P2P的监管体系和法规进行分析，我们发现英国的

---

① 谢平，邹传伟. 互联网金融模式研究 [J]. 金融研究，2012（12）：11-22.

P2P监管采取政府监管机构与行业自律组织共同监管，美国则是以SEC为核心监管机构，进行多部门、多层次的P2P监管。美国对P2P平台的管理更加严格，未出现平台"跑路"的现象，小型P2P平台被淘汰，形成寡头垄断的市场形态，但是由于多级监管过于烦琐，容易造成企业合规成本过高，提高融资成本，近年有简化流程的趋势。相对而言，英国对P2P的监管较为宽松，且依靠行业协会自律，鼓励P2P产品创新，市场竞争更充分。两国针对P2P网络借贷均有强调市场准入和信息披露相关规定，以保护信息交易安全和投资者合法权益。

二、众筹的监管经验

对于股权型众筹，在国外一般由证券监管部门监管。2012年，奥巴马签署*Jumpstart Our Business Startups Act*（以下简称JOBS法案），提出中小企业面临融资渠道窄监管严的不利形势，为了改善这一情形，降低中小企业的融资成本，促进社会的创新创造力，JOBS法案推出一些改革措施，拓宽网上小额集资的中介渠道，允许其以众筹方式进行股权融资，同时也对众筹集资规定了相应的注册条件。JOBS法案推动了股权型众筹的规范化、法治化和透明化，对于我国的众筹领域监管有很大的借鉴意义。

JOBS法案以改善中小企业融资便利的"资本市场监管自由化"为目的，明确了小额集资平台的合法性，同时也规定了相应的注册豁免，即发行人在12个月内融资额不超过100万美元的，不受《联邦证券法》的监管。同时，法案对投资者的投资限额作出了规定，对于年收入少于10万美元的投资者，其投资额不得超过年收入的5%或不得超过2000美元；对于年收入大于等于10万美元的投资者，其投资额不得超过年收入的10%或不得超过10万美元，这个规定很大程度上对投资者的利益和风险承受程度进行了限定和保护。

在拓宽中小企业融资渠道的同时，JOBS法案还对众筹平台这一中介渠道（Funding Portal）的资格和行为作出了限制规定。一方面，众筹平台仍需要在SEC登记，并成为全国性交易证券协会的注册会员，同时也要受到美国证券交易委员会的检查、执法或规则制定部门的监管；另一方面，JOBS法案限定了众筹平台在发行过程中的非正当获利行为。在众筹平台上，集资门户自身不能经营自营业务，不得持有、管理平台上的投资者基金或证券，也不允许其为投资者提供经营咨询服务，仅能在发行前21天向SEC和潜在投资者进行相关的信息披露，并采取了相关措施防止交易欺诈。JOBS法案是顺应市场变化下推出的反映中小企业融资需求的法案，反映出美国政府及时调整与资本市场发展同步的努力和迅速应对，值得我国学习借鉴。

三、互联网理财的监管经验

1998年，PayPal这一美国第三方网络支付公司成立。1999年，公司设立了货币市场基金账户，将PayPal账户中不计息的用户余额投资于货币市场基金，从而获得收益。PayPal货币市场基金年化收益率在2000年高达5%，规模在2007年更是达到了10亿美元。但是，随着美联储降息，以及2008年的金融危机爆发，PayPal货币市场基金面临着市场总体下滑叠加成本高企的双重压力，最终于2011年清盘关闭并退出历史舞台。在美国，货币市场基金的发行同时受到联邦政府以及州政府的监管。同时，SEC规定，发行货币市场基金，需要先获得相应的牌照，并履行登记注册、交易报告等规定，遵守关于保密以及反洗钱的法律管制，如果要在各个州内进行基金销售，还需要取得所在州政府的执照。总体来说，对于互联网理财如PayPal的监管，美国当局在面临负面冲击的时候，采取了相对折中的监管措施，主要围绕基金信息披露和流动性管理进行规范，尚未对其进行专项立法监管。

四、虚拟货币的监管经验

虚拟货币作为一种新的交易媒介和支付方式，自21世纪初发展以来，经历了从单一到复合的发展历程，形式层出不穷，且伴随着不断丰富的支付功能，现实中的支付需求也不断增加。欧美对待虚拟货币的监管存在着差异。

1. 美国

在美国，虚拟货币的经营需要满足联邦和各州层面的双重法律要求。联邦层面，由美国财政部下属的金融犯罪执法网络（Financial Crimes Enforcement Network，FinCEN）对虚拟货币实施监管，2013年，FinCEN发布文件对于虚拟货币的适用性进行了明确，将其作为资金传递商进行监管；在各州层面，以加州为例，2014年加州通过了《数字货币合法化法案》，为虚拟货币的发行和流通提供了法律依据。总体来说，美国对于虚拟货币的监管，更多的在于其法律适用问题，防止其非法使用，损害投资者权益，监管较为宽松。

2017年7月25日，LedgerX LLC这一数字货币交易平台获得了美国商品期货交易委员会的批准，正式成为一个受美国联邦监管的数字货币交易所，表明了ICO的发售受美国联邦的管制。总体来说，美国ICO的发展较为缓慢，且2018年以来SEC不断加大对虚拟货币的监管和审查，虚拟货币的发展环境并不乐观。

2. 欧盟

2015年，欧洲中央银行定义虚拟货币"是一种价值的数字表现形式，在某些情况下可作为货币的替代物，但目前不是完整意义上的货币"。欧盟采取审慎监管的原则，对于虚拟货币的发行主体和机构运营进行监管，主要限制其成为洗钱工具，保护投资者利益。在欧盟，虚拟货币的发行需要向所在国的监管机构提交一份详细的发行申请材料，内容涵盖初始资本金要求、公司治理结构、重大事项报告制度等，最大限度地限制其违法活动的产生，保护投资者的利益和金融环境的稳定。

3. 韩国

韩国的虚拟货币交易市场活跃，规模巨大。在监管方面，自2017年底开始，韩国对于虚拟货币的监管态度开始强硬。2017年12月，韩国政府成立虚拟货币对策小组，以及审查并严格规范虚拟货币交易市场的运转。12月13日，韩国企划财政部宣布针对虚拟货币交易推出严厉的监管措施，这些监管措施涵盖了对于虚拟货币的定义、通过立法限制交易、禁止金融机构持有以及加强虚拟货币交易所的安全等。同时，韩国境内的韩国区块链行业协会也推出自律措施，以加强对于投机需求的控制，促进虚拟货币的健康可持续发展。此外，2018年2月，韩国财政部部长表示，政府没有要禁止或者打击数字货币的意图，同时时刻关注其进行非法境外交易的行为，严惩非法的虚拟货币交易和投资，对其进行正规化管理。

4. 日本

同样作为"虚拟货币大国"的日本，在监管方面有着明确的态度：一方面，日本对于虚拟货币市场的交易持开放态度，认可主流虚拟货币的价值，也对区块链技术表示看好；另一方面，监管当局也在不停地加强和完善监管措施，以规避非法交易和金融风险。日本的监管部门，通过《资金结算法》，确定了"虚拟货币兑换业"的相关规定，同时也逐渐完善法律法规，逐步将相关经营者纳入其监管体系之中，并采用实名登录制等方式防止虚拟货币交易进行洗钱等非法活动。总体来看，日本对其虚拟货币发展和交易进行了全面的管理，从法律上给予了虚拟货币在本国的合法地位，在虚拟货币市场价格动荡的时候也加强严监管，为虚拟货币合法化和进一步发展提供了有力支持。

5. 俄罗斯

在中国公布将禁止ICO并严控代币销售服务的交易所之后，俄罗斯中央银行也发布声明，认为ICO是"一种吸引民众投资的高风险融资方式"。同时，俄罗斯中央银行指出，现阶段不会批准任何正规交易所进行加密货币交易，也不允许其作为交易和清算、结算的基础设施。但随后，俄罗斯又制定了新的监管框架，允许了ICO的发行和交易。俄罗斯表示，ICO的发行和监管适用《证券法》，同时要求加密货币矿工进行注册和上税。目前，俄罗斯议会正在草拟相关法案，一方面推动加密货币包括ICO的合法化；另一方面修订法律规范虚拟货币交易和支付行为，以保护投资者权益。这标志着虚拟货币在俄罗斯的合法化进程将进一步推进。

6. 法国

2017年10月26日，法国金融市场管理局（AMF）宣布推出一项名为

UNICORN的ICO支持和研究计划。该计划由两部分构成，一是设立新的监管框架，允许ICO项目在监管者的指导下开展工作，同时有效保护投资者的合法权益；二是该计划鼓励针对ICO这一课题的学术研究，并将在一年内公布首份ICO的影响分析报告。由此可见，法国政府对ICO的监管态度还是相对宽松的，给予了灵活的创新空间。同样地，瑞士、新加坡、加拿大等国也为ICO发行方敞开了大门，加拿大金融监管机构已经批准了两个合规的ICO项目。

各国对ICO的态度虽然有所差异，但是在ICO野蛮生长的态势下，对其加强监管已然成为普遍共识。虽然部分国家对ICO采取了开放、宽松的态度，但是，带有欺诈、圈钱性质的项目依然难逃监管，因此，此类项目若试图通过"出海"规避国内监管，并不具有可行性，因此，项目方和投资方"出海"时必须要谨慎评估政策风险，以避免不必要的损失。

第二章 国内互联网金融非法集资治理措施

自2005年以来，互联网金融非法集资活动在我国一些地区越发猖獗。为了遏制非法集资犯罪活动这种蔓延之势，促进社会和谐，2007年2月，国务院批准成立处置非法集资部际联席会议，以加强各方的协调配合，切实提高效率，做好处置非法集资活动的相关工作。联席会议由银监会牵头，发展改革委、公安部、监察部、财政部、建设部、农业部、商务部、人民银行、工商总局、林业局、法制办、新闻办、证监会、保监会，以及邀请中央宣传部、高法院、高检院等有关部门和单位参加。联席会议可根据工作需要，通知相关部门参加。联席会议召集人由银监会负责人担任，各成员单位有关负责人为联席会议成员。联席会议成员因工作变动需调整的，由所在单位提出，联席会议审核，按程序报备。①

自2014年以来，我国非法集资犯罪活动涉及的人数和金额日益增多、波及的地域也越来越广，非法集资大案要案频发，并且这些非法集资活动与互联网金融的联系愈加紧密。互联网金融开始成为非法集资活动的重灾区，犯罪分子借互联网概念包装自己，欺骗投资者，给社会财富造成了巨大的损失。但对于互联网金融行业的规范和监管问题，在2016年之前，几乎处于无监管的状态，行业野蛮生长、乱象丛生。2015年12月28日，国务院法制办公室网站公布了银监会关于《网络借贷信息中介机构业务活动暂行管理办法（征求意见稿）》（以下简称《意见稿》）公开征求意见的通知，根据《意

---

① 参见2006年银监会印发的《处置非法集资部际联席会议制度》。

见稿》的规定，网络借贷信息中介机构禁止为自身融资、不得直接或间接归集用户资金、不得提供增信服务、禁止提供担保、不得对项目进行期限拆分、禁止向非实名制用户宣传或推介融资项目、禁止发放贷款、禁止发售银行理财、券商资管、基金、保险或信托产品、禁止为投资股票市场的融资、禁止从事股权众筹[①]，以负面清单的方式对行业进行了自主性规范。2016年4月27日，公安部、最高检、最高法、人民银行、证监会、保监会等14部委组织召开的"防范和处置非法集资法律政策宣传座谈会"在银监会举行，处置非法集资部际联席会议办公室相关负责人总结了非法集资当时的形势和特点。此次14部委联合对互联网金融行业的非法集资行为进行整顿，被认为是强监管模式的实施。在这次专项整治中，P2P行业成为了重点。2016年，人民银行相继下发了《中国人民银行办公厅关于进一步加强对涉嫌非法集资资金交易监测预警工作的指导意见》《金融机构大额交易和可疑交易报告管理办法》。要求金融机构建立健全非法集资监测预警体系，进一步加强对涉嫌非法集资资金交易监测的预警工作。完善非法集资资金交易监测预警工作机制，妥善处理非法集资可疑交易线索，强化客户身份识别，完善相关内部控制制度和措施，加大对金融机构的监督管理力度。[②]

据网贷天眼的统计，自2015年以来，监管部门出台了一系列政策规范引导互联网金融行业的发展。其中，涉及网贷行业的规范条文共计14条，涉及第三方支付的共计2条，互联网保险的共计3条，股权众筹的1条。当然，除了该网站统计的这些政策之外，监管部门还出台了一些涉及互金行业其他方面的政策。

下面，就几种主要的互联网金融模式的国内治理措施做一个梳理。

一、P2P的国内治理

自2016年起，我国发布一系列规范P2P平台的政策文件，形成了"一

---

① 　参见 2015 年银监会印发的《网络借贷信息中介机构业务活动管理暂行办法》。

② 　参见 2016 年银监会印发的《关于进一步加强对涉嫌非法集资资金交易监测预警工作的指导意见》。

个办法三个指引"的监管框架，对于治理行业乱象、引导P2P平台机构健康发展具有重要指导意义。"一个办法三个指引"监管框架，具体来说就是《网络借贷信息中介机构业务活动管理暂行办法》《网络借贷信息中介机构备案登记管理指引》《网络借贷资金存管业务指引》《网络借贷信息中介机构业务活动信息披露指引》及《信息披露内容说明》。

2016年2月4日，国务院发布了《关于进一步做好防范和处置非法集资工作的意见》（以下简称《意见》）。《意见》指出，各地区、各有关部门要坚决依法惩处非法集资违法犯罪活动，密切关注投资理财、非融资性担保、P2P网络借贷等新的高发重点领域，以及投资公司、农民专业合作社、民办教育机构、养老机构等新的风险点，加强风险监控。尽快出台P2P网络借贷、股权众筹融资等监管规则，促进互联网金融规范发展。深入研究规范投资理财、非融资性担保等民间投融资中介机构的政策措施，及时出台与商事制度改革相配套的有关政策①，以促进互联网金融环境的健康运转。

2016年4月13日，银监会发布《P2P网络借贷风险专项整治工作实施方案》，对于各地经工商登记注册的网贷机构进行全面排查摸底，同时对于互联网企业与银行业金融机构合作开展业务情况进行排查，采取多方数据汇总、逐一比对、网上核验、现场实地认证等方式，实现"一户一档"。重点是根据风险程度、违规违法性质等标准将网贷机构分类处置，整治和取缔互联网企业在线上、线下违规或超范围开展网贷业务，以网贷名义开展非法集资等违法违规活动。

2016年8月24日，银监会、工业和信息化部、公安部、国家互联网信息办公室联合发布《网络借贷信息中介机构业务活动管理暂行办法》，重点对于网贷机构的违法违规行为进行规范，使网贷机构恢复信息中介的本质，从而保护金融消费者的权益。

2016年10月13日，国务院办公厅下发《互联网金融专项整治实施方

---

① 参见2015年国务院印发的《国务院关于进一步做好防范和处置非法集资工作的意见》（国发〔2015〕59号）。

案》，以规范发展互联网金融、促进经济结构转型升级、提高金融服务的普惠性，其中，对于P2P网络借贷和股权众筹业务中是否存在设立"资金池"、自融、大规模线下营销、非法集资、期限拆分、明股实债等问题进行了明确规定。通过严格准入管理、建立举报制度、强化资金监测等各类措施提高整治效果。

2016年11月4日，银监会、中央网信办、教育部、工业和信息化部、公安部和工商总局六部门联合印发《关于进一步加强校园网贷整治工作的通知》（银监发〔2016〕47号），要求各地工商和市场监管部门加强对校园网贷信息中介机构的监管和清理整顿。2017年6月28日，银监会、教育部、人力资源和社会保障部联合发布《关于进一步加强校园贷规范管理工作的通知》，进一步加大校园贷监管整治力度，按照"疏堵结合、打开正门、扎紧围栏、加强治理"的总体思路，防范和化解校园贷风险。

2016年11月30日，银监会出台《网络借贷信息中介机构备案管理登记指引》，要求新设立的网络借贷信息中介机构应当向地方金融监管部门进行登记、公示和建档，而不是审批许可或颁发证书。该规定表明对P2P平台采取备案制，新老平台都要备案，成为进入互金行业的最基础门槛。

2017年2月22日，银监会公布《网络借贷资金存管业务指引》，对委托人、存管人和业务规范进行了明确的规定，提出建立客户资金第三方存管制度，实现客户资金与网络借贷信息中介机构自有资金分账管理，防范网络借贷资金挪用风险等工作部署和要求。截至2016年底，已有32家商业银行布局网贷资金存管业务，180多家网贷机构与银行签订存管协议，正在开展系统对接的机构有90多家，占网贷机构总数的4%。目前，大部分网贷机构未实施客户资金第三方存管，客户投资、还款的资金通过平台开立的银行账户、平台法人账户或其他内部人账户进行流转，有的机构还存在将大量标的归集到少数借款人账户名下的情况。此外，还有部分网贷机构选择非银行金融机构开展资金存管业务，在账户设置、资金监管等方面未实现真正意义上的独立第三方资金存管。此外，部分银行存管的门槛逐渐降低，主要是由于以城商行为代表的中小银行积极参与。针对这些情况，该指引的发布将进一步规范存管业务。①

2017年8月24日，银监会印发了《网络借贷信息中介机构业务活动信息披露指引》，对于网络借贷信息中介机构业务活动的信息披露行为进行了规范。

2017年11月21日，互联网金融风险专项整治工作领导小组办公室下发《关于立即暂停批设网络小额贷款公司的通知》，该通知显示部分机构开展的现金贷业务风险加大，要求各监管部门一律不得新批设网络小额贷款公司。这一通知的下发表明了P2P行业的监管形势进一步趋严。

除了来自中央监管层的政策之外，北京、广东等地互联网金融协会也下发了一系列网贷平台监管文件，包括校园贷、现金贷、首付贷、债权转让、催收规范等方面的行业自律监管条例。地方性政策方面，北京、上海、广东、厦门、深圳共下发了多份关于P2P平台的监管文件，其内容主要涉及备案登记和暂行办法的实施细则等。

二、ICO的国内治理

2017年8月28日，北京市网贷行业协会发布"ICO风险提示函"，主要面向投资者、投资机构、服务/研究机构、监管机构等相关主体发出了ICO风险提示。

2017年8月30日，中国互联网金融协会发布《关于防范各类以ICO名义吸收投资相关风险的提示》，称2017年以来ICO项目快速增长积累了巨大的风险，提醒投资者应冷静判别、谨慎对待，并要求会员单位加强自律，抵制违法违规的金融行为②。

2017年9月2日，互联网金融风险专项整治工作领导小组办公室向各省市金融办（局）发布了《关于对代币发行融资开展清理整顿工作的通知》

---

① 参见2017年银监会发布的《网络借贷资金存管业务指引》答记者问。
② 参见2017年中国互联网金融协会发布的《关于防范各类以ICO名义吸收投资相关风险的提示》。

（整治办函〔2017〕99号），并附带ICO平台参考名单，共60家。该通知明确，ICO本质上属于未经批准的非法公开融资，涉嫌非法集资、非法发行证券、非法发售代币募集，以及涉及金融诈骗、传销等违法犯罪活动，严重扰乱了经济金融秩序。主要内容包括三点：（1）全面摸排；（2）一律叫停ICO新发行的项目；(3)对已完成的ICO项目要进行逐案研判，针对大众发行的要清退，打击违法违规行为。

2017年9月4日，中央银行联合网信办、工业和信息化部、工商总局、银监会、证监会、保监会七部门联合发布《关于防范代币发行融资风险的公告》，正式定义了代币融资活动涉嫌非法发售代币票券、非法发行证券以及非法集资、金融诈骗、传销等违法犯罪活动。要求即日起各类代币发行融资活动应当立即停止，并制定了ICO监管的六条原则：（1）准确认识代币发行融资活动的本质属性；（2）严令任何组织和个人不得非法从事代币发行融资活动；（3）加强代币融资交易平台的管理；（4）各金融机构和非银行支付机构不得开展与代币发行融资交易相关的业务；（5）社会公众应当高度警惕代币发行融资与交易的风险隐患；（6）充分发挥行业组织的自律作用。

本次监管制定了十分明确的政策，《关于防范代币发行融资风险的公告》针对代币发行融资活动向全社会发出了非常强烈的监管信号，消除了政策的不确定性，遏制投机者的侥幸心理，对于投资者来说，是一个非常及时的警示。

中国尽管已经紧急叫停ICO，但是，整治ICO非法融资活动不等于禁止区块链技术；相反，国家对于区块链技术的肯定和扶持不言而喻：2016年10月，工业和信息化部率先发布《中国区块链技术和应用发展白皮书》，从国家层面、政府层面深入探索全球区块链发展趋势；同年12月，国务院印发的《"十三五"国家信息化规划》中，明确将区块链列入战略性前沿技术的范畴；2017年5月，中国电子技术标准化研究院区块链研究室发布了首个区块链标准《区块链参考架构》。

总而言之，打击整治ICO的非法融资活动，不等于扼杀区块链的创新创业项目，让ICO非法融资灭火，既是为了让区块链产业回归到健康发展道路上来，也是一种让投资者回归到理性投资的轨道上来的必要举措。

三、网络传销的国内治理

2016年1月18日银监会、工业和信息化部、工商总局、人民银行四部委联合发布《防范"MMM金融互助社区"风险提示》："明确此社区具有非法集资、传销交织的特征，呼吁广大公众切实提高风险意识和法律意识，认清相关平台欺诈本质，自觉抵制参与，勿要贪恋非法获利，维护自身财产安全。同时，对掌握的违法犯罪线索，可及时向有关部门反映。"

2016年1月25日，银监会、工业和信息化部、人民银行、工商总局联合发布通告称，"MMM金融互助社区等打着金融互助旗号的网络投资平台频现，不少投资群众参与其中。此类平台以高额收益为诱饵，吸引公众参与投入资金或发展人员加入，具有极大的风险隐患"。四部委提示广大公众切实提高风险意识和法律意识，认清相关平台欺诈本质，自觉抵制参与，勿要贪恋非法获利，维护自身财产安全。同时表示，按照有关规定，参与非法集资不受法律保护，风险自担，责任自负；参与传销属于违法行为，将依法承担相应责任。[①]

2016年3月，国家工商总局发布的《新型传销活动风险预警提示》明确："根据禁止传销的相关法律法规规定，不管传销组织如何变换手法伪装自己，只要同时具备以下三点就可以断定涉嫌传销：一是交纳或变相交纳入门费，即交钱加入后才可获得计提报酬和发展下线'资格'；二是直接或间接发展下线，即拉人加入，并按照一定顺序组成层级；三是上线从直接或间接发展的下线的销售业绩中计提报酬，或以直接或间接发展的人员数量为依据计提报酬或者返利。"

2017年8月15日，在"李文星事件"持续发酵的情况下，国家工商总局、教育部、公安部、人力资源和社会保障部四部委印发的《关于开展以"招聘、介绍工作"为名从事传销活动专项整治工作的通知》指出，开展为期三个月的传销活动专项整治行动，要求严厉打击、依法取缔传销

---

① 四部委联合发文提示防范 MMM 金融互助风险 [EB/OL]. [2017-10-22]. http：//finance.sina. com.cn/money/bank/p2p/2016-01-22/doc-ifxnuvxc1626369.shtml.

组织。

2017年11月17日，腾讯与国家工商行政管理总局反垄断与反不正当竞争执法局（规范直销与打击传销办公室）正式围绕"打击传销组织、清理网络传销信息、完善社会共治体系"等展开讨论，并签订《网络传销监测治理合作备忘录》。双方将共同建立"网络传销监测治理基地"，围绕传销违法活动的线上监测、调查处置、善后处理、宣传教育、法律研究等开展全方位合作。[①]

四、众筹的国内治理

2016年4月14日，证监会等15个部门联合印发了《股权众筹风险专项整治工作实施方案》（证监发〔2016〕29号），稳步开展股权众筹风险专项整治，促进互联网股权融资规范发展。整治的重点：

一是互联网股权融资平台（以下简称平台）以"股权众筹"等名义从事股权融资业务。

二是平台以"股权众筹"名义募集私募股权投资基金。

三是平台上的融资者未经批准，擅自公开或者变相公开发行股票。

四是平台通过虚构或夸大平台实力、融资项目信息和回报等方法，进行虚假宣传，误导投资者。

五是平台上的融资者欺诈发行股票等金融产品。

六是平台及其工作人员挪用或占用投资者资金。

七是平台和房地产开发企业、房地产中介机构以"股权众筹"名义从事非法集资活动。

八是证券公司、基金公司和期货公司等持牌金融机构与互联网企业合作，违法违规开展业务。

---

① 腾讯联手工商总局打击网络传销，成果显著，PChome https://article.pchome.net/content-2037141.html.

五、微信理财的国内治理

微信理财中的非法集资案数量并不在少数，但是大案要案较少，监管层目前也没有针对微信理财非法集资出台专门的法律法规，但是政府同样对微信理财中的非法集资抱着严厉打击的态度。以"民族资产解冻"案为例，针对假借"民族资产解冻"等名义实施诈骗犯罪蔓延的情况，从2016年10月开始，公安部组织部署全国涉案地公安机关持续开展专项打击工作。截至2017年上半年，共打掉犯罪团伙15个，抓获犯罪嫌疑人405名，初步查证涉案金额超过9.5亿元，成功破获了"慈善富民总部""三民城""巨龙国际""5A级扶贫养老项目"等一批重大诈骗案件，封停涉案微信群9000余个、个人微信号1200余个，有效遏制了此类犯罪高发势头，专项打击工作取得阶段性成效。[①]

六、网络私募基金的国内治理

在2017年4月召开的处置非法集资部际联席会议上，证监会打非局副局长刘云峰表示，当前私募基金涉嫌非法集资的风险事件主要呈现滥用登记备案信息非法增信、非法集资特征突出和违法机构集团化经营三个特点。为防范和打击非法集资活动，保护社会公众利益，证监会从健全完善监管规则、完善风险防范及处置机制、加强专项排查、加强防非宣传教育等方面入手开展了一系列工作。[②]

七、国内治理措施总结

以整治互联网交易平台非法集资、互联网非法资管平台非法集资、消

---

① 公安部提醒：所有涉及"民族资产解冻"的项目均为骗局 [EB/OL]. [2017-05-26]. http：//baijiahao.baidu.com/s?id=1586820051804965548&wfr=spider&for=pc.

② 搜狐财经 . 证监会打非局刘云峰：私募领域非法集资呈现三大特点 [EB/OL]. [2017-04-25]. http://www.sohu.com/a/136408789_556904.

费返利平台非法集资、会员制庞氏骗局非法集资为名的法律法规较少有单独出台的，针对它们的治理措施大都包含在上面提到的治理措施里，此处没有单独列出。

近几年，一系列关于互联网金融的法律法规陆续出台，至今已有几十项，综观这几年的法律法规政策，互联网金融在法律层面的规制逐渐完善，确定了"依法监管、适度监管、分类监管、协同监管、创新监管"的原则，借助负面清单管理模式开展互联网金融领域专项整治，同时部分互联网金融业态（如网络借贷等）已出台了相应的规制规则，特别是我国首部全面规范网络空间安全管理方面问题的法律——《中华人民共和国网络安全法》的正式施行，标志着互联网金融逐渐步入法治化轨道，但我国互联网金融的法律规制体系仍存在缺陷。

由于互联网金融涉及面广、监管主体多，所以以传统分业经营分业监管理念设立的各监管机构监管起来比较困难，从目前的监管职能分布来看，传统的金融监管部门负有主要的监管职责，而工信部门和公安部门等对涉及信息技术方面有协助监管的职责。但除此三类之外，目前，我国关于网上理财、金融搜索等方面仍未出台具体的监管措施，相关方面的监管政策仍处于空白的状态，有待进一步总结讨论之后制定。

总体而言，互联网金融的混业属性、科技属性以及长尾属性对互联网金融的规制提出了新要求。目前，我国对互联网金融的监管还不够准确和及时，常常是出现了问题之后再治理和完善，对风险是被动式防御，但信息技术更新和产品创新的速度又十分迅速，规制态度需要加以改变，以实现"不变应万变"。

第三章 互联网金融背景下非法集资的治理建议

一、总体建议

如今，互联网的快速发展为金融活动提供了极大便利，但同时，非法集资在互联网金融兴起的背景下也表现出多发性的趋势和一些新的特征。对于形式多样化、手段隐蔽化、操作职业化、网络化的非法集资新趋势，需要加强综合治理，坚持打击与防范并重。

党的十九大报告提出，"健全金融监管体系，守住不发生系统性金融风险的底线"。在此背景下，互联网金融如何能够健康可持续地发展非常重要。互联网非法集资行为是严重扰乱金融市场秩序的非法金融活动，一方面，非法集资需要监管机构和司法机关逐渐加强管制和规制，这能够进一步保护金融消费者的权益；另一方面，过于严苛的管制和处罚措施，也会遏制互联网金融的创新和活力。因此，在积极探索金融监管新模式，打造互联网金融健康规范环境的同时，也要给予互联网金融相对包容的环境以创新和发展，从我国金融业的实际出发，使互联网金融能够得以完善和成长。

面对互联网金融趋势下的非法集资，要谨记防范金融系统性风险，健全金融监管体系，完善相关规章制度，利用新的手段和技术监控和防范非法集资活动带来的风险。

（一）加强市场准入的监管

加强互联网金融的市场监管，严格市场准入。目前互联网金融许可

证主要有7张，包括第三方支付牌照、互联网基金销售牌照、互联网保险牌照、互联网信托牌照、互联网银行牌照、互联网消费金融牌照、网络小额贷款牌照，由中国人民银行、银保监会、证监会分别颁发。在未来，互联网金融的市场准入牌照监管制度中，应当进一步明确行业定位，由全国性监管机构对互联网金融企业进行考核和分析，颁发统一的互联网金融牌照。

牌照	颁发机构	文件
第三方支付牌照	中国人民银行	《非金融机构支付服务管理办法》
互联网基金销售牌照	证监会	《证券投资基金销售管理办法》
互联网保险牌照	原保监会	《互联网保险业务监管暂行办法》
互联网信托牌照	原银监会	《关于促进互联网金融健康发展的指导意见》
互联网银行牌照	原银监会	《关于促进民营银行发展指导意见》
互联网消费金融牌照	原银监会	《消费金融公司试点管理办法》
网络小额贷款牌照	原银监会	《关于小额贷款公司试点的指导意见》

贯彻落实市场准入负面清单制度，发挥政府的有效管理职能。2016年国家发展改革委下发"互联网市场准入负面清单"，以"负面清单"的形式对市场主体的行为加以限制，以规范和整顿互联网市场秩序，为互联网金融的发展营造健康良好的环境。对于新兴互联网金融机构的业务开展，有关部门应通过行政许可管理来提高准入门槛，如规定互联网金融机构申请时的注册资本要求、风险控制管理制度等，以规范经营主体的经营，保障金融消费者和投资者的权益。

总体来说，市场准入机制是净化互联网金融生态环境的第一步，要贯彻落实好"所有金融业务都要纳入监管，任何金融活动都要获取准入"的基本要求，才能顺利地实施穿透式监管，引导互联网金融良好发展。

（二）完善互联网金融的相关法律法规

从发展的角度来说，我国现阶段对于互联网的创新应持包容和鼓励态度，但是互联网金融行业为高风险行业，且存在众多不法分子进行违法违规活动。对于互联网金融的发展若不加以严格规制，而是任其野蛮生长，必然导致风险的积聚和生态环境的恶化，最终局面将难以控制。因此，国家必须对诸如网络借贷等类似的性质加以明确规定，以应对非法集资行为。

同时，法律应当对非法集资进行明确清晰的定义，来规范整个网络借贷的交易行为。在我国，人民银行将非法集资的定义限制于金融领域内，即发行债券、股票、基金证券或其他债权凭证等方式。而我国司法解释则借助扩大"变相吸收存款"为变相吸收资金，将非法集资的涵盖度扩展到任何涉及资金融通这一更大的领域。这一行为为正常的网络借贷发展造成了很大的阻碍，如很多网贷业务、股权众筹和联合销售的互联网支付平台的发展，都因忌惮触及《刑法》中的非法集资的问题而无法大量拓展业务。因此，国家必须尽快完善相关基础性法律法规，明确网络借贷机构的性质及其法律地位，对网络借贷的组织形式、资格条件、经营模式等条款作出明确规范，使互联网金融企业的经营活动做到有法可依，有法必依。

（三）建立统一的互联网金融信用体系

2015年7月18日，十部委联合发布《关于促进互联网金融健康发展的指导意见》（以下简称《指导意见》），从鼓励创新，支持互联网金融发展；分类指导，明确互联网金融监管责任；健全制度，规范金融市场秩序三个方面，对互联网金融发展提出了指导意见。《指导意见》在鼓励创新的同时，也指出要"推动信用基础设施建设和配套服务体系建设"。建立起统一的互联网金融信用体系，是其良性发展的安全保障。

目前，针对我国互联网金融借贷活动，应进一步完善个人信息征信系统，建立统一信用平台体系。针对借贷者个人征信的相关细节应包括审核个人财产证明、个人经济能力、网络借贷相关历史信用记录等各方面。同时，应建立包括信用系统、征信系统、登记注册系统和信息披露系统等覆盖各个领域的信用体系，以实现信用信息的共享。个人信用信息数据库和全国统一的信用平台体系的建立有助于投融资双方的信息对称，加强互联

网金融领域中非法集资行为的防控。

（四）强化互联网金融行业的自我约束

网络借贷行为的风险防控还有赖于行业协会的自律。互联网金融市场的治理和监管，需要政府、行业和企业三个方面相互协同，打造良好的互联网金融新型治理框架，共同形成规范发展的合力。其中，行业自律又是承上启下的关键环节。

互联网金融的行业协会是协调政府、市场和企业，协助部门落实有关政策的桥梁和纽带，是促进互联网金融企业公平竞争、维护整体行业利益的重要推动力。一方面，行业可以根据实际制定相关的标准规范和消费者保护准则，在监管尚不全面的情况下，促进互联网金融健康发展；另一方面，行业协会也可以根据行业的发展情况组织相互监督约束，弥补监管的滞后性。另外，行业约束要做好自我的反馈与问题处理，对于损害投资者利益、造成行业恶性竞争、不规范经营的市场主体形成行业惩罚机制。

（五）加强对投资者的教育

除了对互联网金融平台进行规范外，各有关部门还应通过对投资者加强教育，对其投资行为进行合理的引导以规避和防控非法集资的风险。投资者在选择投资平台时，应重点关注该平台的信用管理体系和风险评估机制是否成熟和完善，是否具备相应的营业资格，其监管力度是否有力，对投资者的利益保护是否到位等。同时，投资者也应提高其自身的网络风险意识和安全防范意识，学习相关法律和互联网金融专业知识，掌握合理维权的方法。互联网金融机构则应当遵循信息披露规范，对相应的风险隐患进行投资者提示，并向投资者公开投资资金去向。此外，有关部门还应当加强相关宣传，给予投资者关于相关风险的警示，维护投资者的权益。如果互联网金融市场的投资者能够理性地进行投资和交易，而不一味地追求高收益，其自身的合法权益和整个行业的可持续发展将能够得以保障。

综上所述，互联网金融作为一个新兴的行业模式，其法律制度体系尚不完善，迫切需要加强监督和管理。对此，首先，必须要加强市场准入的监管，从源头上对网络借贷活动进行监管。其次，还应完善相关法律法规以确保法律监管底线，以及有效发挥行业协会自律的作用，自觉防范管控风险和维护公共利益。最后，还必须要重视信息透明度，建立统一的信用平台体系，并加强对投资者的教育，以确保互联网金融发展健康、可持续发展。

二、具体建议

（一）P2P网络借贷平台

自2016年起，我国发布了一系列规范P2P平台的政策文件，形成了"一个办法三个指引"的监管框架，对于治理行业乱象、引导机构健康发展具有重要指导意义。

一方面，应当完善P2P网络借贷监管的法律体系，依法监督，从法律意义上明确"网贷机构"的定义和涉及范围，为P2P平台和理财产品划出法律的边界，以保护合法合规的平台；另一方面，对于P2P平台，要明确各监管机构责任，目前P2P网络借贷监管的主体是地方金融监管机构，监管部门应积极发挥领头作用，加强与一行两会之间的监管分工与合作。此外，还应加强监管机构与司法机构的协调合作，共同打击互联网P2P网贷平台的违法犯罪活动，杜绝非法集资风险、信用风险等的发生。

从平台内部监管来看，要落实风险控制和防范体系的要求，做到信息披露充分、风险分散控制、资金存管合规、退出机制完善。通过完善信息披露机制，减少P2P平台与投资者直接、市场整体的信息不对称，打造公平、健康的市场环境；通过对借款额度、借款人、借款平台等的限制以实现分散化投资，减少个体或单个平台的风险；资金存管有利于监管P2P平台的资金流向，在P2P平台与客户资金间建立了隔离网；而退出机制的完善，使得无力持续经营的P2P平台在保障投资者本息的同时，通过第三方增信、引入托管机制等方式逐步实现良性退出，能够更有利地保护投资者的合法权益。

（二）网络传销

如今，随着互联网金融的发展，网络传销逐渐地出现传销标的多样化、组织发展隐蔽化、运作方式远程化、活动管理高效化、社会危害乘数化等新特点。为了应对互联网金融传销，应当尽快建立起相应的法律法规，联合各方力量打击涉众型、风险型经济犯罪。

1. 加强互联网金融监管协作机制

互联网金融传销具备隐蔽性强、涉案范围大、涉案人员广等特点，现阶段我国打击互联网金融传销的主力是公安机关部门，为了遏制互联网金融传销，公安机关需要更加广泛的案源获取渠道以及专业的侦查工具，信息不对称与特有互联网技术手段的匮乏是公安机关提升打击效果的阻碍。因此，有效监管互联网金融传销需要公安机关与工商部门、电信监管机构、银行、网络运营商等一系列可监控管制互联网金融传销各环节的单位共同合作，信息共享，相互协作加快惩处非法集资犯罪效率。

2. 改进互联网金融投资者权益保护机制

互联网金融的发展能够为资金供需双方的需求带来新渠道，为金融市场注入新的活力，但同时也催生了许多风险。有待成熟的互联网金融监管和缺位的投资者保护机制都可能导致投资者权益受到侵害。金融监管部门需要持续关注和监测互联网金融平台和项目，对其内部风险及时发现和遏制，进一步改善互联网金融投资者权益保护机制，帮助投资者在识别互联网金融传销时佐以相关部门验证，畅通投资者发现问题及时反映的渠道，使互联网金融的风险和伤害最小化。

3. 建立互联网金融信息披露与教育机制

不完善的金融市场使互联网金融投资者处于信息不对称的风险之中，加强信息披露机制有利于向投资者提供更多的信息帮助他们作出正确的判断。P2P借贷和众筹融资不属于间接融资范畴，规章制度中对于直接融资的约束较少。互联网金融平台具有中介作用，有义务为资金供求双方披露真实融资信息，以供投资者进行投资决策时参考。相关监管部门应引导建立互联网金融信息核实系统，在项目申请审批、信息核查等环节提高辨别和排查能力，阻止互联网金融传销和诈骗项目的传播。同时，如金融活动的基本原理等相关方面知识可以加大科普宣传力度，结合透明的信息披露机制，提高投资者对投资项目风险收益的认识，减少投资者受骗的可能性。

通过国家各个部门和社会团体的共同合作，增强广大公众的风险意识和法律意识，建立网络传销的监测预警和防范处罚机制。

（三）非法众筹

众筹主要包括股权众筹、债权融资、商品众筹、公益众筹等方式，"筹众人之力，圆众人之梦"，我国目前众筹相关法律法规缺失、监管体系不健全，这使一些企业利用法律空缺，借着众筹的名义进行非法融资等危害市场经济秩序的活动。此外，也使一些优质的众筹项目面临法律风险。因此，有必要完善相关法律法规，从众筹平台、筹资者、投资者角度进行规范，引导其健康发展。

1. 众筹平台方面

众筹平台应当建立平台准入限制，增强监管机构对其的事前监督；明确证券业协会监督职责，通过约谈股权众筹平台高级管理人员、专家评审、现场检查等方式对备案材料进行核查和监督；明确众筹平台尽职调查义务，如在正式立法中细化标准，制定更具操作性的规范，明确众筹平台的监管职责，对融资者进行尽职调查，对项目进行事前信息审核与事后执行监督；建立市场退出机制，当众筹平台出现破产或跑路行为时，能够有效地进行事后处理，从而减少对投融资双方的损害，提高市场对众筹平台的信任度。

2. 投资者方面

完善合格投资者认定，对投资者收入、资产条件、风险防范意识进行全面细致的规定，有利于确保投资者拥有明确的投资意识，防控市场风险。因此，对于投资者依据标准进行不同等级的分类非常有必要，收入越高的投资者，其投资额度占收入的比例可以相应提高。此外，在收入和资产分类基础上，考虑投资者风险识别与控制能力，可以将投资损益作为附

加分类标准。

设置投资者"冷静期"制度，随着金融市场不断发展，金融产品日趋复杂化、专业化，由于信息的不对称性，可能对资金投入项目认知不足。为保护投资人利益，借鉴英国普通法对投资者的倾斜性保护，规定在筹资期届满的特定期限内，投资者可以在通知众筹平台后无条件撤资。

设立专业投资者领投制度，由于大多数众筹项目专业程度较高，普通投资者难以完全识别其真实性和合法性，因此，众筹平台可以选粗投资经验丰富的专业投资者，代表众筹项目全体投资者与筹资方进行接洽，作为众筹平台尽职调查的补充，与筹资方进行谈判和投后管理，从而减少前述案例中普通投资者分散和缺乏专业风险识别能力而遭受损失的可能性。

3. 融资者方面

明确筹资者资格。我国对众筹筹资企业的资质规定为中小微企业及其发起人，但对于如何衡量中小微企业无具体标准。为减少因法律法规不健全带来的监管摩擦，应明确众筹项目筹资人的资质评定标准。

放松发行方式限制。我国当前法律规定众筹必须向非特定对象融资，且投资者在200人以内，实际上是将众筹限定为一种私募融资形式。私募发行方式对于目前不成熟的资本市场具有重要的保护作用，但众筹本身一大重要优势就是小额、多人，可以对众筹证券发行实行小额豁免，对小额众筹证券发行实行注册豁免、宽松监管。

增加融资者信息披露要求。众筹发展过程中很大的问题在于投资者参与度不够、信息透明度低，进而可能出现伪造融资计划，借着众筹的名义，在投资者不被告知项目风险的情况下掩饰资金用途，损害投资者利益，也阻碍了金融市场资金配置功能的有效发挥，因此，应保持投融资双方信息顺畅流通，要求融资方向众筹平台提供真实、准确的信息，保证融资计划真实合法，充分揭示投资风险。

参考文献

［1］陈宝富，周少怡.私募与非法集资犯罪的边界［J］.法学，2013（11）：152-156.

［2］陈道富，王刚.比特币的发展现状、风险特征和监管建议［J］.学习与探索，2014（4）：88-91.

［3］陈伟，涂有钊.美国 P2P 网贷的发展、困境、监管及启示［J］.西南金融，2017（10）：14-20.

［4］董昀，李鑫.互联网金融的发展：基于文献的探究［J］.金融评论，2014（5）：16-40+123.

［5］鄂春林.互联网金融资产管理：业务模式与发展路径［J］.南方金融，2016（8）：9-15.

［6］高振翔.互联网金融语境中的非法集资风险及其刑法规制［J］.交大法学，2016（2）：42-59.

［7］韩明希，尚玉芳.新时期的互联网金融模式研究［J］.商场现代化，2015（2）：142-143.

［8］何妲娜.英国互联网金融监管对于我国P2P 模式监管的经验借鉴分析［J］.财经界（学术版），2016（10）.

［9］胡定杰，李炜.基于互联网交易平台双边市场的定价策略研究［J］.农村经济与科技，2015，26（11）：77-79.

［10］胡世亮.浅析互联网金融的风险及其有效监管［J］.现代经济信息，2014（14）：340-341.

［11］黄楠.论互联网金融中的“非法集资”［J］.天水行政学院学

报，2014（5）：85-89.

［12］黄延芳.互联网金融下的网络借贷风险及其管理——以农村金融消费者保护为视角［J］.中国商论，2017（10）：42-43.

［13］黄震，邓建鹏，熊明，任一奇，乔宇涵.英美P2P监管体系比较与我国P2P监管思路研究［J］.金融监管研究，2014（10）：45-58.

［14］姜涛.互联网金融所涉犯罪的刑事政策分析［J］.华东政法大学学报，2014（5）.

［15］李继尊.关于互联网金融的思考［J］.管理世界，2015（7）：1-7+16.

［16］李有星，范俊浩.论非法集资概念的逻辑演进及展望［J］.社会科学，2012（10）：97-103.

［17］李媛.国内P2P融资平台风险分析及监管政策构想［J］.武汉金融，2014（9）：26-27.

［18］零壹研究院.众筹服务行业年度报告［M］.北京：东方出版社，2015.

［19］刘佳.我国互联网金融理财风险分析及对策研究［J］.现代营销（下旬刊），2017（8）：159-160.

［20］刘士余.中国金融稳定报告2014［R］.中国人民银行，2014.

［21］刘为波.《关于审理非法集资刑事案件具体应用法律若干问题的解释》的理解与适用［J］.人民司法，2010（5）：24-31.

［22］刘兴成.众筹与非法集资有多远［J］.法人，2014（6）：64-65.

［23］刘毅峰.试论网络传销犯罪的现状、特点及侦防对策［J］.江西警察学院学报，2017（3）.

［24］刘子源.我国商贸流通业P2P融资渠道研究［J］.商业经济研究，2017（19）：166-168.

［25］卢智慧.我国网络营销发展策略研究［J］.黑龙江对外经贸，2011（6）：45-46.

［26］陆琪.浅议互联网金融背景下的非法集资问题［J］.科技与法律，2014（3）：451-459.

［27］罗强，张睿.比特币［M］.北京：机械工业出版社，2014.

［28］吕泽君.对我国股权众筹现行立法的思考——从非法集资与股权众筹的界限谈起［J］.法制与社会，2016（26）.

［29］莫易娴.互联网时代金融业的发展格局［J］.财经科学，2014（4）：1-10.

［30］莫志.浅析互联网金融与非法集资类犯罪［J］.法制博览，2016（8）：188+187.

［31］牟里楠，李耀东.房地产众筹的模式演化与发展［J］.金融博览，2015（17）.

［32］彭冰.P2P网贷与非法集资［J］.金融监管研究，2014（6）：13-25.

［33］彭冰.非法集资行为的界定——评最高人民法院关于非法集资的司法解释［J］.法学家，2011（6）：38-53+175.

［34］谭天文，陆楠.互联网金融模式与传统金融模式的对比分析［J］.中国市场，2013（46）：101-103.

［35］童华晨.浅析网络经济下企业网络资产管理［J］.当代经济，2012（15）：56-57.

［36］王路.建议关注"投资分红"模式微商平台涉嫌非法集资问题［J］.金融经济，2017（4）：69-70.

［37］王曙光，黄泽瑞.P2P与非法集资［J］.中国金融，2016（23）：47-48.

［38］夏恩君，李森，赵轩维.国外众筹研究综述与展望［J］.技术经济，2015（10）：10-16.

［39］谢平，邹传伟.互联网金融模式研究［J］.金融研究，2012（12）：11-22.

［40］徐昕，黄艳好，王万琼.非法集资类犯罪的立法反思与对策［J］.学术界，2015（3）：45-62.

［41］杨先旭.P2P网络借贷的风险与监管［J］.现代经济信息，2014（8）.

［42］叶姝阳，吴伟容．众筹网络融资模式的监管问题研究［J］．财会研究，2015（10）：61-63.

［43］叶姝阳，吴伟容.众筹网络融资模式的监管问题研究——通过对比众筹与非法集资［J］.财会研究，2015（10）：61-63.

［44］应倩倩，刘海二.互联网金融的规制路径研究［J］.西南金融，2017（10）：1-6.

［45］余许友.草根金融及其发展——互联网金融P2P网贷发展的当下问题及对策探讨［J］.理论探讨，2016（4）：95-98.

［46］张广明.众筹融资的刑事法律风险及其防范措施探讨［J］.法制与社会，2018（8）.

［47］张世君.购物返利网站经营模式的法律规制探讨［J］.价格理论与实践，2012（10）：76-77.

［48］张彩凤.众筹与非法集资的区分［J］.经营管理者，2016（32）：12.

［49］周悦.浅析互联网金融存在的风险与防控［J］.时代金融，2015（17）：30-31.

［50］最高人民法院.最高人民法院关于审理非法集资刑事案件具体应用法律若干问题的解释［Z］.2010年12月13日.

［51］最高人民法院.最高人民法院关于审理诈骗案件具体应用法律的若干问题的解释［Z］.1996年12月28日.